高等院校经管类专业精品教材
“互联网+”新形态立体化教学资源特色教材

基础会计

主　编　张国华　杨　维
副主编　周　星　杨义藩　冯珊珊
参　编　胡文君　张佩杰

中国轻工业出版社

图书在版编目（CIP）数据

基础会计 / 张国华，杨维主编. --北京：中国轻工业出版社，2025.9. --（高等院校经管类专业精品教材）（“互联网+”新形态立体化教学资源特色教材）.

ISBN 978-7-5184-5274-3

Ⅰ. F230

中国国家版本馆CIP数据核字第20251JZ192号

责任编辑：李金慧　　责任终审：李建华　　设计制作：锋尚设计

策划编辑：张文佳　李金慧　　责任校对：吴大朋　　责任监印：张　可

出版发行：中国轻工业出版社（北京鲁谷东街5号，邮编：100040）

印　　刷：三河市万龙印装有限公司

经　　销：各地新华书店

版　　次：2025年9月第1版第1次印刷

开　　本：787 × 1092　1/16　印张：18

字　　数：420千字

书　　号：ISBN 978-7-5184-5274-3　定价：62.00元

邮购电话：010-85119873

发行电话：010-85119832　010-85119912

网　　址：http://www.chlip.com.cn

Email：club@chlip.com.cn

241892J1X101ZBW

前言

会计是人类物质文化发展的产物，因经济管理的需要而产生和发展，作为通用的商业语言，在经济管理中发挥着不可或缺的重要作用，经济越发展会计越重要。虽然会计的技术手段、职能和作用随人类生产技术的发展而不断发展和变迁，从传统的手工簿记、到电算化会计和数智化会计，会计已从传统"账房先生"逐步转变成为企业决策提供支持的"战略性财务管理会计"，但无论会计技术手段发生怎样的变迁，会计的基础理论根基依然保持不变；无论科技进步对会计人员的技能提出怎样的要求，会计的基本理论、基本知识和基本技能都是会计人员必备的基本职业素养。会计基础既是会计职业人员入门的基础课程，也是经济管理人员必备的基础知识。数字经济时代，业财税的日益融合在很大程度上改变了传统的会计核算程序和介质，但其基本理论和潜在业务处理流程依然没有改变。因此，基础会计作为会计的入门课程，无论对于会计专业的学生还是经管专业等商科学生来说都是非常重要的必修基础课程。

会计属于应用型技术学科，会计理论来自生产实践又应用于生产实践，并在生产实践中不断提升和完善。因此，对于会计知识的学习不应仅停留在理论知识的学习，更重要的是将理论应用于实践，在学习中培养动手能力，尤其对于职业型和应用型会计专业学生来说尤为重要。从2019年开始，我国已有几批职业院校陆续升格为职业本科大学，越来越多的普通高校转型为应用技术型大学。实施"三教改革"，推动职业教育教学改革亟需配套教材的支撑，本教材旨在打造符合职业教育和应用型本科教育特点的基础会计教材，在培养学生会计基本理论、基本知识和基本技能的同时，重点放在实际操作能力的培养。

在教材编写过程中，我们采用模块化设计，以会计职业清单为起点，以任务为导向，将岗位需求和系统化教学融合在一起，将知识传授与价值引领并行，通过校企双元开发，以图文并茂的形式展现真实工作场景，实现通过项目教学任务驱动实战演练，穿插知识讲解，边学边做，将基本理论、基本知识和基本技能的培训贯穿于始终。在将会计职业资格标准和课程思政建设融入教材的同时，我们力争将教材打造为图文并茂、好看易懂、易于操作，可视、可听、可练、互动式的立体化教材。本教材可作为职业本科院校和应用型本科院校会计专业基础课程教材，也可作为经管专业学生的通识课程教材和会计初学者的入门学习资料。

本教材共分为10个项目。每个项目都设有学习目标，并通过引导案例，提出本项目的思考问题，用问题引导学生对项目内容的学习和理解。每个项目中又设置若干任务模块。在执行任务前先讲解准备知识，然后完成具体任务；在准备知识之后还有拓展知识以开拓学生的视野；为促进学习者边学边做边思考，各项任务后都留有讨论问题；每一项目后还设有思政课堂以加强学生的思想品德修养和职业道德修养，通过警示案例引导学生树立正确的价值观，坚持诚实守信、遵纪守法等职业道德；各项目最后还配有知识测试及能力训练以帮助学习者复习巩固各项目和职业资格考试的知识点。

本书由张国华和杨维担任主编，周星、杨义藩、冯珊珊担任副主编，胡文君、张佩杰参编。张国华负责项目1和项目7的撰写，并负责本书的结构、内容设计和统稿；杨维负责项目5和项目9的撰写，并负责本书的视听、立体化内容设计和统稿；周星负责项目2和项目8的撰写；杨义藩负责项目6的撰写；冯珊珊负责项目10的编写；胡文君负责项目3的撰写；张佩杰负责项目4的撰写。在教材设计和编写过程中得到了网中网的大力支持，在此诚挚表示谢意。本教材的不足之处，恳请广大读者批评指正，以期在后续的版本中修订和完整。

编　者

目录

项目1 认知会计及会计职业

任务1 认知企业组织形式及经营目标……004
任务2 掌握会计的对象和职能……006
任务3 认知会计职业及会计岗位……012
任务4 了解会计法规体系及会计职业道德……014

项目2 掌握会计核算程序和方法

任务1 会计核算的程序……021
任务2 会计核算的方法……027

项目3 识别会计要素建立会计等式

任务1 通过资产负债表掌握会计静态要素及静态会计等式……039
任务2 通过利润表掌握会计动态要素及动态会计等式……043
任务3 识别不同类型经济业务涉及的会计要素及对会计等式的影响……047

项目4 认知会计科目和会计账户

任务1 认识制造业企业资金运动过程涉及的主要会计科目……059
任务2 掌握账户的种类和结构……064

项目5 掌握记账的基本方法

任务1 认知复式记账方法……077
任务2 掌握借贷记账法的记账规则及会计分录……080

项目6 填制和审核会计凭证

任务1 认知会计凭证……095

任务2　填制和审核原始凭证…………097
任务3　填制和审核记账凭证…………107
任务4　会计凭证的传递和保管…………115

项目7　记录制造业典型经济业务

任务1　记录筹集资金经济业务…………125
任务2　记录供应过程经济业务…………132
任务3　记录生产过程经济业务并计算生产成本…………145
任务4　记录销售过程经济业务…………158
任务5　记录财务成果的形成及其分配…………170

项目8　建账与登账

任务1　建账…………189
任务2　登账…………195
任务3　对账与错账更正…………201
任务4　结账的程序和方法…………205

项目9　财产清查

任务1　认知财产清查的意义及程序…………215
任务2　现金及银行存款的清查…………219
任务3　财产物资及往来款项的清查…………223
任务4　财产清查结果的处理程序和方法…………230

项目10　编制财务会计报告

任务1　初识财务会计报告…………245
任务2　资产负债表…………251
任务3　利润表…………261
任务4　现金流量表…………269
任务5　其他报表…………274

参考文献…………282

项目

认知会计及会计职业

学习目标

- 知识目标：了解会计及会计职业，掌握会计的对象、职能和作用。
- 技能目标：能够利用网络数字资源查阅企业年报，了解主要财务报表的内容。
- 素质目标：了解会计法律法规体系和职业道德规范，树立正确的价值观。

引导案例

某股份有限公司于2024年12月在上海证券交易所首次发行股票并主板上市。截取部分2024年12月该公司在上交所披露的有关公司招股及上市信息见图1-1。

目 录

致投资者的声明 **1**

声 明 **3**

本次发行简况 **4**

目 录 **5**

第一节 释义 **10**

一、普通术语 10

二、专业术语 13

第二节 概览 **15**

一、重大事项提示 15

二、发行人及本次发行的中介机构基本情况 17

三、本次发行概况 17

四、发行人主营业务经营情况 19

五、发行人板块定位情况 26

六、发行人报告期主要财务数据和财务指标 30

七、发行人财务报告审计截止日后主要财务信息及经营状况、盈利预测信息 31

第六节 财务会计信息与管理层分析 **241**

一、发行人财务报表 241

二、审计意见、关键审计事项及重要性水平判断标准 246

图1-1 部分信息

其中，第六节中的“一、发行人财务报表”可扫右方二维码“发行人财务报表”获取。

发行人财务报表

二、审计意见、关键审计事项及重要性水平判断标准

（一）审计意见

公司委托立信会计师事务所对2021年12月31日、2022年12月31日、2023年12月31日和2024年6月30日的资产负债表以及2021年度、2022年度、2023年度和2024年1～6月的利润表、所有者权益变动表、现金流量表及财务报表附注进行了审计。依据中国注册会计师准则，立信会计师对上述财务报表出具了标准无保留意见的《审计报告》。

（资料来源：上海证券交易所网站，该上市公司招股说明书）

从该公司披露的重要上市资料中不难发现，财务会计信息是企业发行上市及吸引投资者投资的重要指标。

问题

1. 什么是财务会计？财务会计信息包括哪些内容？
2. 财务会计信息是由谁提供的？上市公司财务会计信息是由谁来审计的？
3. 会计工作的具体内容有哪些？会计有哪些职能和作用？
4. 会计工作有哪些岗位？从事会计工作需要具备什么资格？
5. 会计工作应遵循哪些法律法规？应遵守什么样的职业道德？

任务1 认知企业组织形式及经营目标

任务描述

独资、合伙和公司制三种类型企业的认识和识别。

知识准备

1.1.1 企业及企业的特征

企业是依法设立的，从事生产、流通或服务等经济活动，向社会提供商品或服务，满足社会需要并获取盈利，实行自主经营、自负盈亏、独立核算的经济组织。

企业具有以下特征。

①企业是依法设立的经济组织。企业设立须严格遵照法律规定程序和条件，取得国家工商行政管理部门核发的营业执照，并在法律规定的范围内选择适当的组织形式。

②企业以追求经济效益和获得盈利为目的。企业通过商品经营或营利性服务实现其目的。

③企业具有独立或相对独立的法律人格。不同的企业形式具有不同的法律地位。

1.1.2 企业的组织形式

按照企业存在的形态和类型，企业组织形式可以分为以下三种。

（1）独资企业

由单独一人出资、拥有和控制，并由其一人承担无限责任的企业。独资企业财产归独资企业业主所有，业主具有独立的经营权和分配权，并对企业的亏损承担连带责任。我国个体户和私营企业很多属于此类企业。

（2）合伙企业

由两人以上按合伙协议分别出资，共同经营组成的营利性组织，包括个人合伙与企业合伙两种。合伙企业财产归合伙人共同拥有，盈利按合伙协议规定比例或法律规定比例分配，合伙人对合伙企业债务承担连带无限责任。

（3）公司制企业

按照法律规定，由投资者出资设立的以营利为目的的社团法人。公司制企业拥有自己的资产，享有法人财产权，以其全部财产对公司的债务承担责任，股东只承担出资额范围内的有限责任。公司包括有限责任公司和股份有限公司。

有限责任公司是由为数不多的股东筹资组建的公司（2~50人），不发行股票，其资本无须划分为等额股份，股东在出让股权时受到一定限制。有限责任公司的财务状况不必向社会披露，设立和解散程序、管理结构都比较简单，通常为中小型企业。

股份有限公司通过发行股票筹集资本，全部注册资本由等额股份构成，公司以其全部资产对公司债务承担有限责任。股东有权参与企业的经营管理，每一股有一票表决权，以其持有的股份享受权利并承担义务。

1.1.3 制造业企业的主要经济活动

制造业企业是指对原材料进行加工以及对零部件进行装配的工业企业。

制造业企业的主要经济业务流程如图1-2所示。

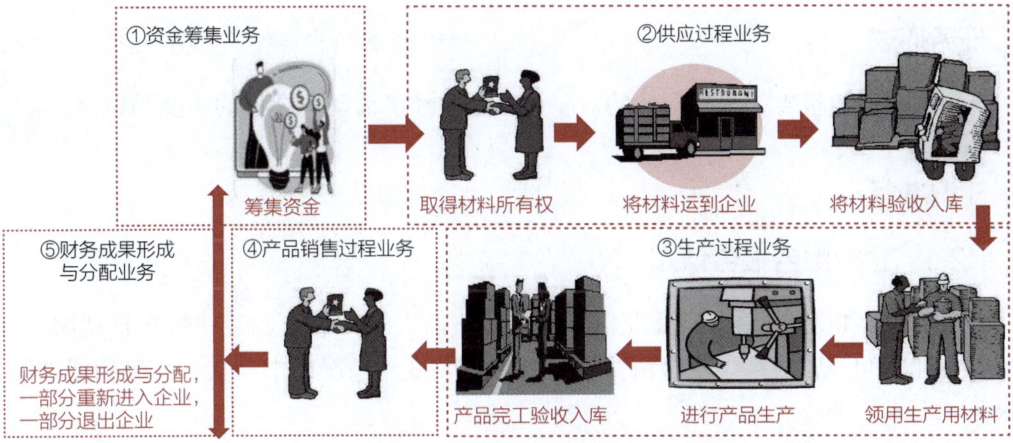

图1-2 制造业企业的主要经济业务流程图

知识拓展

企业单位、事业单位与非营利组织

任务实施

不同类型企业的描述

查阅互联网，列举独资、合伙、股份制三种不同类型的企业，并描述三种不同类型企业的特征。

问题研讨

哪一种类型的企业需要对外披露企业的财务会计信息？为什么？

任务2 掌握会计的对象和职能

任务描述

查阅企业财务报告，认知会计的对象及在企业经济活动中会计的职能和目标。

知识准备

1.2.1 企业财务报告认知

财务报告：也称财务会计报告，是企业对外提供的反映企业某一特定日期财务状况和某一会计期间经营成果、现金流量和所有者权益变动情况的书面文件，其构成如图1-3所示。

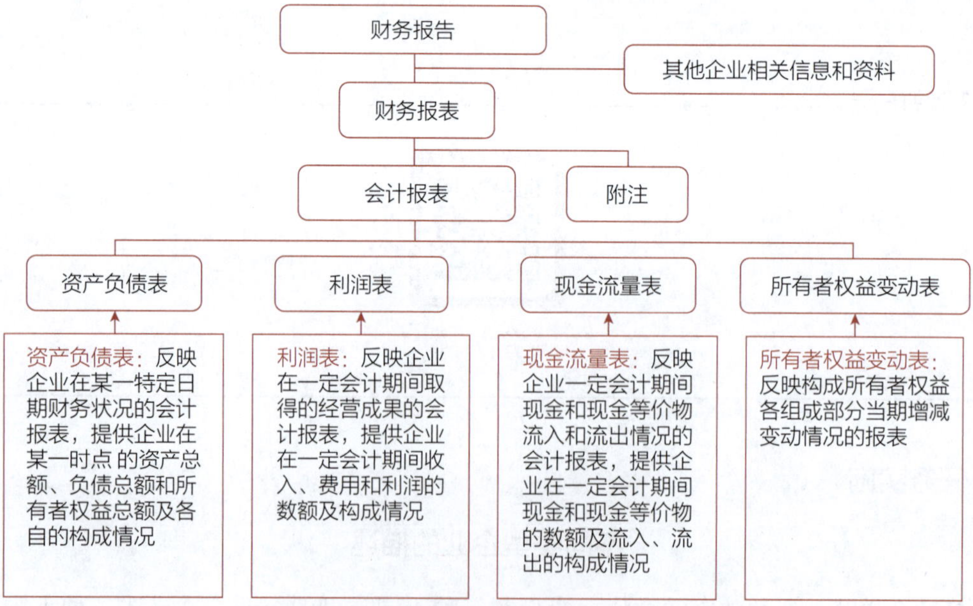

图1-3 企业财务报告的构成

1.2.2 会计的概念及特征

会计是以货币为主要计量单位，运用凭证、账簿等一系列专门的方法和程序，对一定会计主体的经济活动及其结果进行完整、连续、系统的核算和监督，以如实反映受托责任履行情况和提供决策有用经济信息为主要目的的经济管理活动。

会计具有以下基本特征：①以货币为主要计量单位；②具有准确性、完整性、连续性和系统性；③会计是一种经济管理活动。

1.2.3 会计的对象

会计的对象是会计核算和监督的具体内容，即特定会计主体的资金及其运动。企业的全部经济活动中，能用货币表现的经济活动才是会计的对象，也称会计事项。

制造业企业的资金及其运动如图1-4所示。

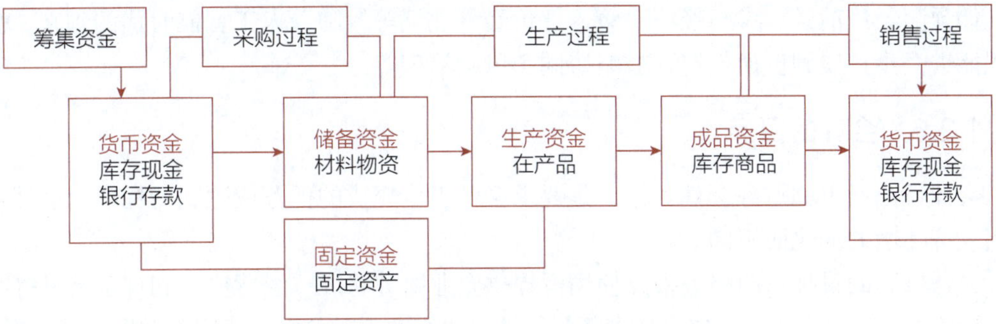

图1-4 制造业企业的资金及其运动

1.2.4 会计的方法

会计方法是用来反映和监督会计对象，完成会计任务的做法。会计方法包括：会计核算方法、会计分析方法、会计检查方法、会计预测方法、会计决策方法和会计控制方法等。这些方法既相对独立，又相互联系和配合，构成了完整的会计方法体系。会计核算方法是会计方法体系中的基础和核心。

会计核算方法包括：①设置会计科目和账户；②复式记账；③填制和审核会计凭证；④登记会计账簿；⑤成本计算；⑥财产清查；⑦编制会计报表。

1.2.5 会计的职能

会计的职能是会计在经济管理中所具有的功能。会计的职能如图1-5所示。

会计核算与会计监督职能的关系：会计核算和会计监督职能相辅相成，缺一不可。会计核算是会计监督的基础，没有核算提供完整的会计信息，就无法进行监督；会计监督是会计核算信息真实性、可靠性的保障。

会计的拓展职能：会计的职能并非一成不变，随着经济的发展，会计的职能不断拓

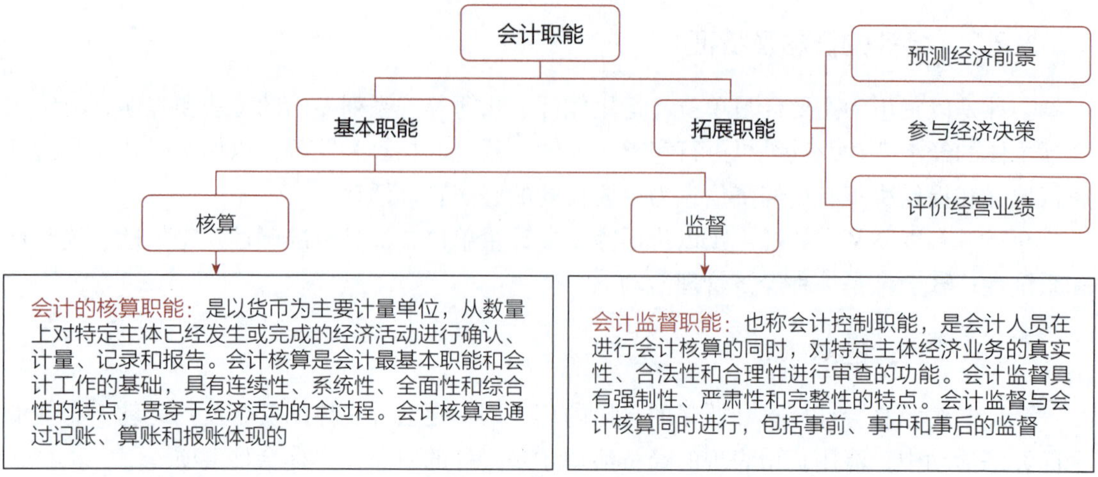

图1-5 会计的职能

展，如预测经济前景、参与经济决策、评价经营业绩等。随着人工智能时代的到来，会计的职能进一步拓展到价值创造、战略协同与风险治理等。

1.2.6 会计的目标

会计目标：也称财务会计目标，是要求会计工作完成的任务或达到的标准。会计目标会随经济环境的变化而不同。

会计核算的目标：向财务报告使用者提供企业财务状况、经营成果和现金流量等有关的会计信息，反映企业管理层受托责任履行情况，有助于财务报告使用者做出经济决策。

知识拓展

会计的产生与发展

会计是生产活动和社会经济发展到一定阶段的产物，它随生产力的产生而产生，并随生产力的发展而发展，经历了从简单到复杂，从低级到高级的漫长发展历程。我国会计产生和发展的历程如图1-6所示。

（1）古代会计（原始社会到1840年的封建社会末期）。我国最早发现的会计痕迹是在距今10万到30万年前的旧石器时代的山西朔县峙峪村，考古发现了刻画痕迹清晰的骨片。距今1万年左右的新石器时代出现了绘图记事和刻画记事两种方式。原始社会末期，会计方法有了更多的形式，“结绳记事”“刻契记事”等被广泛用来记录生产过程中的所耗和取得的劳动成果，会计只是生产职能的附带部分。原始社会末期，随着生产力水平的提高和剩余产品的出现，会计逐渐从生产职能中分离出来，专门从数量上记录和计算生产过程中的消耗和劳动成果，最早的会计由此产生。

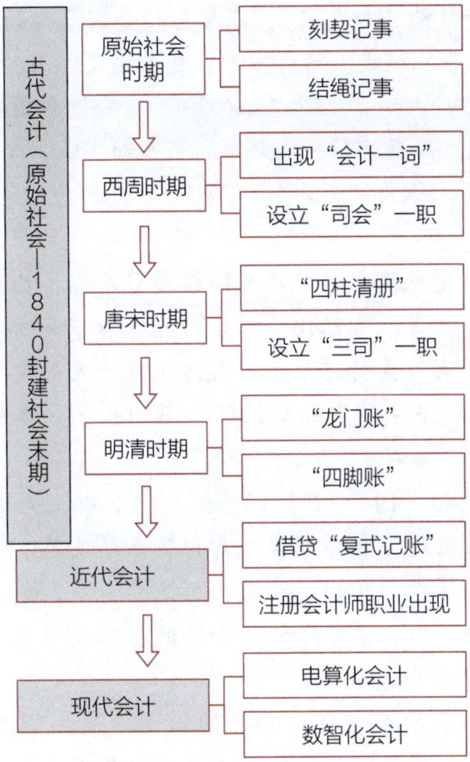

图1-6 我国会计的发展过程

文字上最早出现“会计”一词是我国的西周（公元前1066—公元前771年），“零星算之为计，总和算之为会”，并设立了“司会”一职，成为我国最早的专管钱粮赋税的官厅会计，形成了“以参互考日成，以月要考月成，以岁会考岁成”的“日成”“月要”“岁会”勾稽严格的报告文书。对账簿的设置从单一的流水账发展为“草流（也称底账）”“细流”“总清”三账，并一直沿用到明清时期。

唐宋时期，随着生产力的发展和经济的繁荣，官厅会计得到了进一步发展，唐朝出现的“四柱清册”不仅将官厅会计提高到一个新水平，而且其方法也传入民间为商界所沿用，逐渐形成了我国传统的中式簿记。“四柱清册”也称“四柱结算法”，将“旧管”（相当于期初结存）、“新收”（相当于本期收入）、“开除”（相当于本期支出）、“实在”（相当于期末结存）按照数量上的平衡关系，即“旧管+新收−开除=实在”进行结账，检查会计记录的正确性，就称为“四柱清册”。公元807年，中书侍郎李吉甫与史官共同编撰了我国第一部会计著作《元和国计簿》，其主要内容是对国家的财政经济的分析，因此也被称为我国最早的统计年鉴。

明末清初，随着商业和手工业的繁荣，出现了以“四柱清册”为基础的“龙门账”，将全部账目分为“进、缴、存、该”四大类，运用进（收入）−缴（支出）=存（资产）−该（负债和资本）的平衡公式计算盈亏，并编制“进缴表”和“存该表”。

两表计算的盈亏数相等称为“合龙门”，以此勾稽全部账目的正误，这标志着我国会计从单式记账向复式记账的迈进。清代中期，资本主义经济的萌芽与发展促进了中式簿记的发展，产生了“四脚账”，也称“天地合账”，一切账项都要按照“来账”和“去账”在账簿上记录两笔，以反映同一笔账项的来龙和去脉，账簿采用垂直书写，直行分上下两格，上格记收，称为“天方”，下放为付，称为“地方”，上下两格所记数额相等，称为“天地合”。

国外会计发展的历史也很久远，原始印度公社时期，已经出现负责农业账目的记账员，负责登记农业账目。古巴比伦、古希腊和古罗马都留存有“农庄、庄园和不动产的账目记录”等有关会计记录。单式簿记逐步发展起来，先是设置流水账、逐步进化为“三账”，相当于现在的日记账、明细账和分类账，这些账簿的设置为复式账簿组织体系奠定了基础。

（2）近代会计（1840—1949）。从13世纪到15世纪，地中海沿岸商业和手工业的兴旺发达和经济繁荣促进了科学的复式簿记体系的发展。1494年意大利数学家卢卡·帕乔利在其所著《算数、几何、比及比例概要》中，第一次系统地阐述了借贷复式簿记的理论和方法体系，奠定了近代会计的基础。借贷记账法成为会计发展史上的第一个里程碑。

18世纪末19世纪初股份公司组织形式的出现，产生了保护外部股东及债权人利益的要求，为此，出现了以审计股份有限公司财务报表为职业的注册会计师或特许会计师。1853年，世界上第一个注册会计师专业团体——苏格兰爱丁堡会计师协会成立，标志着会计师从此成为一种专门职业，并成为会计发展史上的第二个里程碑。1937年，美国会计程序委员会发表的第一份“会计研究公报”被称为近代会计迈入现代会计的标志。

1918年，中国现代会计的奠基人、中国第一位注册会计师谢霖先生创办中国历史上第一家会计师事务所——正则会计师事务所。

（3）现代会计（1949至今）。第二次世界大战以后，科学技术迅速发展，生产活动的日趋复杂化和市场竞争的激烈化，促使管理会计从财务会计中分离出来，服务于企业内部决策者，并成为会计发展史上的第三个里程碑。

1954年，美国通用电气公司首次利用计算机计算职工薪金，开创了利用计算机进行会计数据处理的新纪元，电算化会计应运而生，并随着计算机技术的发展经历了单项业务处理（20世纪50年代）、综合处理（20世纪60年代）、管理信息系统（20世纪70年代）和决策支持系统（20世纪80年代后）等不同的发展阶段。

随着数字化、人工智能时代的到来，财务机器人（RPA）及智能化财务解决方案正在变革传统的财务与会计行业，财务会计向管理会计转型成为社会环境的需要，数字化、网络化、智能化相互融合，财务共享—财务数字化—数字资产成为财务数字化不可或缺的必经流程，并将给企业效率带来质的提升。国家对会计信息化工作的发展非常重视，并制定了指导性的发展规划，财政部制定的《会计信息化发展规划（2021—2025）》中构建了国家会计信息化发展体系图，如图1-7所示。

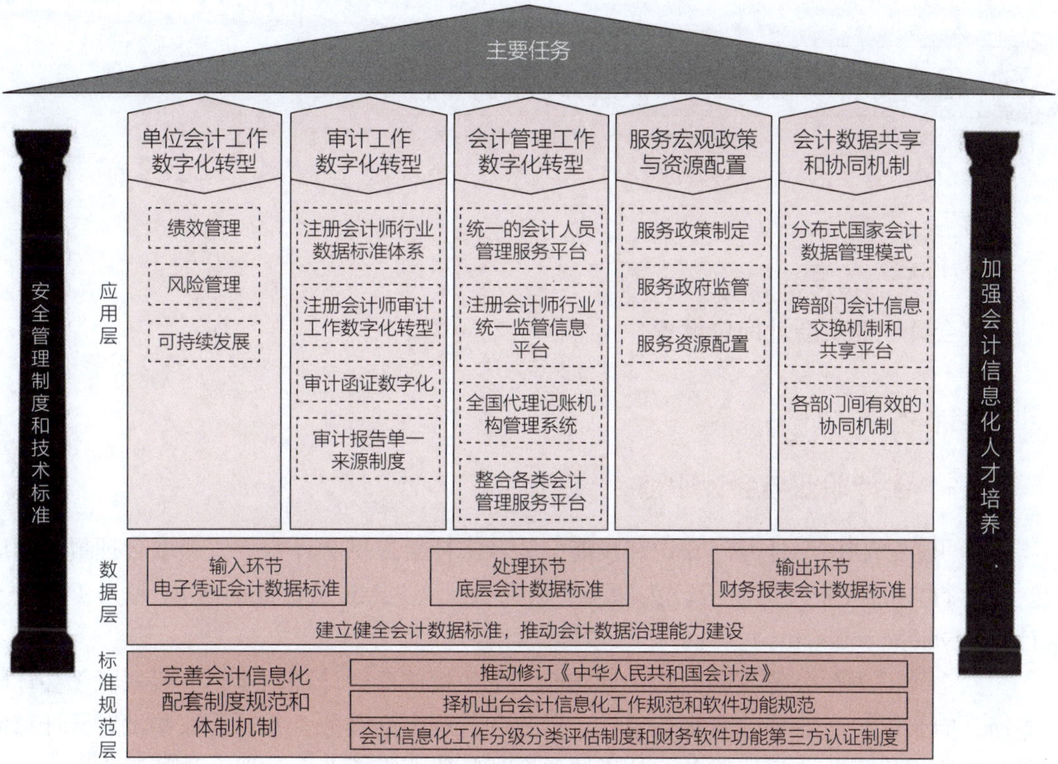

图1-7　国家会计信息化发展体系图

任务实施

会计职能的描述

请查阅引导案例中该上市公司的三张主要报表，讨论财务报告的主要内容，并据以说明会计的职能。

问题研讨

什么是会计对象？描述制造业企业会计的对象。

任务3 认知会计职业及会计岗位

任务描述

了解会计职业及会计岗位设置。

知识准备

1.3.1 会计职业与会计职称

会计职业：利用会计专门知识和技能，为经济社会提供会计服务，获取合理报酬的职业。会计行业的从业人员一般分为两类：公共会计（Public accountants）、私人（单位）会计（Private accountants）。

公共会计：为社会各界服务的会计职业，主要指注册会计师职业，一般就职于会计师事务所，向个人、企业和政府提供审计、税收和管理咨询服务，并可为那些没有会计部的公司和机构提供税收或记账服务。从事注册会计师职业需要考取注册会计师资格证书，并在注册会计师事务所从事审计工作两年以上，申请注册取得职业资格，才能独立承担审计业务，取得职业资格前，只能作为注册会计师的助理人员。

单位会计：在企业、政府机关、社会团体等单位工作的会计，从事会计核算、会计监督和会计管理等工作任务，也是从业人员较多的会计职业。按照其工作单位的不同，单位会计又可以进一步分为企业会计和政府会计两类。企业会计是为以营利为目的的企业服务的会计，企业会计按照其工作的内容又可以分为财务会计和管理会计两大类；政府会计是为政府和事业单位服务的会计。

会计专业技术职务：区分会计人员从事业务工作的技术等级，分为助理会计师、会计师、高级会计师和正高级会计师。单位会计人员需要满足财政部、人力资源和社会保障部规定的报考条件并通过初级、中级和高级会计专业技术资格考试后才可聘任到相应的职位。

1.3.2 会计机构与会计人员

会计机构：会计机构是各单位办理会计事务的职能部门。《中华人民共和国会计法》（以下简称《会计法》）规定，各单位应当根据业务的需要，设置会计机构，或者在有关机构中设置会计人员并指定会计主管人员；不具备设置条件的应当委托经批准从事会计记账业务的中介机构代理记账。国有和国有资产占控股地位或主导地位的大、中型企业必须设置总会计师。

国务院财政部门（下设会计司）是主管全国会计工作的机构，地方各级人民政府的财政部门（下设会计处、会计科等）是主管该地区会计工作的机构。

会计人员：在国家机关、社会团体、企业、事业单位和其他组织中从事会计核算、会计监督等会计工作的人员。会计人员应当具备从事会计工作所需的专业能力，具备良好的职业道德，按照国家有关规定参加继续教育，遵守《会计法》和国家统一的会计制度等法律法规。担任单位会计机构负责人（会计主管人员）、总会计师的人员属于会计人员。

会计人员从事的具体工作：出纳；稽核；资产、负债和所有者权益的核算；财务成果（政府预算执行结果）的核算；财务会计报告（决算报告）编制；会计监督；会计机构内会计档案管理；其他会计工作。

1.3.3 会计工作岗位

会计工作岗位：一个单位会计机构内部根据业务分工而设置的职能岗位。不同规模企业会计机构及其岗位设置各不相同。企业规模越大，财务人员的分工越细，会计岗位设置越多。会计工作岗位可以一人一岗、一人多岗或一岗多人，但出纳人员不得兼管稽核、会计档案保管和收入、费用、债权债务账目登记工作。

中、小型企业的会计工作岗位可以只设一个会计和一个出纳岗位。

大型企业的会计工作岗位一般可分为：总会计师岗位（或行使总会计师职权）；会计机构负责人或会计主管人员岗位；出纳岗位；稽核岗位；资本、基金核算岗位；财产物资核算岗位；工资核算、成本费用核算岗位；收入、支出、财务成果核算岗位；往来款项核算岗位；税务会计岗位；总账、报表会计岗位；会计电算化岗位；会计档案管理等。

医院门诊收费员、住院处收费员、商场收费（银）员不属于会计岗位；单位内部审计人员、社会审计人员、政府审计人员不属于会计岗位。

随着信息技术在企业管理中的广泛应用，业财融合已成为当今企业管理和会计发展的趋势，并对会计人员的业务能力提出了新的挑战。业财一体化是在企业管理应用软件中将各类业务和财务系统打通，实现记账自动化。业务数据自动生成财务（凭证）信息，不仅提高了信息录入效率，而且降低了差错率，增强了业务、财务分析和管控能力。财务人员与业务的关联度增强，日常工作不再是简单的接收单据，完成财务记账，而是要跟踪和优化业务流程，财务管理工作前移，把事后的监督改成事前、事中管控，管理层可以随时查看业务和财务数据，决策效率提高，由此产生新的管理会计岗位、BP（Business partner）岗位等。

知识拓展

国际会计职业团体及资格

任务实施

会计职业的认知

1. 查阅网络信息，列举公共会计与单位会计的差异。
2. 查阅招聘网站，都有哪些会计岗位提供给应聘人员，要求是否相同?

问题研讨

数智化时代，会计人员的工作岗位是否出现变化? 对会计人员的能力要求主要有哪些变化?

任务4 了解会计法规体系及会计职业道德

任务描述

了解会计法规体系和会计职业道德的内容。

知识准备

1.4.1 会计法规体系

会计法规体系：由会计法律和会计规范组成的指导单位和会计人员行为的完整体系，包括会计法律、会计行政法规和会计部门规章三个层次。

会计法律：包括《会计法》和其他经济法律中与会计相关的内容，如《中华人民共和国公司法》(以下简称《公司法》)、《中华人民共和国证券法》(以下简称《证券法》)、《中华人民共和国企业破产法》(以下简称《企业破产法》)及《中华人民共和国注册会计师法》(以下简称《注册会计师法》)等。《会计法》是会计法规体系的核心，由全国人民代表大会及其常务委员会通过，是制定其他各层次会计规范的依据。

会计行政法规：由我国最高行政机关——国务院根据《会计法》制定的法规，是对会计法律的具体化，或对某个方面的补充，一般称为条例，如《企业财务报告条例》《总会计师条例》等。

会计部门规章：由国家主管会计工作的行政部门——财政部以及其他相关部委根据法律和国务院的行政法规、决定、命令，在本部门权限范围内制定的，调整会计工作某些方面内容的国家统一会计准则制度和规范性文件，如《企业会计准则》《政府会计准则》《会计人员职业道德规范》等。

1.4.2 会计职业道德

会计职业道德：会计人员在会计工作中应当遵循的行为准则和规范，是社会道德规范在会计职业行为活动中的具体体现。《会计人员职业道德规范》的主要内容如图1–8所示。

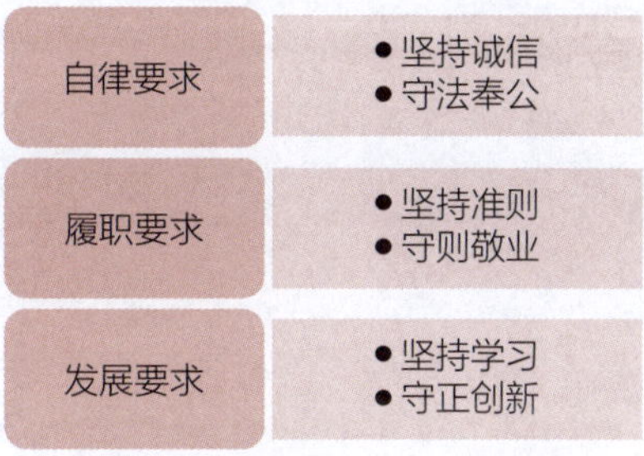

图1–8 会计人员职业道德

知识拓展

《中华人民共和国票据法》

《中华人民共和国票据法》（以下简称《票据法》）是规范票据行为、保障票据交易安全、维护市场经济秩序的重要法律。现行版本为2004年8月28日第十届全国人民代表大会常务委员会第十一次会议修正。此法主要适用于汇票、本票和支票三类票据。

任务实施

了解会计法规体系的具体内容

自主查阅《会计法》，描述其主要内容有哪些。

会计人员职业道德规范

问题研讨

自主查阅《会计人员职业道德规范》内容，会计人员应遵守哪些职业道德，为什么？

思政课堂

社会主义核心价值观中强调诚信原则，坚持诚信，守法奉公也是会计职业道德的重要内容和会计行业得以健康发展的基本保证。由于会计诚信缺失、可靠性受损导致的会计丑闻时有发生，不仅投资者会由此蒙受损失，对涉及的会计人员的职业生涯和会计行业都会产生重大的不良影响。因此，诚信是会计人员应该守住的职业道德底线。

案例

中泰化学财务报告
失信案例

知识测试和能力训练

一、单项选择题

❶ “四柱清册”产生于（　　）。

A. 西周　　B. 汉朝　　C. 唐宋时期　　D. 清朝

❷ 会计一词产生的时代是（　　）。

A. 西周　　B. 汉朝　　C. 唐宋时期　　D. 明朝

❸ 各单位应根据（　　）的需要设置会计机构。

A. 工商部门　　B. 税务部门

C. 本行业会计业务　　D. 本单位会计业务

❹ 会计的主要计量单位是（　　）。

A. 实物　　B. 货币　　C. 劳动　　D. 时间

❺ 1419年，意大利数学家卢卡·帕乔利所著《算数、几何、比及比例概要》一书，对（　　）作出了系统的说明，成为会计发展史上的一个里程碑。

A. 四柱结算法　　B. 复式记账法　　C. 货币计量法　　D. 价值管理法

❻ 我国的会计法规体系是以（　　）为核心建立的。

A.《会计法》　　B.《企业财务报告条例》

C.《公司法》　　D.《小企业会计准则》

❼ 会计的基本职能是（　　）。

A. 记录和计算　　B. 考核绩效　　C. 核算和监督　　D. 分析和预测

❽ 会计方法体系中，（　　）是会计方法的基础和核心。

A. 会计核算方法　　B. 会计分析方法　　C. 会计检查方法　　D. 会计预测方法

❾ 会计的对象是会计所核算和监督的具体内容，即某一特定单位的（　　）。

A. 经济活动　　B. 资金及其运动　　C. 管理活动　　D. 现金流动

❿ 会计人员在会计工作中应当遵循的行为准则和规范是（　　）。

A.《会计人员职业道德规范》　　B.《会计法》

C.《公司法》　　D.《企业财务报告条例》

二、多项选择题

❶ 会计的基本职能包括（　　）。

A. 会计核算　B. 会计监督　C. 会计预测　D. 会计分析

❷ 现代会计的职能包括（　　）。

A. 会计核算　B. 会计监督　C. 会计预测　D. 会计分析

❸ 会计岗位包括（　　）。

A. 出纳岗位　B. 稽核岗位

C. 财产物资核算岗位　D. 工资核算岗位

❹ 企业对外的财务报告包括（　　）。

A. 资产负债表　B. 利润表　C. 现金流量表　D. 成本报表

❺ 会计从业人员一般可以分为（　　）两大类。

A. 公共会计　B. 单位会计　C. 管理会计　D. 预算会计

❻ 会计专业职务是区分会计人员从事业务工作的技术等级，分为（　　）。

A. 助理会计师　B. 会计师　C. 高级会计师　D. 正高级会计师

❼ 以下不属于会计岗位的是（　　）。

A. 医院门诊收费员　B. 住院处收费员

C. 单位内部审计人员　D. 单位出纳人员

❽ 由全国人民代表大会及其常务委员会通过，属于会计法律范畴的是（　　）。

A.《公司法》　B. 税法

C.《注册会计师法》　D.《会计法》

❾ 以下属于部门规章的是（　　）。

A.《企业会计准则》　B.《政府会计准则》

C.《会计人员职业道德规范》　D.《会计法》

❿ 会计具有的基本特征有（　　）。

A. 以货币为主要计量单位　B. 具有准确性和完整性

C. 具有连续性和系统性　D. 是一种经济管理活动

三、判断题

❶ 会计目标会随着社会经济环境的变化而不同。（　）

❷ 会计的最基本职能是反映经济活动，即核算。（　）

❸ 会计工作岗位的设置并非固定模式，企业可根据自身的需要合并或重新分设。（　）

❹ 会计工作的唯一目标是向会计信息使用者提供决策有用信息。（　）

❺ 会计既可以反映已经发生的经济活动，也可以反映将来必然会发生的经济活动。（　）

❻ 所有的企业都必须设置专门的会计机构。（　）

❼ 会计的两个基本职能是紧密结合、辩证统一的。（ ）

❽ 投资者、债权人、政府部门、企业管理者都属于企业外部信息使用者。（ ）

❾ 会计职业道德是会计人员在会计工作中应当遵循的行为准则和规范，是社会道德规范在会计职业行为活动中的具体体现。（ ）

❿ 会计的对象是会计核算和监督的具体内容，即特定会计主体的资金及其运动。（ ）

项目 2

掌握会计核算程序和方法

学习目标

- 知识目标：了解会计核算程序、会计核算方法的概念、内容、步骤。
- 技能目标：掌握会计核算的初步知识。
- 素质目标：提高对会计岗位的兴趣，增强责任感。

引导案例

小赵和大数据与会计专业毕业的小林共同成立了一个卖水果的商店。2月份购进了几箱苹果，当月就被客户买走了，合计赚了1 000元，但是约定3月才付货款。当月，还支付了100元水电费，但是水电费的账单日期显示是1月份。到了2月末，要进行账务处理，小赵和小林分别按照自己的方法记账：

小赵没有学过会计，按钱是不是当月实际收到或者支付确认收入和费用。苹果的款项，要到3月份才能收到，当月就不能确认收入，对于当月已经支付的水电费，应记为当月费用增加100元。按照小赵的算法，当月的盈利是-100元，也就是亏损了100元。

大数据与会计专业毕业的小林首先将上述经济活动分为资产、负债、所有者权益、成本和费用、收入五类，然后按收入和费用是否应归属于当期来确认当月实现的收入和发生的费用。苹果的款项1 000元虽然要下个月才能收到，但由于货已经发出，按照约定水果店有权到期收取货款，应属于本月实现的销售收入。而水电费是上月发生的，属于上个月的费用，不应计入本月。因此，当月实现收入1 000元，费用为零，当月收入减费用后的盈利是+1 000元。

上述案例我们可以看到会计核算采用不同的方法，得到的结果是不同的，按照小赵的算法，水果店当月亏损了100元，按照小林的算法，水果店当月盈利了1 000元。那么，小赵和小林谁的算法更为恰当地反映当期的经营成果呢？如果企业不同时期采用不同的会计核算方法，那么该企业在不同时期的财务状况和经营成果就缺乏了可比性，也很难衡量出企业哪一期的经营成果更好。同样，如果不同企业采用不同的会计方法进行核算，最后不同企业得出的核算结果也不具有可比性。因此，同一企业不同会计期间，不同企业同一会计期间都应遵循一定的原则、规则、程序和方法才能确保同一企业不同会计期间和不同企业之间的会计信息具有可比性。

问题

1. 何时计算企业的经营成果？
2. 如何确认和计量当期发生的收入和费用？
3. 会计核算有哪些方法？包括哪些内容？
4. 会计核算应遵循什么样的程序？
5. 会计信息应具备哪些质量特征？

任务1 会计核算的程序

任务描述

掌握会计核算的基本程序。

知识准备

2.1.1 会计核算的基本程序

会计的基本目标是以会计报表的形式向会计信息的使用者提供其决策所需要的会计信息，包括企业的财务状况、经营成果和现金流量等情况。为了实现会计目标，会计信息系统在提供信息时，有着一套独特的会计循环程序和方法。

会计核算的基本程序：指会计系统在加工数据并形成最终会计信息的过程中所特有的步骤，主要包括会计确认、计量、记录与报告四个基本程序，财务会计活动就是在这样一个周而复始的过程中不断进行的。会计核算的基本环节如图2-1所示。

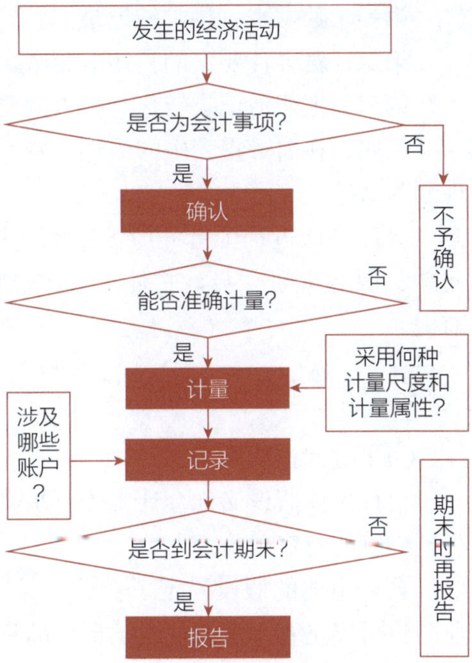

图2-1 会计核算的基本环节

会计确认：依据一定的标准，确认某经济业务事项，能否记入会计信息系统，并列入会计报告的过程。

会计计量：指在会计核算过程中，对各项财产物资都须以某种尺度为标准确定它的量。

会计记录：指各项经济业务经过确认、计量后，采用一定的文字、金额和方法在账户中加以记录的过程，包括以原始凭证为依据编制记账凭证，再以记账凭证为依据登记账簿。

会计报告：指以账簿记录为依据，采用表格和文字形式，将会计数据提供给信息使用者的手段。

2.1.2 会计确认

会计确认是对会计主体发生的经济事项，依据一定的标准进行客观认定，并列入资产、负债、所有者权益、收入、费用和利润等会计要素，确认会计分录，在账簿上正式记录并列入会计报表的一种会计行为。

会计确认包括初始确认和再确认两个环节，如图2-2所示。

初始确认：初始确认是对交易或事项进行正式的会计记录的行为，关注的是企业发生的交易或事项是否应该被记录，应在何时、以多少金额、通过哪些会计要素在会计账簿中予以记录的问题。

再次确认：会计账簿的会计信息生成财务报告信息的过程，是财务会计加工信息的第二阶段。再次确认的主要任务是编制和分析财务报表。再次确认有四个特点：

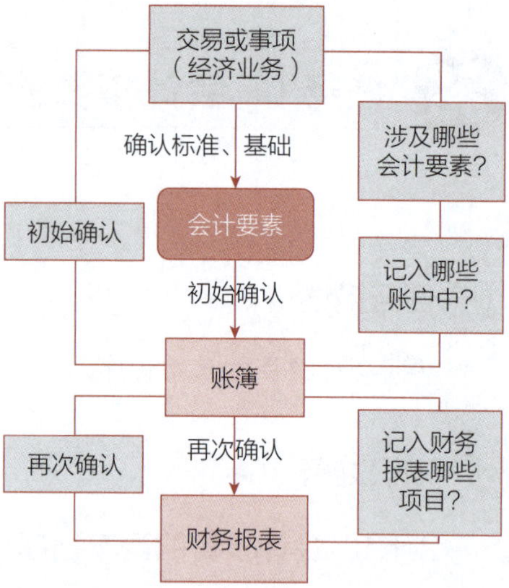

图2-2　会计的初始确认和再确认

第一，数据来自日常的记录。

第二，对会计要素的表述既用数字，也用文字。

第三，把账簿记录转化为报表的要素，有一个挑选、分类、汇总的加工过程。

第四，在财务报表中的表述，资产负债表以权责发生制为基础，现金流量表以收付实现制为基础。

会计确认过程中首先应该明确经济事项是否为本单位的会计事项，什么时间确认的问题，因此有了“会计主体”“持续经营”和“会计分期”的假设，即会计核算的基本前提。

2.1.3　会计的基本假设

（1）会计主体假设

会计主体假设又称会计实体，是会计工作所服务的特定单位或组织，即会计人员进行会计核算的特定单位。

会计主体的假设界定了会计人员工作的立足点和空间范围。会计主体可以是一个企业，也可以是若干个企业组织形成的集团公司，既可以是法人，也可以是不具备法人资格的实体。

作为会计主体一般应具有一定数量的资金；进行独立的生产经营活动或其他活动；实行独立决算。

（2）持续经营假设

持续经营假设是指会计主体的经营活动将按照其既定的目标、方针和形式正常地持续经营下去，在可以预见的将来，不会面临破产、清算的情况；企业将按照原定用途持有和使用现有资产；将按照原先承诺的条件清偿债务。

持续经营假设确定了会计确认、计量、记录和报告的时间范围。为企业资产的确认和计价，成本、费用的计算和分摊，债权债务的发生和清偿提供了前提条件。如在持续经营前提下，企业购入的资产可以按历史成本计价，并按使用期限计提折旧，分期补偿固定资产的损耗价值。企业可以采用赊购的方式采购货物，采用赊销的方式销售商品等。

（3）会计分期假设

会计分期假设也称会计期间假设，是人为将会计主体持续不断的经营活动分割为若干相等的期间（月、季、年），以及时反映企业的财务状况和经营成果等会计信息。企业应按会计期间，分期结算账目，编制财务报表。

按年度划分的会计期间称为会计年度。会计年度可以采用历年制，即日历年度的1月1日起至本年的12月31日止为一个会计年度。会计年度内还可以进一步划分为季度和月份，以便及时计算、报告各期的财务状况和经营成果，便于对比、考核、改善经营管理。会计分期如图2-3所示。

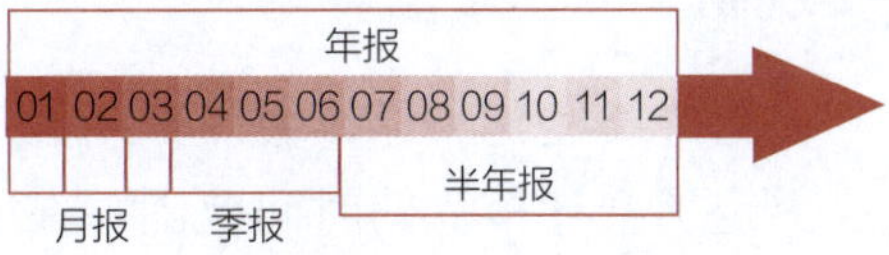

图2-3 会计分期

会计分期也可以采用非日历年度，如7月1日起至次年的6月30日止为一个会计年度。会计年度起止时间取决于企业的经营周期和各国的相关规定。

我国《企业会计准则》规定，会计期间分为年度和中期。中期是指短于一个完整会计年度的报告期间，包括半年度、季度和月份。年度、季度和月份的起讫日期采用公历日期。

（4）货币计量假设

货币计量是指会计主体在进行会计确认、计量、记录和报告时以货币为计量尺度，反映会计主体的财务状况、经营成果和现金流量。

货币量度能够提供经营管理所必需的综合性指标，便于对企业的经济活动和经济效益进行综合评价和考核。相比之下，实物量度、劳动量度等其他量度由于计量单位的不统一，难以相互比较，其使用具有一定的局限性，因此只能是会计计量的辅助尺度。

我国《企业会计准则》规定，我国境内企业应以人民币为记账本位币，外币收支业务为主的企业，可以采用外币为记账本位币，但在编制对国内报送的财务报告时应折算为人民币。

以货币为主要计量单位的假设隐含币值稳定的附带假设。在物价变化不大的情况下，会计要素一般以它们的历史成本在报表中予以列示，其主要的原因在于按历史成本所揭示的会计信息容易取得记账的原始凭证，并且可以验证。但是，在通货膨胀或通货紧缩的情况下，对会计要素按历史成本核算容易使会计信息失真，扭曲企业的经营成果和财务状况。为此，当存在上述情况时，一些重要的会计核算项目可以按照其他的计量属性，如重置成本（按照现在购买同一或类似资产，或是偿付某项负债所需支付的现金或现金等价物的金额）、可变现净值（按照现在正常变卖资产所能得到的现金或现金等价物的金额）、现值和公允价值等来进行计量，以辅助说明相关的会计信息。

2.1.4 会计计量

会计计量是用货币或其他量度单位计量各项经济业务增减变化及其结果的过程。

在研究会计计量的相关问题时，会计计量属性的选择是一个关键的计量问题。一般而言，会计计量属性主要包括历史成本、重置成本、可变现净值、现值和公允价值等，如图2-4所示。

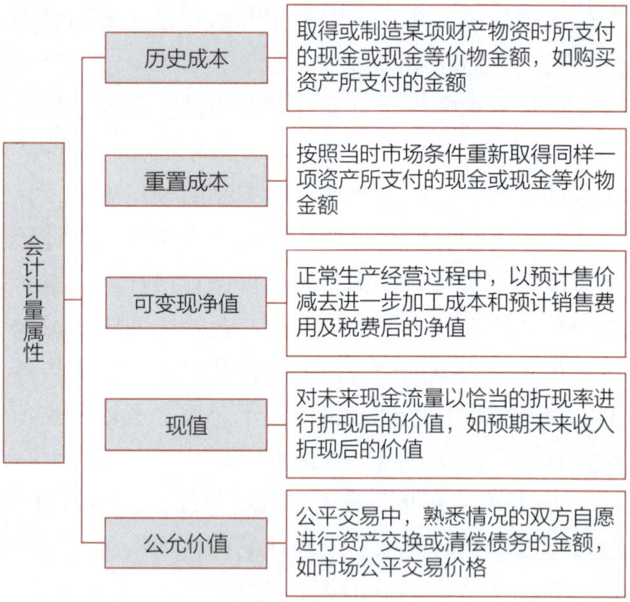

图2-4　会计计量属性

2.1.5　权责发生制与收付实现制

同持续经营一样，会计分期假设界定了会计核算的时间范围，在收入与费用的确认上有了本期与非本期之分，从而产生了收入与费用确认的权责发生制原则和收付实现制原则。

（1）收付实现制

收付实现制是指收入和费用的确认以现金的收支为标准，不考虑经济业务的实际发生时间。这意味着，凡是收到款项，立即确认收入；凡是发生支出，立即确认为费用。

在我国，行政单位普遍采用收付实现制，而事业单位除经营业务采用权责发生制外，其他业务也采用收付实现制。收付实现制收入和费用的确认方法如图2-5所示。

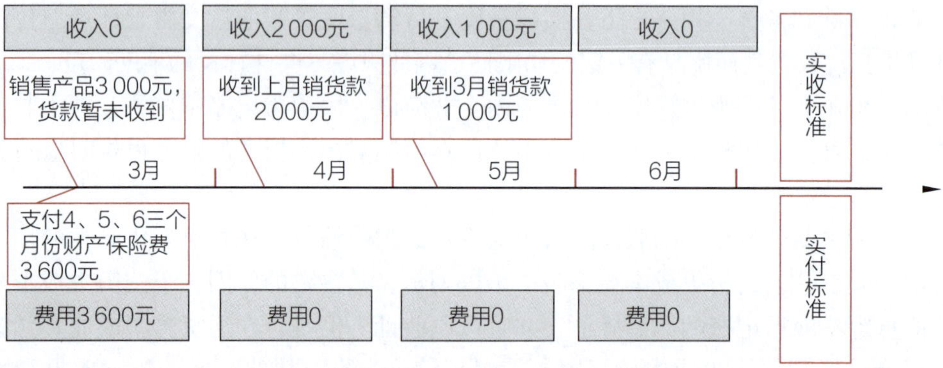

图2-5　收付实现制收入和费用的确认

（2）权责发生制

权责发生制是指收入和费用的确认应当以经济业务的发生为基础，与现金的收支无关。这意味着，凡是当期已经实现的收入和已经发生或应当负担的费用，无论款项是否收付，都应当作为当期的收入和费用；反之，凡是不属于当期的收入和费用，即使款项已在当期收付，也不应当作为当期的收入和费用。

权责发生制是目前绝大多数公司所采用的核算基础。它要求在收入赚取的期间确认收入，在费用发生的期间确认费用，不管收到或付出现金的时间。这种制度更符合客观、真实的财务报表要求，能够更好地反映公司的财务状况和经营成果。权责发生制的处理方法如图2–6所示。

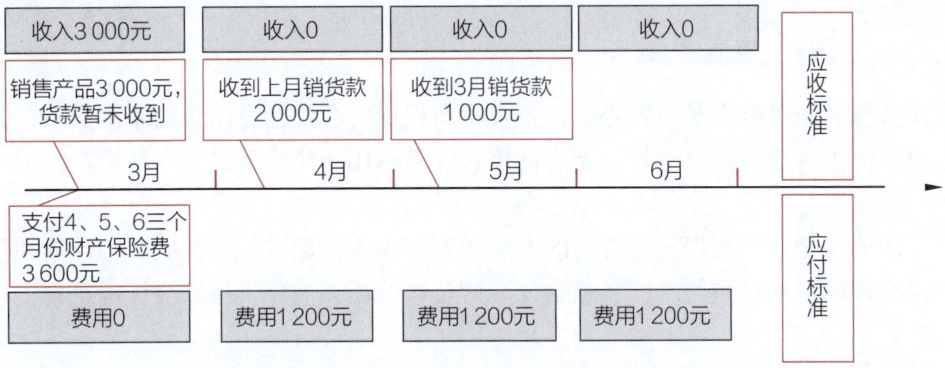

图2–6　权责发生制收入和费用的确认

2.1.6　会计记录

会计记录：通过预先设置好的各种账户，对经过会计确认和计量程序可以进入会计系统的数据资料，按照复式记账的方法在账簿中进行记录的过程。

通过会计记录，可以对企业的资金运动进行详尽而具体的记录。而且，通过复式记账法记录的经济数据也便于进行下一步的加工、分类与汇总，为会计处理进入会计报告环节奠定基础（图2–7）。

会计记录的主要功能：①分类整理。通过设置和运用账户将经济事项按会计要素的具体类别进行分类整理；②加工转换。将大量分散的数据加工转换成少量的综合性的数据，将原始数据加工成初始信息。因此，只有经过会计记录这一基本会计程序，才能最终生成对决策有用的财务信息。

在会计记录的过程中，同样要遵循有关会计记录的一系列基本准则，如真实性、正确性、明晰性、及时性等。

2.1.7　会计报告

会计报告：以簿记系统加工生成的信息为基础，并按照会计信息使用者的要求进一步予以变换，形成一组既可靠又相关的会计信息。

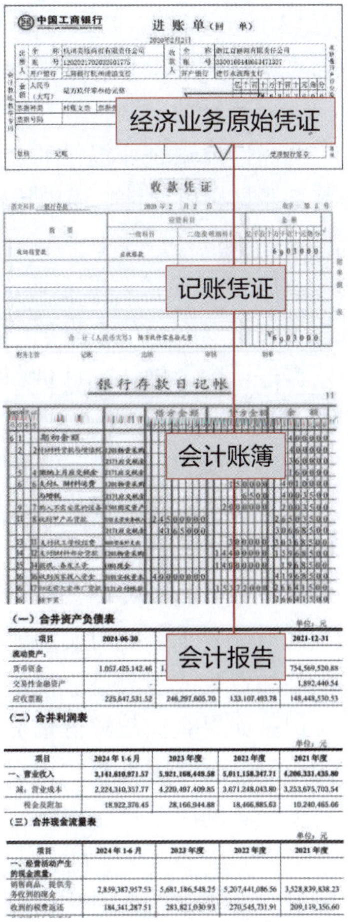

图2–7　会计记录与会计报告的关系

会计报告主要解决：①揭示多少信息；②揭示何种信息；③以何种方式揭示信息。

会计报告的功能在于：①通过信息再加工，将簿记分散的信息转化为系统的会计信息，提高会计信息的有用性。②通过财务报表，将会计信息输出会计系统，传递到信息使用者手中。

2.1.8 会计信息质量要求

会计信息的质量要求是对财务会计报告中所提供的会计信息质量的基本要求，是使财务报告中所提供的会计信息对投资者等使用者决策有用所应具备的基本特征。

（1）可靠性

可靠性要求企业应当以实际发生的交易或者事项为依据进行会计确认、计量和报告，如实反映符合确认和计量要求的各项会计要素及其他相关信息，保证会计信息真实可靠、内容完整。

（2）相关性

相关性要求企业提供的会计信息应当与财务报告使用者的经济决策需要相关，有助于财务报告使用者对企业过去、现在或者未来的情况作出评价或者预测。

（3）可理解性

可理解性要求企业提供的会计信息应当清晰明了，便于财务报告使用者理解和使用。

（4）可比性

可比性要求企业提供的会计信息应当具有可比性。纵向比较：同一企业不同时期的会计信息要具有可比性。横向比较：不同企业的会计信息要具有可比性。

（5）实质重于形式

实质重于形式要求企业应当按照交易或者事项的经济实质进行会计确认、计量和报告，不应仅以交易或者事项的法律形式为依据。如果企业仅仅以交易或者事项的法律形式为依据进行会计确认、计量和报告，那么就容易导致会计信息失真，无法如实反映经济现实和实际情况。

（6）重要性

重要性要求企业提供的会计信息应当反映与企业财务状况、经营成果和现金流量有关的所有重要交易或者事项。

（7）谨慎性

谨慎性要求企业对交易或者事项进行会计确认、计量和报告时应当保持应有的谨慎，不应高估资产或者收益、低估负债或者费用。

但是如果企业故意低估资产或者收益，或者故意高估负债或者费用，将不符合会计信息的可靠性和相关性要求，损害会计信息质量，扭曲企业实际的财务状况和经营成果，从而对使用者的决策产生误导，这是会计准则所不允许的。

（8）及时性

及时性要求企业对于已经发生的交易或者事项，应当及时进行确认、计量和报告，不得提前或者延后。满足及时性会计信息质量要求，可能会影响会计信息的可靠性。

知识拓展

电算化会计核算的基本流程

任务实施

计算权责发生制和收付实现制下企业的收入、费用和盈利

要求：请根据下述学校食堂经济业务的描述，采用权责发生制和收付实现制分别计算学校食堂9月份的盈利。

资料：2024年9月学校食堂发生以下经济业务：

1．9月7日，批量购入猪肉一批，价款35 000元，按照购货协议，货款30天后支付，这批猪肉已全部用于9月份的食品制作中。

2．9月8日，批量购入牛肉一批，价款20 000元，货款已通过银行转账支付，这批牛肉全部用于9月份的食品制作中。

3．9月15日，批量购入速冻食品一批，价款40 000元，货款已通过银行转账支付，9月份耗用该批速冻食品30 000元用于食品制作，9月底尚有10 000元库存。

4．9月份，食堂分批购入蔬菜用于本月份食品制作，共计40 000元，货款已全部用现金支付。

5．9月份，食堂销售食品共收到240 000元现金，另有50 000元餐费记在账上，尚未收到。

请采用权责发生制和收付实现制分别确认学校食堂9月份的收入和费用，并计算盈利。

问题研讨

会计确认、计量、记录、报告之间的关系是什么？

任务2　会计核算的方法

任务描述

掌握会计核算的7种专门方法。

知识准备

2.2.1 会计核算方法和会计循环

（1）会计核算方法

会计核算方法是指对单位已经发生的经济活动进行连续、系统、全面的反映和监督所采用的方法。在会计核算的过程中要使用大量会计核算特有的方法，具体包括设置会计科目和账户、复式记账、填制与审核会计凭证、登记账簿、成本计算、财产清查和编制会计报表等。会计核算方法如图2-8所示。

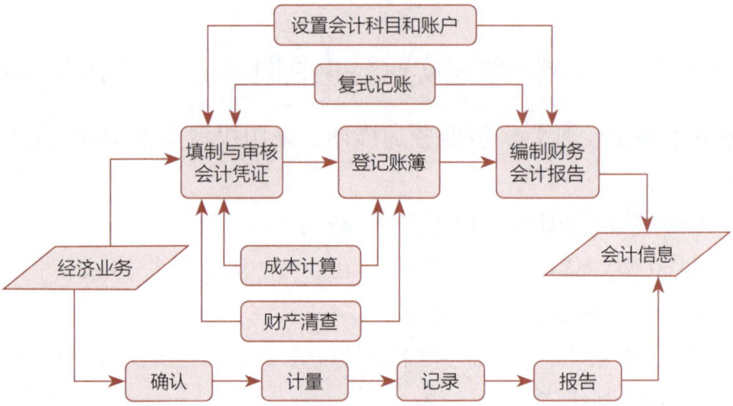

图2-8　会计核算方法

会计核算的各种方法不是孤立的，而是相互联系、密切配合的，一环套一环构成一个完整的程序和方法体系。在会计核算工作中，必须正确地运用这些会计核算方法。这些方法相互配合运用的程序是：

①经济业务发生后，取得和填制会计凭证；

②按会计科目对经济业务进行分类核算，并运用复式记账法在有关会计账簿中进行登记；

③对生产经营过程中各种费用进行成本计算；

④对账簿记录通过财产清查加以核实，保证账实相符；

⑤期末，根据账簿记录资料和其他资料，进行必要的加工计算，编制会计报表。

（2）会计循环

企业将一定时期内发生的所有经济业务，依照一定步骤、方法加以记录、归类、汇总直至编制会计报表，这样一个周而复始循环往复的过程就是会计循环。在会计实务中，科学地组织会计循环，对于有效地保证会计信息质量；连续、系统地记录和反映各项经济业务的发生和完成情况，提供连续、全面的会计信息具有重要意义。会计循环如图2-9所示。

2.2.2 设置会计科目和账户

（1）会计科目

会计科目是对会计要素具体内容进行分类核算的项目。会计对象、会计要素、会计科目是针对同一核算对象由总括到不断细化的三个层次，会计对象是一个宽泛的内容，会计要素是会计对象的具体化，而会计科目将会计要素进一步细化。设置会计科目就是对会计对象的具体内容进行科学分类，然后对会计要素的具体内容进行具体划分而形成分类项目。

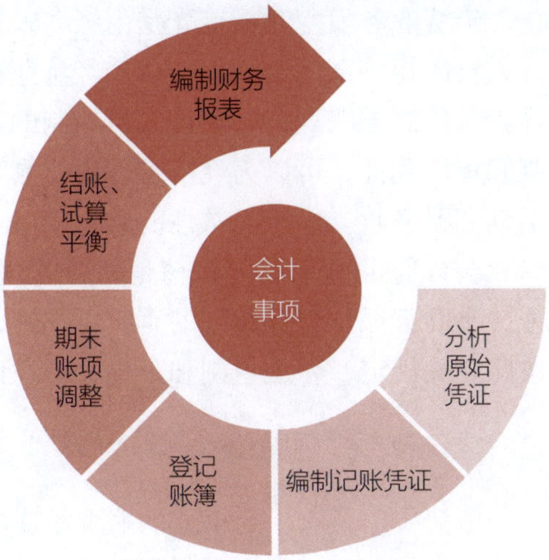

图2-9 会计循环

（2）账户

账户是根据会计科目在账簿中开立的，用于分类连续地记录各项经济业务所引起的各项资金的增减变动及结果的载体。会计科目就是账户的名称。设置账户是进行会计核算的首要条件。会计科目和账户的关系如图2-10所示。

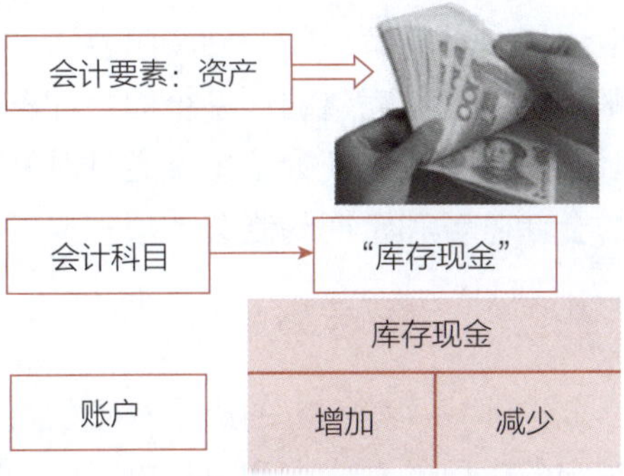

图2-10 设置库存现金账户

2.2.3 复式记账

复式记账：在账户中记录资金运动所使用的专门方法。所谓复式记账法就是对每一项经济业务所引起的资金运动以相等的金额，同时记入两个或两个以上的有关账户中，以反映资金运动的来龙去脉。

在生产经营过程中发生的任何一项经济业务都不是孤立的。应用复式记账法可以通过账户的对应关系反映出经济业务的来龙去脉，能够更全面、更系统地说明经济业务的前因后果，如图2-11所示。

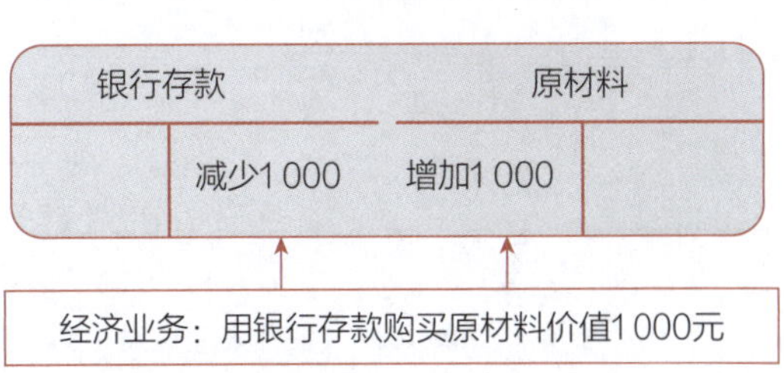

图2-11 复式记账举例

此外，在描述资金运动的来龙去脉和因果关系的同时也建立起了一种相关账户间的平衡关系，这种平衡关系是检查经济业务记录是否正确的重要依据。

2.2.4 填制与审核会计凭证

会计凭证：记录各项经济业务、明确经济责任的书面证明，是登记账簿的主要依据。

经济业务发生时，首先是由经办人员取得证明经济业务发生的原始凭证，然后交由会计人员或相关部门逐项审查认定经济业务发生或完成的情况，凭审核无误的原始凭证由会计人员填制记账凭证，会计人员填制的记账凭证是下一环节登记账簿的唯一依据。通过填制和审核凭证，可以为经济管理提供真实可靠的数据资料，并且可以对各企业单位的经济活动和财务收支进行经常性的监督。

会计凭证的填制与审核是财务管理及财务报告的关键环节。准确填制和审核会计凭证，有助于保证财务数据的真实可靠性，为企业经营决策提供有效依据。会计人员应严格按照相关规定，合规填制和审核会计凭证，确保财务数据的准确性和合规性。

2.2.5 登记账簿

账簿：由具有一定格式的账页组成的，用来全面、连续、系统地记录各项经济业务的簿籍，是保存会计数据资料的重要工具。

按照国家相关法律法规的规定，凡是进行会计核算的单位，都必须设置账簿，以全面记录企业经济业务的发生情况。登记账簿是根据会计凭证，在账簿上连续地、系统地、完整地记录交易或事项的一种专门方法。按照记账的方法和程序登记账簿并定期进行对账、结账，可以提供完整的、系统的会计资料，也是完整、正确编制会计报表的依据。登记账簿时必须以会计凭证为依据，通过对发生的经济业务进行序时或分类的登记，为事中、事后的会计监督和定期编制会计报表提供重要的基础资料。

2.2.6 成本计算

成本计算：按一定的成本对象，对生产、经营过程中所发生的成本、费用进行归集，以确定各对象的总成本和单位成本的一种专门方法，通过对生产经营过程中不同部门、不同阶段所发生的耗费按照成本对象归集，最后计算出总成本和单位成本。成本的计算如表2-1所示。

表2-1 完工产品成本计算汇总表

年 月 日 单位： 元

成本项目	A产品（千克）					B产品（千克）				
	期初结存	本期投入	期末结存	完工成本	单位成本	期初结存	本期投入	期末结存	完工成本	单位成本
直接材料										
直接人工										
制造费用										
合计										

通过准确计算成本，可以掌握成本构成情况，考核成本计划的完成情况，了解生产经营活动的成果，促使企业加强核算，节约支出，提高经济效益。成本计算的意义在于使生产经营消耗和财务成果盈亏的计算成为可能。

2.2.7 财产清查

财产清查：指通过实地盘点、查询核对等方法，查明财产物资、货币资金和往来款项的实有数，使账实相符的一种专门的会计核算方法。

运用财产清查的方法就是核实各项财产物资和货币资金以及往来款项的实有数，然后与财产物资和货币资金、往来款项的账面结存数相对比，账实相符则说明会计核算资料的真实、正确。如果数额不一致，应查明原因，明确责任，并进行处理，使账面数与实存数完全相符。所以，财产清查是保证会计记录正确性的重要手段。财产清查如图2-12所示。

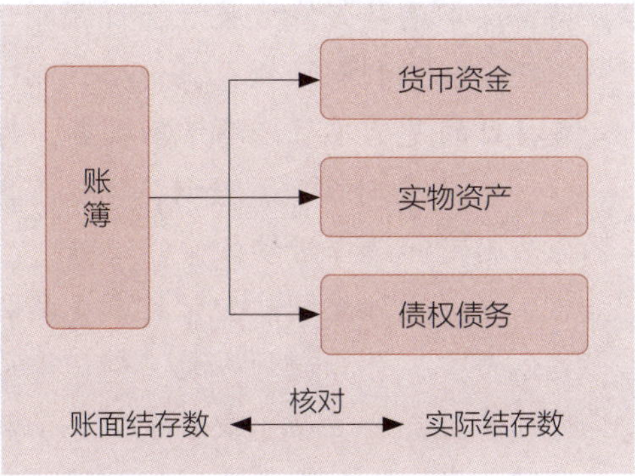

图2-12 财产清查

2.2.8 编制会计报表

会计报表：根据账簿记录定期编制的、总括反映企业、单位在一定日期的财务状况和一定时期经营成果和现金流量的书面文件。

尽管账簿资料全面地记录了企业的经济活动，但是这些会计记录仍然是零散记录在账簿的各个账户之中，不便于系统的阅读和分析，编制会计报表就是将一定时期账簿记录中的数据资料进行加工整理和综合汇总，最终以表格的形式提供出一套完整、系统的指标体系。会计报表提供的资料，对于保证国家宏观经济管理的需要，满足企业单位内部管理的需要，满足有关各方了解企业单位财务状况、经营成果和现金流量的需要有着重要的价值。

知识拓展

会计方法体系

会计核算体系亦称会计方法体系，是指由各种彼此独立而又互相联系的会计方法所组成的有机统一整体，包括会计核算、会计分析、会计检查、会计预测、会计决策和会计控制。

（1）会计核算。会计核算是指以统一的货币为计量单位，连续、系统、完整地对会计对象进行计量、记录、计算和报告的方法。它是会计方法中最基本、最主要的方法。

（2）会计分析。会计分析是利用会计核算提供的信息资料，结合其他有关信息，对企业财务状况和经营成果进行的分析。

（3）会计检查。会计检查也称会计监督，是通过会计核算及会计分析所提供的资料，以检查企业的生产经营过程或单位的经济业务是否合理合法及会计资料是否完整正确。一般通过核对、审阅、分析性复核等方法进行。

（4）会计预测。会计预测作为经济管理的重要手段，其目的是定量或定性地判断、推测和规划经济活动的发展变化规律，并对其做出评价，以指导和调节经济活动，谋求最佳经济效果。会计预测的内容主要有：①资金预测；②销售预测；③成本预测；④利润预测；⑤价格预测；⑥财务状况及综合经济效益预测。会计预测的直接目的是为单位经济活动服务，为会计决策提供信息。

（5）会计决策。会计人员为了解决企业资金运动过程中所出现的问题和把握机会而制定和选择活动方案的过程。

（6）会计控制。会计控制是指施控主体利用会计信息对资金运动进行的控制，具体而言，是指会计人员（部门）通过财务法规、财务制度、财务定额、财务计划目标等对资金运动（或日常财务活动、现金流转）进行指导、组织督促和约束，确保财务计划（目标）实现的管理活动。这是财务管理的重要环节或基本职能，与财务预测、财务决策、财务分析与评价一起成为财务管理的系统或全部职能。会计控制包括内部会计控制和外部会计控制。

任务实施

描述会计核算方法

要求：请用图示阐明会计核算有哪些专门的方法？它们之间有什么关系？

问题研讨

企业会计核算是否一定要遵循会计核算方法？为什么？

思政课堂

良好的会计职业道德、专业的职业技术和遵纪守法的操守对自身发展及社会公众具有重要意义。在我国市场经济和对外开放的条件下，我国的物质文化空前繁荣，但同时为了提高经济效益而不择手段、弄虚作假等违法犯罪行为对社会，以及大学校园的影响多多少少是存在的。大学生应树立正确的世界观、人生观和价值观；提升国家意识、法治意识、社会责任意识以及道德素养。

案例

违反会计职业道德案例

知识测试和能力训练

一、单选选择题

❶ 下列各项中不属于会计核算内容的是（　　）。

A. 用盈余公积转增实收资本　　B. 制订下年度财务费用开支计划

C. 将现金存入银行　　D. 赊销货物

❷ 采用复式记账的方法，主要为了（　　）。

A. 便于登记账簿

B. 全面地、相互联系地反映资金运动的来龙去脉

C. 提高会计工作效率

D. 便于会计人员的分工协作

❸ 下列不属于会计信息质量要求的是（　　）。

A. 可理解性　　B. 相关性　　C. 权责发生制　　D. 谨慎性

❹ 在借贷记账法下，每一项经济业务的发生，都会影响（　　）账户发生增减变化。

A. 一个　　B. 两个　　C. 两个或更多　　D. 全部

❺ 会计核算上将融资租赁方式租入的资产视为企业的资产，所反映的会计信息质量要求是（　　）。

A. 实质重于形式　　B. 谨慎性　　C. 相关性　　D. 及时性

❻ 资产和负债按照在公平交易中，熟悉情况的交易双方自愿进行资产交换或者债务清偿的金额计量，其会计计量属性是（　　）。

A. 现值　　B. 可变现净值　　C. 历史成本　　D. 公允价值

❼ 下列有关会计信息质量要求、会计六要素和会计计量属性的说法中，正确的是（　　）。

A. 融资租赁固定资产当作自有资产入账，体现了谨慎性的质量要求

B. 出售无形资产导致经济利益流入企业属于收入，应记入其他业务收入

C. 采用公允价值计量，就是资产按照预计从其持续使用和最终处置中所产生的未来净现金流入量的折现金额计量

D. 企业在对会计要素进行计量时，一般应当采用历史成本

❽ 账实核对是指（　　）。

A. 各种账户有关指标的核对

B. 将账户记录与记账凭证内容相核对

C. 将账户记录与原始凭证内容相核对

D. 将各种财产物资的账面余额与实存数额相核对

❾ 资产按购置时所付出的对价的公允价值计量，其会计计量属性是（　　）。

A. 重置成本　　B. 历史成本　　C. 公允价值　　D. 现值

❿ 会计的对象可以概括地表述为单位的（　　）。

A. 资金运动　　B. 财产物资　　C. 经济活动　　D. 货币资金

二、多项选择题

❶ 历史成本计价原则的优点有（　　）。

A. 交易确定的金额比较客观　　B. 存货成本接近市价

C. 有原始凭证作证明可随时查证　　D. 可防止企业随意改动

❷ 谨慎性原则要求会计人员在选择会计处理方法时（　　）。

A. 不高估资产　　B. 不低估负债

C. 预计任何可能的收益　　D. 确认一切可能发生的损失

❸ 下列属于谨慎性原则要求的是（　　）。

A. 资产计价时从低　　B. 负债估计时从高

C. 不预计任何可能发生的收益　　D. 利润估计时从高

❹ 下列项目中，违背会计核算可比性要求的有（　　）。

A. 当固定资产价值恢复时，将以前年度计提的固定资产减值准备转回

B. 由于利润计划完成情况不佳，将以前年度计提的坏账准备全额转回

C. 由于资产购建达到预定可使用状态，将借款费用由资本化核算改为费用化核算

D. 将投资性房地产的后续计量由公允价值模式改为成本模式

❺ 会计确认的条件有（　　）。

A. 符合要素的定义　　B. 经济利益很可能流出或流入企业

C. 金额能够可靠计量　　D. 经济业务发生一定能带来经济利益

❻ 会计计量的属性主要有（　　）。

A. 历史成本　　B. 公允价值　　C. 可变现净值　　D. 现值

❼ 会计工作的主要环节有（　　）。

A. 会计确认　　B. 会计计量　　C. 会计假设　　D. 会计原则

❽ 可以用于负债计量的计量属性有（　　）。

A. 历史成本　　B. 公允价值　　C. 可变现净值　　D. 现值

❾ 下列组织中既是一个会计主体又是一个法律主体的有（　　）。

A. 企业集团　　B. 合营企业　　C. 子公司　　D. 有限责任公司

⑩ 按权责发生制原则要求，下列项目中关于收入确认正确的是（　　）。

A. 本月销售产品一批，价值20 000元，货款尚未收到，已确认为收入

B. 本月月初收到上月利息收入3 000元，确认为本月财务费用贷方3 000元

C. 本月预收了下个月发货的产品销售订金30 000元，未确认收入

D. 本月签订一份销售合同，规定下月销售货物一批，价值50 000元，确认为本月收入

三、判断题

❶ 会计计量单位只有一种，即货币计量。（　）

❷ 我国所有企业的会计核算都必须以人民币作为记账本位币。（　）

❸ 会计核算必须以实际发生的经济业务及证明经济业务发生的合法性凭证为依据，表明会计核算应当遵循可靠性原则。（　）

❹ 收付实现制和权责发生制主要区别是确认收入和费用的标准不同。（　）

❺ 如果不能确认，也就不需要计量；如果不能计量，确认也就没有意义。（　）

❻ 持续经营假设确定了会计确认、计量、记录和报告的空间范围。（　）

❼ 按照收付实现制原则，本月收到上月产品销售收入30 000元，已存入银行，确认为本月收入。（　）

❽ 强调经营成果计算的企业适合采用权责发生制。（　）

❾ 对应收账款在会计期末提取坏账准备这一做法体现的原则是可靠性原则。（　）

❿ 企业的会计期间是人为划分的。（　）

四、业务题

根据下列经济业务内容按权责发生制和收付实现制原则计算企业本月（7月份）的收入和费用，并填入下表中。

❶ 销售产品5 000元，货款存入银行。

❷ 销售产品10 000元，货款尚未收到。

❸ 支付7～12月的租金3 000元。

❹ 收到6月份应收的销货款8 000元。

❺ 收到购货单位预付货款4 000元，下月交货。

❻ 本月应付水电费400元，下月支付。

业务	权责发生制		收付实现制	
	收入	费用	收入	费用
1				
2				
3				
4				
5				
6				

项目3 识别会计要素建立会计等式

学习目标

- 知识目标：了解会计要素的含义，会计要素的分类和计量方式；掌握会计要素之间的关系和会计等式。
- 技能目标：能够分析经济业务所涉及的会计要素；掌握经济业务发生对会计等式的影响。
- 素质目标：增强数智思维意识，提高岗位认同感。

引导案例

某地税务机关检查人员在对A企业进行检查时发现，A企业资产负债表上“在建工程”项目3年没有变化。税务检查人员首先怀疑：A企业很可能存在固定资产建设已经结束，但一直未结转固定资产的问题。税务检查人员进行进一步检查，发现在建工程项目是一个7层的营业用房，并且已经开始投入使用。税务检查人员询问企业的财务负责人，企业财务负责人解释：因为一直未能竣工结算，也没有取得竣工报告，故一直未结转固定资产。对于企业财务负责人的解答，税务检查人员觉得并不可信，因为，若一直未结转固定资产，少计提折旧，那么企业就会多缴企业所得税。但企业财务负责人却说：折旧早晚要计提扣除的，这个不用担心。税务人员由此更加感到疑惑，因为若按12 000万元的固定资产计算折旧，按折旧期20年，每年可扣除的折旧是600万元，对应的企业所得税就是150万元，这么大一笔税收，企业却不放在心上，这是为什么？进一步的调查结果表明，承建该工程的B公司在工程投入使用后1年内已完成竣工决算，并给A企业提供了决算报告，A企业已在2年内将工程款全部付给了B公司，但却要求B公司不要急于开具工程发票。A企业不存在税收优惠，这几年的实际税负是相同的。进一步的检查表明A企业的目的是少缴房产税，A企业的行为造成每年少缴80多万元的房产税！但同时，对于需要多缴150多万元的企业所得税，由于企业所得税属于时间性差异，在将来正常计提折旧后，还会转回，所以，A企业可能出于这样的考虑而不结转固定资产。税务检查人员再进一步检查，发现A企业对因少提折旧和少缴房产税而增加的利润，全部通过多结转商品销售成本进行了调整。最终，税务检查人员对A企业因弄虚作假而少缴有关税款依法进行了处理。

问题

1. 从此案例中，说明税务机关对企业进行税收检查时是如何查出企业逃税的，其基本的思维逻辑和方法是怎样的？
2. 为什么资产负债表项目中的异常情况和可疑点，都暗示着企业存在风险和异常？
3. 资产负债表中存在哪些项目/会计要素？它们是否存在平衡关系？它们之间的勾稽关系是怎样的？

任务1 通过资产负债表掌握会计静态要素及静态会计等式

任务描述

理解会计静态要素及基本关系，掌握静态会计等式的应用。

知识准备

3.1.1 资产

会计对象是社会再生产过程中的资金运动或价值运动，将资金运动的具体内容按其经济特征进行具体分类就是会计要素。我国《企业会计准则》将会计要素划分为六类：资产、负债、所有者权益、收入、费用和利润。会计要素构成如图3-1所示。

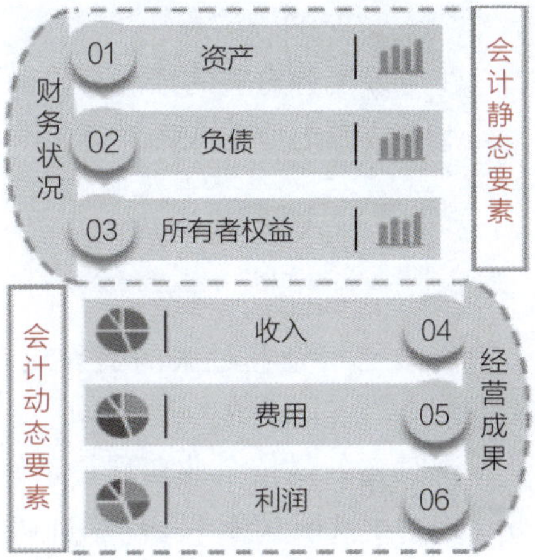

图3-1 会计要素

其中，资产、负债和所有者权益三项会计要素反映企业的财务状况，是静态会计要素，是编制资产负债表的基础；收入、费用和利润三项会计要素反映企业的经营成果，是动态会计要素，是编制利润表的要素。

（1）资产的定义与特征

资产：指企业过去的交易或者事项形成的、由企业拥有或者控制的、预期会给企业带来经济利益的资源。

资产具有以下特征。

①资产是企业在过去的交易或事项中所取得的。过去的交易或者事项包括购买、生产、建造行为或其他交易或者事项，也就是说资产必须是现实存在的，是企业在过去的交易、事项中所产生的结果。至于未来交易或事项以及未发生的交易或事项可能产生的结果，则不属于现实的资产，不得作为资产确认。

②资产是企业拥有所有权或控制权的经济资源。一般来说，一项资源要作为企业的资产予以确认，企业应该拥有此项资源的所有权，能够按照自己的意愿使用或处置该项资源，其他企业或个人未经本企业同意，不得擅自使用该资源。

③预期会给企业带来经济利益。就是说，资产必须对企业“有用”，能直接或间接地为企业的现在或将来带来经济利益。如货币资金可以用于购买所需要的商品；厂房、机器设备、原材料可以用于生产经营过程；生产的产品出售后收回货款，表现为现金流入企业，即为企业获得经济利益。凡是预期不能为企业带来经济利益的资源，则不能确认为企

业的资产。

（2）资产的分类

资产按其流动性可分为流动资产和非流动资产两类，如图3-2所示。

①流动资产是指可以在一年或者超过一年的一个营业周期内变现或耗用的资产。所谓营业周期是指企业自投入资金—购买原料—制成产品—再收回资金的过程。企业的流动资产主要包括现金、银行存款、交易性金融资产、应收及预付款、存货等。

②非流动资产是指除流动资产之外的所有资产项目，包括长期股权投资、投资性房地产、固定资产、无形资产、商誉和其他资产。

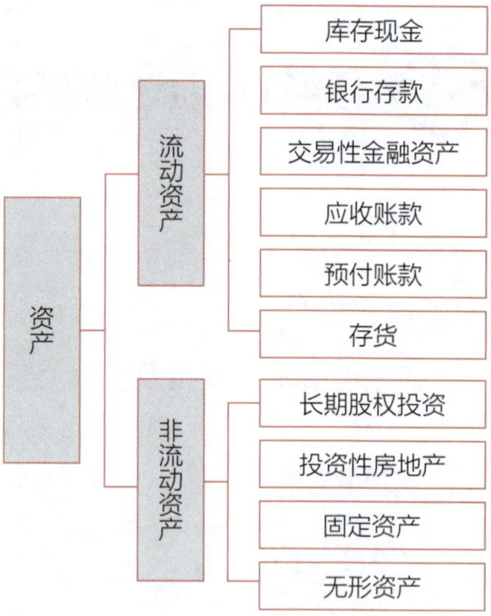

图3-2 资产的分类

（3）资产的确认条件

①与该资源有关的经济利益很可能流入企业。

②该资源的成本或者价值能够可靠地计量。

3.1.2 负债

（1）负债的定义与特征

负债是指企业过去的交易或者事项形成的、预期会导致经济利益流出企业的现时义务。

现时义务是指企业在现行条件下已承担的义务，未来发生的交易或者事项形成的义务，不属于现时义务，不应当确认为负债。

负债具有以下特征。

①负债是由过去交易或事项所形成，企业当前承担的义务。负债的本质是一种经济义务，由过去已经发生的交易或事项所引起的，是现时存在的，并须在未来某一时期偿还。

②负债到期必须偿还，一般不能无条件取消，除非债权人主动放弃其权益。大多数负债都有确切的债权人及到期日，到期必须偿还。有的负债，债权人及到期日虽不确定，但可以进行合理的估计。

③负债需要在未来某一时日通过转移资产（包括现金和其他资产）或提供劳务等形式予以偿还。

（2）负债的分类

按偿还期限长短，负债分为流动负债和非流动负债两类，如图3-3所示。

①流动负债是指将在一年或者超过一年的一个营业周期内偿还的债务，包括短期借款、应付账款、应付票据、应付职工薪酬、应交税费等。

②非流动负债也称长期负债，指偿还期在一年或超过一年的一个营业周期以上的债务，包括长期借款、应付债券等。

（3）负债的确认条件

①与该义务有关的经济利益很可能流出企业。

②未来流出的经济利益的金额能够可靠地计量。

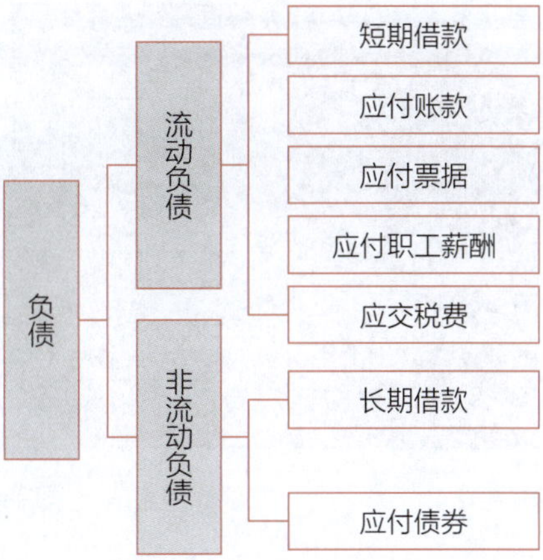

图3-3 负债的分类

3.1.3 所有者权益

（1）所有者权益的定义与特征

所有者权益是指企业资产扣除负债后由所有者享有的剩余权益。由于企业的组织形式不同，所有者权益有不同的名称，股份有限公司的所有者权益又称为股东权益。

所有者权益具有以下特征。

①除非发生减值、清算或分配现金股利，企业不需要偿还所有者权益。

②企业清算时，只有在清偿所有负债后，所有者权益才返还给所有者。

③所有者凭借所有者权益能够参与企业利润的分配。实收资本、盈余公积等属于所有者权益，而商标权的转让或者是通过其他方式授权给其他人使用，并不属于所有者权益内容。

（2）所有者权益的分类

所有者权益的来源包括所有者投入的资本、直接记入所有者权益的利得和损失、留存收益等，所有者权益的分类如图3-4所示。

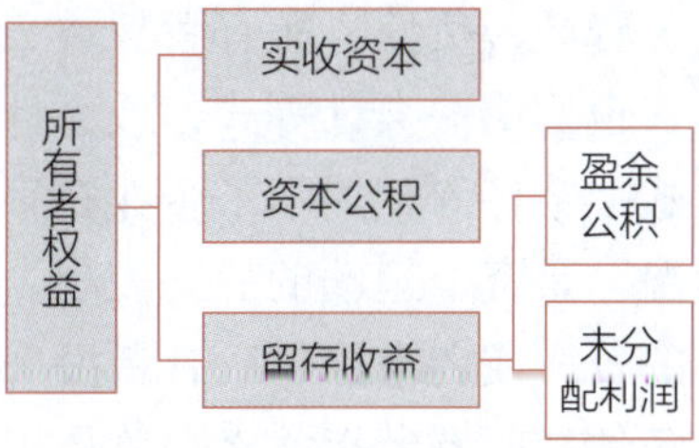

图3-4 所有者权益的分类

①实收资本是指投资者作为资本投入企业的各种财产，是企业注册登记的法定资本总额的来源，它表明所有者对企业的基本产权关系。实收资本的构成比例是企业据以向投资者进行利润或股利分配的主要依据。

②资本公积是企业收到投资者出资额超出其在注册资本（或股本）中所占份额的部分，及其他资本公积等。

③留存收益是指企业从历年实现的利润中提取或形成的留存于企业的内部积累，包括盈余公积和未分配利润。盈余公积是指企业按照有关规定从净利润中提取的积累资金。公司制企业的盈余公积包括法定盈余公积和任意盈余公积。未分配利润是指企业实现的净利润经过弥补亏损、提取盈余公积和向投资者分配利润后留存在企业的、历年结存的利润。

（3）所有者权益与负债的关系

负债与所有者权益都是企业资产的来源，但投资者和债权人在企业中的权益有所不同。负债与所有者权益的区别如图3-5所示。

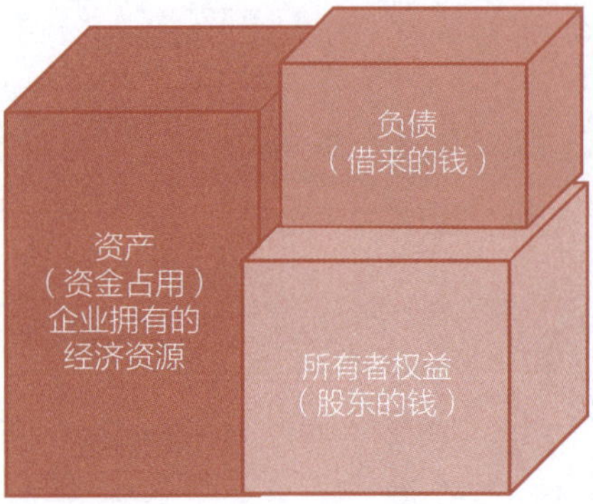

区别	负债	所有者权益
性质	债权人权益	所有者权益
求偿权	第一要求权	剩余权益
偿还期	到期还本付息	无偿还期
享受权利	不参与经营管理、决策、盈利分配	参与经营管理、决策、盈利分配
风险	风险小（优先偿付）	风险大（与企业共存亡）
收益	收益固定（利息）	收益大（股利或利润）

图3-5　负债与所有者权益的关系

3.1.4　会计静态等式

企业的资产来源于所有者的投入资本和债权人的借入资金，分别归属于所有者和债权人。归属于所有者的部分形成所有者权益；归属于债权人的部分形成债权人权益，称为负债。所有者权益和债权人权益统称为权益。

会计等式可以表示为：

资产=权益=债权人权益+所有者权益

即，资产=负债+所有者权益

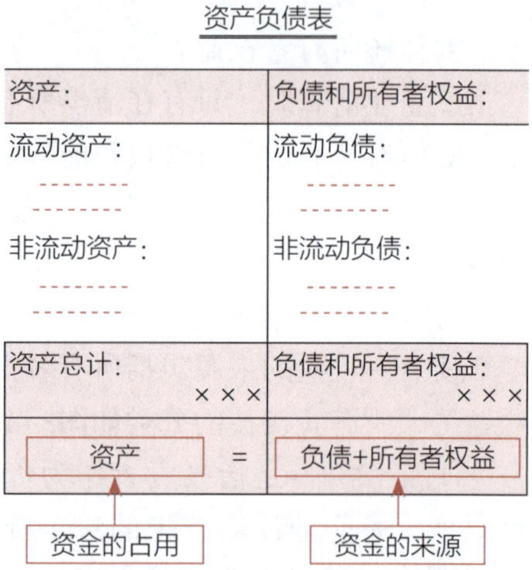

图3-6　会计静态等式的关系

资产、负债、所有者权益三者之间关系的会计等式也称第一会计等式，或会计恒等式，会计基本等式。会计等式揭示了企业在某一特定时点的财务状况，是资金运动的静态表现。具体表现为企业拥有的资产或者来源于所有者投入，或者来源于债权人借入，因此，在某一时刻的资产总额与负债和所有者权益之和总是相等的。会计静态等式的关系如图3-6所示。

会计基本等式是设置会计科目和账户、复式记账和编制资产负债表的基本理论依据。

知识拓展

新会计准则下直接记入所有者权益的交易或事项

任务实施

寻找不同的资产要素

查阅项目1的引导案例，列举案例中提及的资产要素具体有哪些，查找哪些是流动资产，哪些是固定资产。流动资产和固定资产有哪些特征？

问题研讨

如何使用会计静态等式反映企业财务状况？如何利用会计静态等式帮助企业排查财务数据问题、检验数据准确性？

任务2　通过利润表掌握会计动态要素及动态会计等式

任务描述

理解会计动态要素及基本关系，掌握动态会计等式的应用。

知识准备

3.2.1　收入

收入、费用和利润统称动态会计要素，它们反映了企业的经营成果，是企业编制利润表的基础。

（1）收入的定义与特征

收入是指企业在日常活动中形成的、会导致所有者权益增加的、与所有者投入资本无关的经济利益的总流入。

收入具有以下特征。

①收入产生于企业的日常经营活动。日常经营活动是企业为完成其经营目标而从事的所有活动，以及与之相关的其他活动。这些活动具有经常性、重复性和可预见性的特点。

②收入可能表现为企业资产的增加，如增加银行存款或应收账款；也可能表现为负债的减少，如以商品或劳务抵偿债务；还可能同时引起资产的增加和负债的减少，比如销售商品，部分货款抵偿债务，余款收回现金。

③收入能引起企业所有者权益的增加。不论收入是增加资产还是减少负债，根据“资产-负债=所有者权益”，都会使所有者权益增加。

④收入只包括本企业经济利益的流入，不包括为第三方或客户代收的款项，如代收的增值税、代收的利息等。代收款项不属于本企业的经济利益，它们发生时，会同时增加企业的资产与负债，并不能增加企业的所有者权益。

(2)收入的分类

收入是企业在销售商品或提供劳务等经营业务中实现的营业收入，可以根据在总收入中所占比例分为主营业务收入和其他业务收入，其分类如图3-7所示。

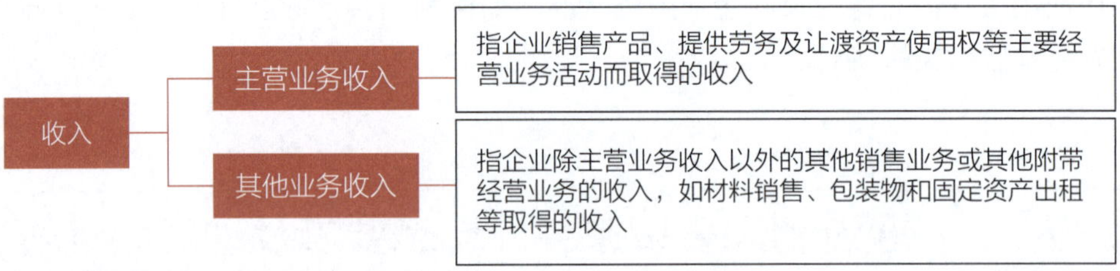

图3-7 收入的分类

(3)收入的确认条件

收入确认的条件主要包括以下几点：

①与收入相关的经济利益应当很可能流入企业。

②经济利益流入企业的结果会导致资产的增加或者负债的减少。

③经济利益的流入额能够可靠计量。

3.2.2 费用

(1)费用的定义及特征

费用是指企业在日常活动中发生的、会导致所有者权益减少的、与向所有者分配利润无关的经济利益的总流出。

费用具有以下特征。

①费用是企业日常活动中发生的经济利益的流出。费用和收入一样，产生于企业日常的经营活动，企业为获取收入，必然会发生费用，收入和费用相互配比，才会产生利润。不属于日常活动的经济利益流出不能确认为费用，如机器设备报废清理损失、罚款支出等则不属于费用。

②费用可能表现为企业资产的减少，如耗用材料；也可能引起负债的增加，如期末应付未付的工资；还可能同时引起资产的减少或负债的增加。

③费用最终会减少企业的所有者权益。不论费用是减少资产还是增加负债，根据“资产-负债=所有者权益”，都会使所有者权益减少。

(2)费用分类

费用按经济用途划分为生产成本和期间费用，如图3-8所示。

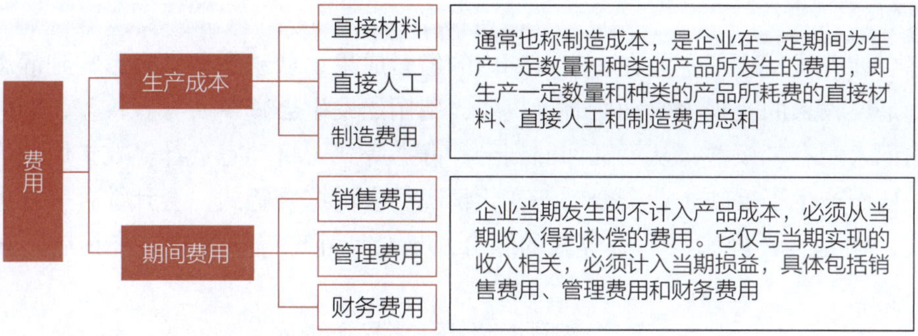

图3-8 费用的分类

（3）费用的确认条件

费用确认的条件主要包括以下几点：

①与费用相关的经济利益应当很可能流出企业。

②经济利益流出企业的结果会导致资产的减少或者负债的增加。

③经济利益的流出额能够可靠地计量。

3.2.3 利润

企业一定时期所获得的收入扣除所发生的各项费用后的余额，即表现为利润（或亏损）。当收入大于费用时，则企业盈利；当收入小于费用时，则企业亏损。收入、费用、利润之间的关系可用如下公式表示：

收入–费用=利润

利润的确认主要依赖于收入和费用，以及直接计入当期利润的利得和损失的确认，其金额的确定也主要取决于收入、费用、利得、损失金额的计量。利润的形成过程如图3–9所示。

利润包括收入减去费用后的净额、直接计入当期损益的利得和损失等。其中，收入减去费用后的净额反映企业日常活动的经营业绩；直接计入当期损益的利得和损失反映企业非日常活动的业绩。

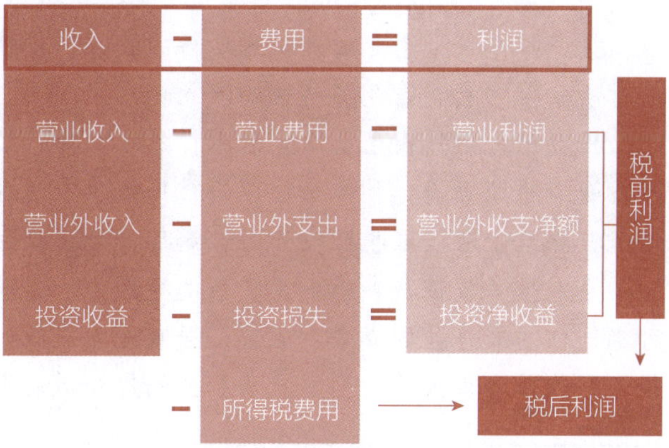

图3–9 利润的形成过程

3.2.4 动态会计等式和综合会计等式

收入、费用和利润三者之间关系的会计等式也称为动态会计等式或第二会计等式，这一会计等式反映收入、费用和利润三个会计要素的关系，揭示企业在某一特定期间的经营成果。它是资金运动的动态表现，体现企业的经营成果，是编制利润表的依据，故称之为财务成果等式。

动态会计等式反映了企业在一定时期内的经营成果，从动态角度会影响到静态会计等式，也就是说收入的实现会增加所有者权益，费用的发生会减少所有者权益，期末会以利润的形式记入所有者权益，从而又回归到会计静态等式。将动态会计等式扩展到静态会计等式中，从而产生了反映企业资金动态变化情况的会计综合等式。会计综合等式也称扩展会计等式，它是会计静态与动态等式的综合，是会计静态等式的进一步拓展，其表达方式是：

资产+费用=负债+所有者权益+收入

会计静态等式、会计动态等式和会计综合等式的关系如图3-10所示。

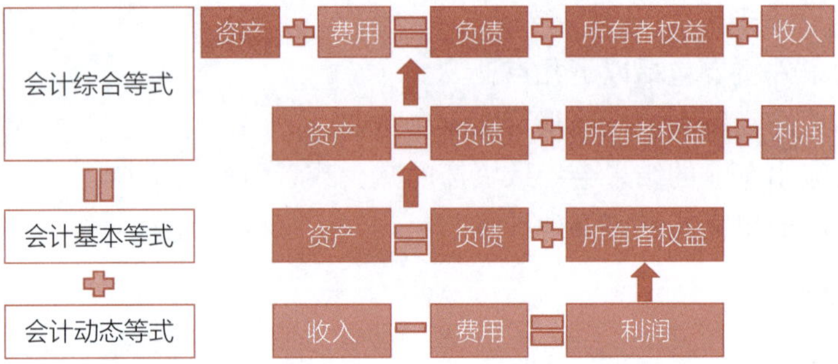

图3-10 静态、动态和综合会计等式的关系

知识拓展

投资收益与投资损失

投资收益是指企业对外投资所得的收入，包括股利收入、债券利息收入或与其他单位联营所分得的利润等经济利益的流入。

投资损失则是指企业发生的不良股权或债权投资所造成的损失。这些损失可能源于长期投资或短期投资。具体来说，当被投资单位出现破产、清算、被撤销、关闭或被注销等情况，导致企业难以收回投资时，这部分无法收回的投资就被认定为投资损失。

企业投资收益减去投资损失后的净额为投资净收益，它反映了企业投资业务在一定会计期间内的最终盈利成果。当投资净收益为正数时，表明企业的投资活动实现了盈利；当投资净收益为负数时，则意味着企业的投资活动出现了亏损。

任务实施

寻找不同的利润表项目

查阅上交所、深交所网站，查询上市公司贵州茅台酒股份有限公司的财务报表。利润表里具体有哪些项目，有哪些收入和费用？它们分别有什么特征？

问题研讨

如何使用会计动态等式反映企业经营成果？利润表有什么局限性？

任务3 识别不同类型经济业务涉及的会计要素及对会计等式的影响

任务描述

识别经济业务中涉及的会计要素，分析经济业务对会计等式的影响。

知识准备

3.3.1 经济业务的类型

会计事项：企业会发生各种各样的经济活动，但不是所有的经济活动都是经济业务。在生产经营过程中发生的、能以货币计量的，并引起会计要素发生增减变化的经济活动称为“经济业务”或“会计事项”。例如：商品的购进，材料的采购、发出、领用，加工产品，产品完工入库，产品销售等业务活动都是经济业务。

从会计上看，只有属于会计事项的经济活动才是应予以记录、计量和报告的对象，经济业务之外的其他经济活动不属于会计的内容，如商务洽谈、签订经济合同等，虽属于经济活动，但不属于会计事项。

企业资产的来源或者是所有者投入，或者是债权人借入。所有者投入的为所有者权益，债权人借入的为债权人权益，所有者和债权人都拥有对企业的求偿权，这种求偿权称之为权益。会计基本等式可以简化为：

资产=权益

经济业务发生后对资产和权益的影响可以概括为四种类型，如表3-1所示。

表3-1 经济业务对资产和权益的影响

经济业务类型	资产=	权益	举例
1. 资产和权益同时增加	+	+	股东投入资产
2. 资产和权益同时减少	-	-	偿还借款
3. 资产项目之间有增有减	+，-		从银行提取现金
4. 权益项目之间有增有减		+，-	提取盈余公积

将权益分解为所有者权益和负债后，这四种类型可以拓展为九类，如表3-2所示。

表3-2 经济业务对资产、负债和所有者权益的影响

经济业务类型	资产 =	负债+所有者权益	举 例
1. 资产和所有者权益同时增加	+	+	股东投入资产
2. 资产和负债同时增加	+	+	从银行取得借款存入银行
3. 资产和所有者权益同时减少	−	−	投资者撤回资金
4. 资产和负债同时减少	−	−	用银行存款偿还借款
5. 一项资产增加一项资产减少	+，−		以银行存款购买固定资产
6. 负债项目有增有减		+，−	取得短期借款偿还应付账款
7. 所有者权益项目有增有减		+，−	提取盈余公积
8. 负债增加所有者权益减少		+ −	宣告向投资者分派股利
9. 负债减少所有者权益增加		− +	所有者投入资金偿还借款

3.3.2 经济业务对会计等式的影响

经济业务的发生会引起会计要素的增减变动，但无论经济业务发生怎样的变化，都不会影响会计等式的平衡关系。现就以上九种类型的经济业务，以A公司为例说明经济业务对会计要素和会计等式的影响。经济业务对会计等式的影响如表3-3所示。

【业务1】A公司收到个人投资者王铮投入货币资金800 000元，已存入银行。

分析：这项业务使资产要素的银行存款增加800 000元，所有者权益要素的实收资本同时增加800 000元。

【业务2】购入固定资产一台，价款8 000元，货款尚未付。

分析：这项业务使资产要素的固定资产增加8 000元，负债要素的应付账款同时增加相等的金额8 000元。

【业务3】投资人吴刚从企业撤资，申请已经全体股东同意，返还其投资200 000元，以银行存款支付。

分析：投资者从企业撤资说明所有者权益的减少，实收资本项目减少200 000元，同时资产要素的银行存款也减少相等的金额。

【业务4】以银行存款偿还短期借款40 000元。

分析：该项业务一方面引起资产要素的银行存款减少40 000元，另一方面引起负债要素短期借款减少40 000元。

【业务5】从银行提取现金12 000元备用。

分析：这项业务使资产要素的库存现金增加12 000元，同时，资产要素的银行存款减少12 000元。

【业务6】从银行借入短期借款55 000元，用于偿还即将到期的应付账款。

分析：这项业务使负债要素的短期借款增加55 000元，同时负债要素的应付账款减少

相等的金额55 000元。

【业务7】经董事会决定，股东大会表决通过，公司将盈余公积800 000元转作资本。

分析：这项业务使所有者权益要素中盈余公积项目减少800 000元，实收资本项目增加800 000元。

【业务8】经股东大会决议，决定向股东分配现金股利85 000元，暂未发放。

分析：向投资者分配股利时，会导致所有者权益的减少，该要素下的利润分配——未分配利润项目减少85 000元；同时尚未向股东支付前形成了企业的负债，负债要素下的应付股利会增加85 000元。

表3-3 经济业务对会计等式的影响

资产=	负债+所有者权益
①银行存款 +800 000	实收资本 +800 000
800 000=	800 000
②固定资产 +8 000	应付账款 +8 000
808 000=	808 000
③银行存款 -200 000	实收资本 -200 000
608 000=	608 000
④银行存款 -40 000	短期借款 -40 000
568 000=	568 000
⑤库存现金 银行存款 +12 000 -12 000	
568 000=	568 000
	⑥短期借款 应付账款 +55 000 -55 000
568 000=	568 000
	⑦盈余公积 实收资本 -800 000 +800 000
568 000=	568 000
	⑧应付股利 利润分配 +85 000 -85 000
568 000=	568 000
	⑨长期借款 实收资本 -600 000 +600 000
1 168 000=	1 168 000

【业务9】为期三年的银行长期借款600 000元到期，公司无力偿还，经与债权人协商，将此笔借款转为该债权人对公司的投资。

分析：这项业务使负债要素的长期借款项目金额减少600 000元，转为债权人的投资后所有者权益要素的实收资本项目增加600 000元。

从资产、负债和所有者权益的角度，说明不论经济业务发生使等式两边的会计要素如何增减变化，其会计等式两边的数额始终相等。如果考虑收入、费用和利润会计要素，则使用的会计基本等式为：

资产=负债+所有者权益+（收入–费用）或者资产=负债+所有者权益+利润

由于收入、费用和利润等会计要素变化的实质是所有者权益的变化，因此可以归纳到前面的几类经济业务中，使得资产、负债、所有者权益、收入、费用和利润六大会计要素之间存在恒等关系。会计等式反映的恒等关系，保证任何类型的经济业务的发生都会引起有关会计要素的增减变化，但是不会破坏会计等式的平衡关系。

由于收入可理解为所有者权益的增加，费用可理解为所有者权益的减少。因此，涉及收入和费用变动的经济业务发生，会引起会计等式中各个会计要素的增减变动，它类似于只涉及资产权益变动的经济业务的类型、情况，这些类型、情况不会破坏基本会计等式的平衡，也不会破坏扩展的会计等式的平衡，如图3–11所示。

资产 = 负债 + 所有者权益 + 收入 – 费用

①销售产品取得收入35 000元，存入银行。

银行存款 =	主营业务收入
+35 000	+35 000

资产+35 000=所有者权益+35 000　资产、所有者权益同增

②以银行存款支付广告费20 000元。

银行存款 =	销售费用
–20 000	–20 000

资产–20 000=所有者权益–20 000　资产、所有者权益同减

③发出价值5 000元商品，该商品价款上月已预收入账。

预收账款	主营业务收入
–5 000	+5 000

资产+5 000=所有者权益+5 000　资产、所有者权益同增

④计算本月应付利息费用3 000元。

应付利息 =	财务费用
+3 000	–3 000

负债+3 000=所有者权益–3 000　负债、所有者权益一增一减

图3–11　收入、费用发生对会计等式的影响

知识拓展

直接计入当期利润的利得和损失的常见业务

任务实施

判断经济业务发生对会计等式的影响

资料：【业务1】~【业务9】所述经济业务。

要求：按照【业务1】~【业务9】经济业务的序号，分析经济业务发生对会计等式的影响，并将影响金额填入表3-4中。

表3-4 经济业务对会计等式的影响

资产 库存现金 银行存款 固定资产	负债 短期借款 应付账款 应付股利 长期借款	所有者权益 实收资本 盈余公积 利润分配
资产总额=	负债+所有者权益总额=	
资产总额=	负债+所有者权益总额=	
资产总额=	负债+所有者权益总额=	
资产总额=	负债+所有者权益总额=	
资产总额=	负债+所有者权益总额=	
资产总额=	负债+所有者权益总额=	
资产总额=	负债+所有者权益总额=	
资产总额=	负债+所有者权益总额=	
资产总额=	负债+所有者权益总额=	

问题研讨

会不会发生一种经济业务，使得资产增加，而负债或所有者权益其中一个不变，一个减少？

思政课堂

会计要素不仅仅是一种表现形式，更是企业财务状况的真实反映，它们对于企业的决策和管理具有至关重要的作用。我们需要注重会计要素的准确度和真实性，尤其需要理解资产和负债的概念和计算方法，以便更好地帮助企业进行风险控制和做出正确的财务决策。对于企业来说，如何在追求资产的同时，遵守道德和社会责任，实现可持续发展，是一个值得深思的问题。

案例

某互联网创业公司为抢占社交电商市场份额，于2023年投入500万元用于社交平台流量采购及网红直播带货佣金，财务部门将其确认为“无形资产——客户资源”并按5年摊销，主张该推广能培育长期客户群体。

然而，年度审计揭示三大问题：推广获取的用户三个月后活跃率不足20%，且消费行为缺乏持续性；用户数据完全依赖抖音、小红书等第三方平台，企业既无法独立控制也未建立价值评估体系；所谓“客户资源”仅以推广总成本计量，违背资产确认原则。审计机构最终要求将500万元全额计入销售费用并追溯调整报表。

根据《企业会计准则第6号——无形资产》，资产确认需满足经济利益可流入与成本可靠计量的双重条件，而本例中用户留存率低下，证明经济利益流入的持续性存疑，客户资源未形成可分离的合同权利或技术载体，本质上属于获客成本而非可控资产。

知识测试和能力训练

一、单项选择题

❶ 由企业非日常活动所发生的、会导致所有者权益减少的、与向所有者分配利润无关的经济利益的流出称为（　　）。

A. 费用　　B. 损失　　C. 负债　　D. 所有者权益

❷ 广义的权益一般包括（　　）。

A. 资产和所有者权益　　B. 债权人权益和所有者权益

C. 所有者权益　　D. 资产和债权人权益

❸ 下列属于资产项目的是（　　）。

A. 原材料　　B. 预收账款　　C. 预提费用　　D. 资本公积

❹ 下列引起资产和负债同时减少的经济业务是（　　）。

A. 从银行提取现金　　B. 赊购材料一批

C. 用银行存款偿还银行借款　　D. 通过银行收到应收账款

❺（　　）是对会计对象的基本分类。

A. 会计科目　　B. 会计原则　　C. 会计要素　　D. 会计方法

❻ 下列属于企业的流动资产的有（　　）。

A. 存货　　B. 厂房　　C. 机器设备　　D. 专利权

❼ 所有者权益在数量上等于（　　）。

A. 全部资产减去全部负债后的净额　　B. 所有者的投资

C. 实收资本与资本公积之和　　D. 实收资本与未分配利润之和

❽ 一个企业的资产总额与权益总额（　　）。

A. 必然相等　　B. 有时相等

C. 不会相等　　D. 只有在期末时相等

❾ 一项资产增加、一项负债增加的经济业务发生后，都会使资产与权益原来的总额（　　）。

A. 发生同增的变动　　B. 发生同减的变动

C. 不会变动　　D. 发生不等额变动

❿ 某企业月初权益总额为80万元，假定本月仅发生一笔以银行存款10万元偿还银行借款的经济业务，则该企业月末资产总额为（　　）万元。

A. 80　　B. 90　　C. 100　　D. 70

二、多项选择题

❶ 下列属于长期负债项目的有（　　）。

A. 长期应付款　　B. 长期借款　　C. 其他应付款　　D. 应付债券

❷ 下列各项中，属于流动资产的有（　　）。

A. 专利权　　B. 低值易耗品　　C. 存货　　D. 包装物

❸ 下列项目中，属于所有者权益的是（　　）。

A. 实收资本　　B. 盈余公积　　C. 资本公积　　D. 未分配利润

❹ 下列各项经济业务中，能引起资产和所有者权益同时增加的有（　　）。

A. 收到国家投资存入银行　　B. 提取盈余公积金

C. 收到外单位投入设备一台　　D. 将资本公积转增资本

5 下列各项经济业务中，能引起会计等式左右两边会计要素变动的有（　　）。
A. 收到某单位前欠货款20 000元存入银行
B. 以银行存款偿还银行借款
C. 收到某单位投入机器设备一台，价值80万元
D. 以银行存款8 000元购买材料

6 下列各项经济业务中，能引起资产和负债同时增加的有（　　）。
A. 企业赊购材料一批
B. 用银行存款偿还所欠货款
C. 从银行借入一笔款项存入银行账户
D. 收到投资人投入的资金存入银行

7 下列各项经济业务中，会引起企业资产总额和负债总额同时减少的有（　　）。
A. 用现金支付职工工资
B. 从某企业购买材料一批，货款未付
C. 将资本公积转增资本
D. 用银行存款偿还所欠货款

8 下列各项经济业务中，会使企业资产总额和权益总额同时发生增加变化的有（　　）。
A. 向银行借入半年期的借款，已转入银行存款账户
B. 赊购设备一台，设备已经交付使用
C. 收到某投资者投资，款项已存入银行
D. 用资本公积转增实收资本

9 下列属于负债要素项目的有（　　）。
A. 短期借款　B. 预收账款　C. 预付账款　D. 应交税金

10 企业的收入可能会导致（　　）。
A. 现金的增加
B. 银行存款的增加
C. 企业其他资产的增加
D. 企业负债的减少

三、判断题

1 企业如果在一定期间内发生了亏损，必将导致该企业的所有者权益减少。（　）

2 某项财产物资要成为企业的资产，只要该企业拥有其所有权就能将其确认为资产。（　）

3 资产包括固定资产和流动资产两部分。（　）

4 资产与所有者权益在数量上始终是相等的。（　）

5 流动负债是指需要在一年或超过一年的一个营业周期内偿还的债务。（　）

6 “收入-费用=利润”这一会计等式，是编制利润表的基础。（　）

7 所有者权益是指企业投资人对企业资产的所有权。（　）

8 资产、负债与所有者权益的平衡关系是企业资金运动处于相对静止状态下出现的，如果考虑收入、费用等动态要素，则资产与权益总额的平衡关系必然被破坏。（　）

9 会计要素中既有反映财务状况的要素，又有反映经营成果的要素。（　）

10 按照我国的会计准则，负债不仅指现实已经存在的债务责任，还包括某些将来可能发生的、偶然事项形成的债务责任。（　）

四、业务题

请辨识出以下业务内容涉及的会计要素，并用√在相应的栏次中标记。

业务内容	资产	负债	所有者权益
1. 出纳员保管的现金			
2. 收取的押金			
3. 职工出差预借的差旅费			
4. 年度内分配的利润			
5. 应向外单位收取的货款			
6. 库存原材料			
7. 厂房、设备			
8. 已完工入库的产品			
9. 土地使用权			
10. 投资者投入的资本			
11. 本年度实现的利润			
12. 预付供货单位的货款			
13. 应缴未缴的税费			
14. 专利权			
15. 准备长期持有的股票			
16. 准备随时出售的股票			
17. 应付供货单位的货款			
18. 向购货单位预收的货款			
19. 运输车辆			
20. 应付未付的职工工资			

项目4 认知会计科目和会计账户

学习目标

- 知识目标：了解会计科目与会计账户的概念、分类、设置原则、联系与区别。
- 技能目标：掌握不同类型账户的结构。
- 素质目标：遵守会计法律法规和职业道德。

引导案例

2025年7月8日，《观典防务技术股份有限公司关于公司及相关人员收到北京证监局行政监管措施决定书的公告》中披露，该公司于2025年7月7日收到中国证券监督管理委员会北京监管局（以下简称“北京证监局”）下发的《关于对观典防务技术股份有限公司、高×采取责令改正并对李××、刘××、王×、程×、李××采取出具警示函措施的决定》。经查，该公司存在以下问题。

公司虚构应付账款并以保理业务形式为其他公司提供融资便利，导致2024年12月至2025年4月银行扣划公司账户资金14 251.47万元，实际控制人高×自认构成其对公司的非经营性资金占用，至今未偿还余额9 694.72万元。公司在2024年年报中对以上违规行为予以披露，对2024年12月至2025年4月9日发生的资金占用未及时披露。

公司治理制衡机制不完善，与财务相关内部控制存在重大缺陷，财务总监未实际履行相应职责，实际控制人高×安排伪造银行函证、银行对账单等。公司上述行为违反了《上市公司信息披露管理办法》《上市公司监管指引第8号——上市公司资金往来、对外担保的监管要求》相关规定。高×作为公司实际控制人、董事长、时任总经理，李××作为时任总经理、董事会秘书，王×、刘××作为时任财务负责人，程×作为总经理，李××作为董事会秘书，对公司以上违规行为负有责任。

问题

1. 什么是会计科目？它是依据什么设置的？
2. 什么是会计账户？它与会计科目的关系是什么？二者有什么联系和区别？
3. 会计科目与会计账户的设置原则有哪些？
4. 会计科目和会计账户的分类有哪些？不同行业使用的会计科目是相同的吗？
5. 单位对会计科目与会计账户的设置和使用在哪些方面具有灵活性？

任务1 认识制造业企业资金运动过程涉及的主要会计科目

任务描述

了解制造业企业资金运动过程及主要会计科目。

知识准备

4.1.1 制造业企业主要经济业务及资金运动

制造业是以产品的生产和销售为主要活动内容的经济组织，经济业务的内容最为完整。企业要想进行生产经营活动，生产适销对路的产品，必须筹集一定数量的资金，而这些资金都是从一定的渠道取得的。

资金在生产经营过程中被具体运用时，表现为不同的占用形态，一般可分为货币资金、储备资金、生产资金、成品资金等，随着生产经营过程的不断进行，这些资金形态不断转化，形成经营资金的循环与周转。

制造业资金的来源，在企业内部的循环和周转以及资金退出企业的过程，如图4-1所示。

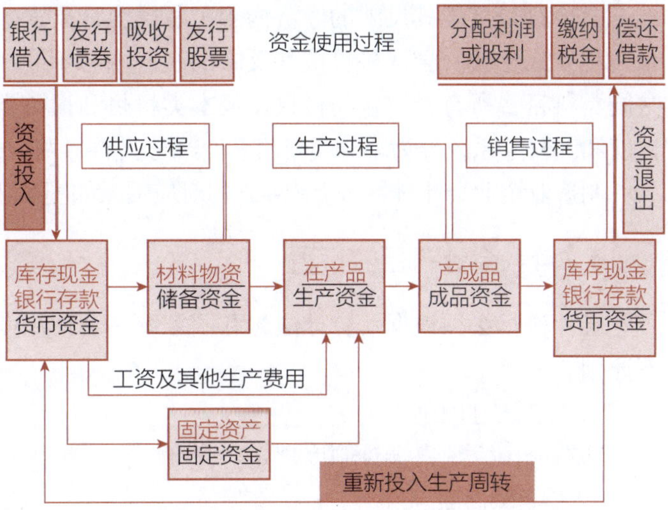

图4-1 制造业企业的资金运动过程

4.1.2 会计科目的含义

会计科目：简称科目，是对会计要素具体内容进行分类核算的项目，是进行会计核算和提供会计信息的基础。

会计对象是指企业的资金运动，具体表现为六大会计要素。会计要素又包含若干具体项目，以便更详细描述经济活动的情况，如资产要素中包括库存现金、银行存款、原材料等项目，负债要素中包括短期借款、应付账款等项目，即会计科目。

会计科目是设置账户的依据，设置会计科目并在此基础上设置账户是会计的一种专门方法。会计对象的三个层次如图4-2所示。

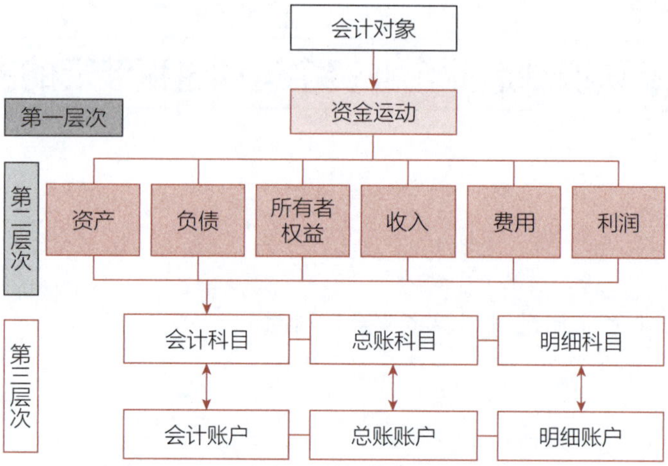

图4-2　会计对象的三个层次

4.1.3　会计科目的分类

会计科目可按其反映的经济内容（所属会计要素）及所提供信息的详细程度和统驭关系两种方式分类。会计科目按其反映的经济内容不同，可分为资产类科目、负债类科目、共同类科目、所有者权益类科目、成本类科目和损益类科目六大类；按其提供信息的详细程度和统驭关系，分为总分类科目和明细分类科目两大类。会计科目的分类如图4-3所示。

制造业企业会计科目与会计要素的对应关系如图4-4所示。共同类科目暂不涉及，略去。

4.1.4　会计科目的设置

会计科目必须根据《会计法》和国家统一会计制度的规定设置和使用，并应当遵循以下原则。

（1）合法性原则

即符合国家统一会计制度规定。

（2）相关性原则

会计科目的设置应满足各方需要，满足对外报告和对内管理的要求。

（3）实用性原则

设置哪些科目，详细程度如何，应结合单位自身特点，满足单位实际需要。

（4）清晰性原则

会计科目的设置应简单明确，通俗易懂。

为便于编制会计凭证，登记账簿，查阅会计科目，实行电算化会计，会计科目的设置不仅要有名称，还要对会计科目进行统一编号。《企业会计准则应用指南汇编2024》对总分类科目采用“四位数字编号法”[①]，如图4-5所示。

---

① 财政部会计司编写组. 企业会计准则应用指南汇编2024[M]. 北京：中国财政经济出版社，2024.

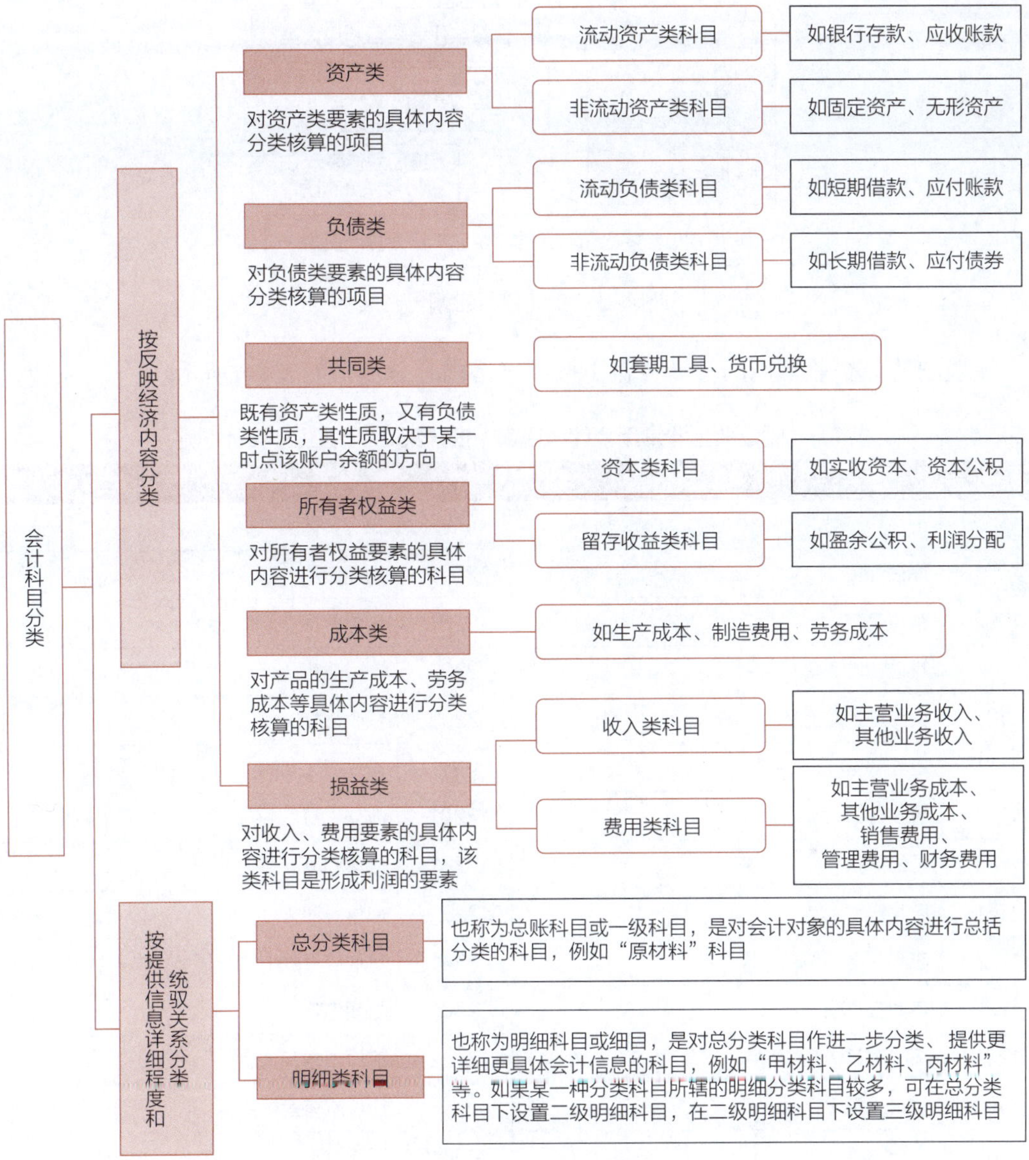

图4-3 会计科目的分类

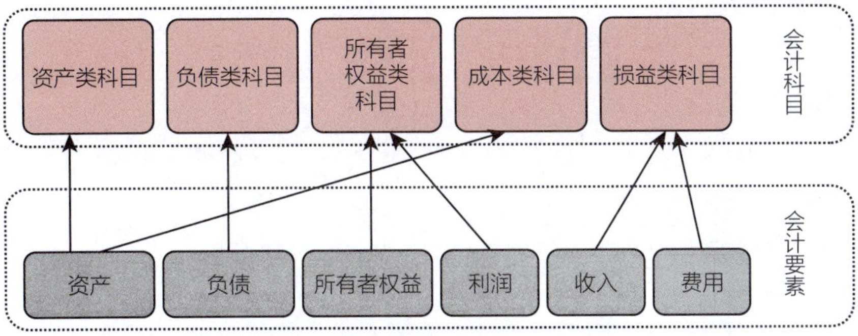

图4-4 制造业企业会计科目分类与会计要素的对应关系

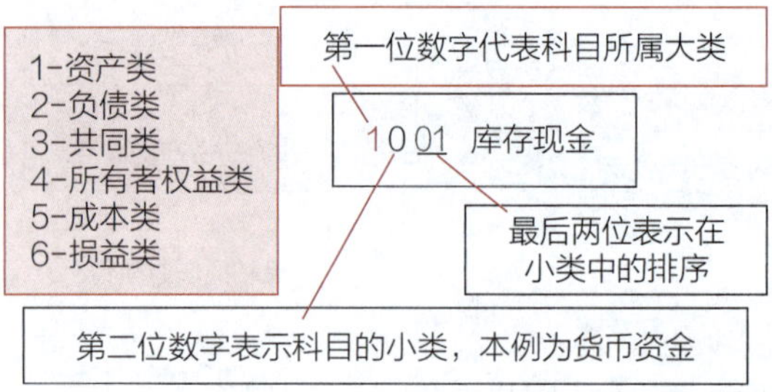

图4-5 会计科目的编号方法

一般制造业企业常用的会计科目（按照经济内容分类）如表4-1所示。

表4-1 制造业企业常用会计科目表（根据2024年新企业会计准则）

编号	会计科目名称	编号	会计科目名称
	一、资产类		二、负债类
1001	库存现金	2001	短期借款
1002	银行存款	2201	应付票据
1012	其他货币资金	2202	应付账款
1101	交易性金融资产	2203	预收账款
1121	应收票据	2211	应付职工薪酬
1122	应收账款	2221	应交税费
1123	预付账款	2231	应付利息
1131	应收股利	2232	应付股利
1132	应收利息	2241	其他应付款
1221	其他应收款	2501	长期借款
1231	坏账准备	2502	应付债券
1401	材料采购		四、所有者权益类
1402	在途物资	4001	实收资本
1403	原材料	4002	资本公积
1404	材料成本差异	4101	盈余公积
1405	库存商品	4103	本年利润
1471	存货跌价准备	4104	利润分配
1501	持有至到期投资		五、成本类
1502	持有至到期投资减值准备	5001	生产成本
1503	可供出售金融资产	5101	制造费用
1511	长期股权投资		六、损益类
1512	长期股权投资减值准备	6001	主营业务收入

续表

编号	会计科目名称	编号	会计科目名称
1521	投资性房地产	6051	其他业务收入
1531	长期应收款	6101	公允价值变动损益
1601	固定资产	6111	投资收益
1602	累计折旧	6301	营业外收入
1603	固定资产减值准备	6401	主营业务成本
1604	在建工程	6402	其他业务成本
1605	工程物资	6403	税金及附加
1606	固定资产清理	6601	销售费用
1701	无形资产	6602	管理费用
1702	累计摊销	6603	财务费用
1703	无形资产减值准备	6701	资产减值损失
1801	长期待摊费用	6711	营业外支出
1901	待处理财产损溢	6801	所得税费用
		6901	以前年度损益调整

注：共同类科目，是既有资产性质又有负债性质的科目，主要有“3001清算资金往来”“3002货币兑换”“3101衍生工具”“3201套期工具”“3202被套期项目”等科目。制造业企业不涉及。

知识拓展

明细分类账户指标计量的多样性

任务实施

熟悉和掌握会计科目的分类

1．某公司采购过程中因资金紧张，货款未付，共欠M公司50 000元，N公司32 000元。

要求：在书中“制造业企业常用会计科目表”中，试找出此项经济业务所涉及的总分类科目名称及编号，并就此项业务，指出其下属明细分类科目的名称。

2．某公司发生如下六项经济业务，逐一找出其所对应的会计科目并在空格处打√。

	管理费用	固定资产	制造费用	应付职工薪酬	实收资本	主营业务收入
购入生产设备						
计提生产车间厂房折旧费						
计算分配工人工资						
销售商品取得收入						
管理部门购买办公用品						
收到投资人投入资金						

3. 请列举你所在的学校有哪些资产。

问题研讨

1. 大型企业与小微企业设置的会计科目是否相同？
2. 工业企业与商业企业设置的会计科目是否相同？

任务2　掌握账户的种类和结构

任务描述

掌握账户的基本结构。

知识准备

4.2.1　会计账户的概念

会计账户是根据会计科目开设的，具有一定格式和结构，用于分类反映会计要素增减变动情况及其结果的载体。账户是会计信息的“存储器”，为编制财务报告提供数据资料。设置账户是会计核算的一种专门方法。

会计科目是会计账户的名称，两者的关系如图4-6所示。由于会计科目与账户之间的密切关系，两者经常被用作同义词对待，不加以严格区分。

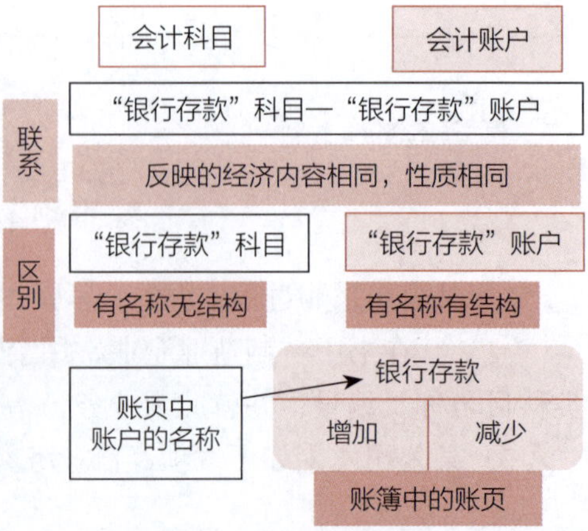

图4-6　会计科目与账户的关系

4.2.2　会计账户的基本结构和内容

（1）会计账户的基本结构

经济业务的发生无非是会计要素的增加或减少两种情况，因此，账户的基本结构也分为增加和减少两个部分，一方记增加，另一方则记减少，增减变动后的差额通常在增加一方以余额的形式体现。这一基本结构在教学实践中用T形账户来体现，代替实践工作中账户的正规格式。

T形账户的结构如图4-7、图4-8所示。账户分为左右两方，分别记录经济业务的增加额和减少额，至于用哪一方登记增加金额，哪一方登记减少金额，则取决于所采用的记账方法和该账户所记录的经济内容。

账户的功能在于连续、系统、完整地提供企业经济活动中各会计要素增减变动及其结果。记录在账户中某一特定会计期间的增加和减少金额，被称为账户的“本期发生额”，会计期末，增减变动结果的差额，称为账户的“余额”。本会计期间的“期末余额”成为下一会计期间的“期初余额”。

左方	账户名称（会计科目）		右方
期初余额	×××		
本期增加发生额	×××	本期减少发生额	×××
本期增加发生额合计	×××	本期减少发生额合计	×××
期末余额	×××		

图4-7　左方登记增加额的账户结构

左方	账户名称（会计科目）		右方
		期初余额	×××
本期减少发生额	×××	本期增加发生额	×××
本期减少发生额合计	×××	本期增加发生额合计	×××
		期末余额	×××

图4-8　右方登记增加额的账户结构

账户的期初余额、期末余额、本期增加发生额和本期减少发生额的关系为：

期末余额=期初余额+本期增加发生额-本期减少发生额

（2）会计账户的基本内容

会计账户的内容如图4-9所示，包括以下内容：①账户名称，即会计科目；②日期，即所依据记账凭证中注明的日期；③凭证号数，即所依据记账凭证的编号；④内容摘要，即经济业务的简要说明；⑤金额，即增加金额、减少金额和余额。

会计科目（账户名称）①

②年		③	④	⑤	⑤	⑤
月	日	凭证号数	内容摘要	增加金额	减少金额	余额

图4-9　会计账户基本结构与内容

4.2.3　会计账户的分类

会计账户是根据会计科目开设的，因此，账户的分类与会计科目的分类相似。

（1）按经济内容的不同分类

账户按反映经济内容不同，分为资产类账户、负债类账户、共同类账户、所有者权益类账户、成本类账户和损益类账户。

（2）按提供信息的详细程度分类

账户按提供信息的详细程度不同，分为总分类账户和明细分类账户，其分类方法同会计科目的分类。根据总分类科目开设的账户为总分类账户，根据明细分类科目开设的账户为明细分类账户。

总分类账户提供的是总括核算指标，对经济业务进行总括记录，一般只用货币计量。明细分类账户用来提供更为详细具体的核算资料信息，除用货币计量外，有的还用实物（件、千克等）辅助计量。总分类账户对明细分类账户具有统驭控制的作用，明细分类账户对总分类账户具有补充说明的作用。明细分类账户所提供的核算资料是对总分类账户核算资料的具体化，为总分类账户提供更详细更具体的信息。

（3）按照账户的用途和结构分类

按照账户的用途和结构，账户分为盘存类账户、资本类账户、结算类账户、调整类账户、集合分配类账户、成本计算类账户、跨期摊销类账户、汇转类账户、财务成果类账户、计价对比账户和暂计账户，如图4-10所示。

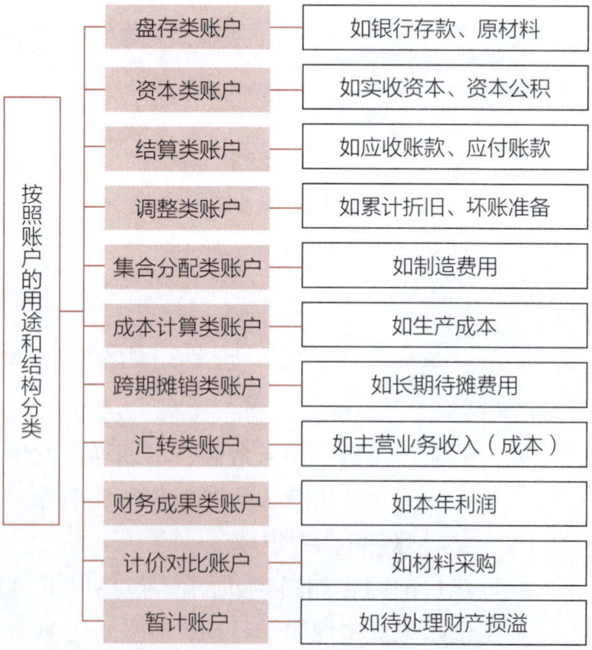

图4-10　账户按用途和结构分类

4.2.4 会计账户的平行登记

会计账户的平行登记是指对于每一笔经济业务，都要在总分类账户和所属明细分类账户中同时进行登记，而且两者的登记必须保持一致性，如图4-11所示。这种一致性体现在：

①依据相同：同一笔经济业务，要根据相同会计凭证在总分类账户和所属明细分类账户中登记。

②期间一致：总分类账户和明细分类账户登账时间可能有先后，但必须登记在同一个会计期间。

③方向相同：同一笔经济业务，记在总分类账户左方或右方时，所属明细分类账户也应记入同一方向。

④金额相等：记入总分类账户的金额必须与记入其所属的明细分类账户的金额合计数相等。

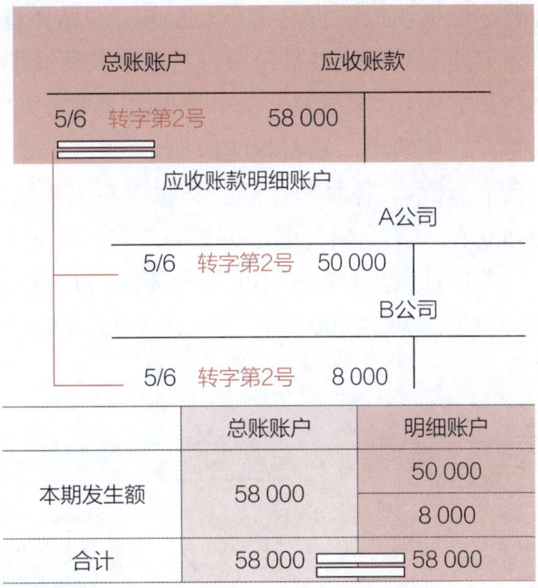

图4-11 总账与明细账的平行登记

为便于检查总分类账户与明细分类账户登记的正确性，期末还可以通过编制“总分类账所属明细分类账余额表”的方法来进行。明细分类账户的期初余额合计、增加发生额合计、减少发生额合计和期末余额合计应与其统驭账户的对应项目相等。

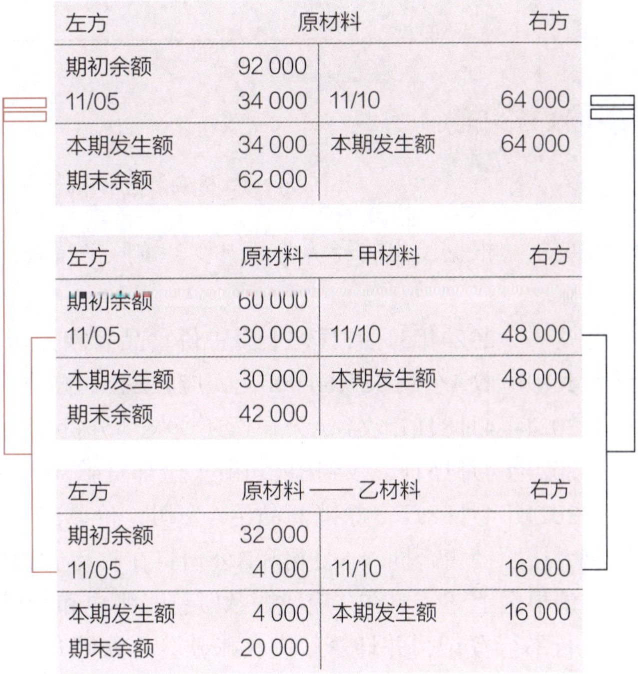

图4-12 总账与所属明细账的平行登记

【案例4-1】某公司11月初原材料92 000元，其中甲材料60 000元，乙材料32 000元。如图4-12中的期初余额所示。

11月5日，购入价值34 000元的原材料，其中，甲材料30 000元，乙材料4 000元。

11月10日，发出材料64 000元，其中，甲材料48 000元，乙材料16 000元。

按照平行登记原则，11月5日购入的原材料应在原材料总账及所属明细分类账中的登记如下：

登记依据：以购货发票及入库单等原始凭证为依据编制的记账凭证。

登记期间：记入11月份原材料总账及所属明细分类账的发生额中。

登记方向："原材料"总分类账户增加记左方，"甲材料""乙材料"明细分类账户同时记左方，反映甲、乙材料的增加。

登记金额："原材料"总分类账户左方登记34 000元，"甲材料"明细分类账户左方登记30 000元、"乙材料"明细分类账户左方登记4 000元。

11月10日发出材料采用同样的方法进行登记。经过总账和明细账的平行登记，期末原材料的左方余额62 000元一定等于甲材料的左方余额42 000元与乙材料的左方余额20 000元之和。

知识拓展

会计科目设置

任务实施

对总分类账户和明细账户进行平行登记

要求：根据给出的经济业务内容，按照平行登记的原则登记"应收账款"总账和明细分类账。

资料：2024年3月31日，上海中侨食品有限公司"应收账款"总账账户余额为140 000元，其中应收A公司账款60 000元，应收B公司账款80 000元。

2024年4月8日，收到A公司偿还所欠部分货款40 000元存入银行；

2024年4月15日，收到B公司所欠全部货款80 000元存入银行；

2024年4月28日，赊销商品给A公司，价款30 000元；B公司，价款50 000元，商品已发出，按照销售合同，A公司和B公司将在收货后20日内支付货款。

请根据上述资料在"应收账款"总账账户和所属明细分类账户"A公司"和"B公司"中进行平行登记，并计算"应收账款"总账账户，和"A公司"和"B公司"明细分类账户4月的期末余额，将其填入表4-2中，检查"应收账款"总账余额与其所属"A公司"和"B公司"明细分类账户余额是否相等。

应收账款总账

2024年		凭证号	内容摘要	左方金额	右方金额	左或右	余额
月	日						
04	01	略	期初余额			左	140 000.00
04	08		收到A公司偿还货款				
04	15		收到B公司偿还货款				
04	28		应收A公司和B公司销货款				
04	30		期末余额				

应收账款——A公司

2024年		凭证号	内容摘要	左方金额	右方金额	左或右	余额
月	日						
04	01	略	期初余额			左	60 000.00

应收账款——B公司

2024年		凭证号	内容摘要	左方金额	右方金额	左或右	余额
月	日						
04	01	略	期初余额			左	80 000.00

应收账款所属明细账余额表

账户名称	期初余额	左方发生额	右方发生额	期末余额
A公司				
B公司				
合计				

问题研讨

1. 观察不同类型的账户结构，总结账户增减变化发生额的登记方向及余额方向。
2. 思考哪些账户期末余额为零，为什么？

思政课堂

会计账户是企业财务状况和经营成果的真实反映，对于企业的决策和管理具有至关重要的作用。会计人员不仅要准确判断经济业务所涉及的会计账户，更要理解资产和费用的概念和计算方法。对于企业来说，如何在追求资产的同时，同时遵守道德和社会责任，实现可持续发展，是一个值得深思的问题。

案例

会计师事务所的工作人员在查账时发现某公司的老会计，将平时办公室购买的桶装水计入了“应付职工薪酬——福利费”，从而导致公司历年来的福利费一直大大超过企业所得税税前扣除标准，但是老会计从来没有在汇算清缴时进行纳税调增处理，留下了非常大的涉税风险。经过沟通，老会计纠正了错误的做法，将计入“应付职工薪酬——福利费”账户中的办公室用水调整为“管理费用”。

知识测试和能力训练

一、单项选择题

1 会计科目是对（　　）的具体内容进行分类核算的项目。

A. 会计主体　B. 会计要素　C. 会计账户　D. 会计信息

2 下列关于会计账户和会计科目的说法，不正确的是（　　）。

A. 会计科目是开设账户的依据，会计账户的名称就是会计科目

B. 二者都是对会计对象具体内容的科学分类

C. 没有账户，会计科目就无法发挥作用

D. 会计账户不存在结构，会计科目则具有一定的格式和结构

3 在下列项目中，属于会计科目表中一级会计科目的是（　　）。

A. “应交增值税”　B. “应付账款”　C. “房屋”　D. “专利权”

4 损益类账户的期末余额一般（　　）。

A. 在借方　B. 在贷方　C. 无法确定方向　D. 为零

5 下列各项中，不是设置会计科目的原则的是（　　）。

A. 实用性原则　B. 相关性原则　C. 权责发生制原则　D. 合法性原则

6 下列会计科目中，属于所有者权益类的是（　　）。

A. 所得税费用　B. 管理费用　C. 投资收益　D. 实收资本

7. 下列科目中，属于明细分类科目的是（　　）。

A. 盈余公积　　B. 利润分配　　C. 应付股利　　D. 未分配利润

8. 下列会计科目中，不属于资产类的是（　　）。

A. 应收账款　　B. 累计折旧　　C. 预收账款　　D. 预付账款

9. 会计科目的设置应满足对外报告与对内管理的要求，主要体现了会计科目设置的（　　）原则。

A. 合法性　　B. 相关性　　C. 实用性　　D. 可比性

10. 会计科目和会计账户的本质区别在于（　　）。

A. 反映的经济业务不同　　B. 记录资产和权益的内容不同

C. 记录资产和权益的方法不同　　D. 会计账户有结构，而会计科目无结构

二、多项选择题

1. 属于资产类会计科目的有（　　）。

A. 应收账款　　B. 固定资产　　C. 预收账款　　D. 实收资本

2. 会计科目按经济内容分类，包括（　　）。

A. 资产类　　B. 负债类　　C. 所有者权益类　　D. 损益类

3. 会计账户的特点包括（　　）。

A. 有一定的格式　　B. 有一定的结构

C. 金额必须固定不变　　D. 用于连续、系统、全面地记录经济业务

4. 关于会计科目和会计账户的关系，以下说法正确的是（　　）。

A. 会计科目是设置会计账户的依据　　B. 会计账户的名称就是会计科目

C. 会计科目和会计账户是一回事　　D. 会计账户具有一定的格式和结构

5. 会计账户的基本结构通常包括（　　）。

A. 账户名称　　B. 日期和摘要

C. 增加金额和减少金额　　D. 余额

6. 资产类账户的特点包括（　　）。

A. 增加通常记在左方　　B. 期末余额一般在左方

C. 余额可能为零　　D. 减少通常记在左方

7. 设置会计科目时应遵循的原则有（　　）。

A. 合法性原则　　B. 相关性原则　　C. 实用性原则　　D. 灵活性原则

8. 按提供信息的详细程度及其统驭关系分类，会计账户可以分为（　　）。

A. 总分类账户　　B. 明细分类账户　　C. 资产类账户　　D. 费用类账户

9. 会计科目与会计账户的关系体现在（　　）。

A. 二者反映的经济内容一致

B. 二者都是对会计对象具体内容的科学分类

C. 会计账户根据会计科目设置

D. 二者都能记录经济业务的增减变化

⑩ 总分类账户和明细分类账户的表达正确的有（　　）。

A. 总分类账户对明细分类账户有统驭控制的作用

B. 明细分类账户对总分类账户起补充说明的作用

C. 总分类账户和明细分类账户的登记依据相同

D. 总分类账户金额等于其下属明细分类账户金额之和

三、判断题

❶ 会计科目是对会计要素的具体内容进行分类核算的项目。（　）

❷ 会计科目是会计账户的名称，会计账户是会计科目的载体。（　）

❸ 会计科目没有结构，而会计账户具有一定的格式和结构。（　）

❹ 会计科目按照反映经济内容分类，分为资产类、负债类、所有者权益类、损益类、成本类和共同类。（　）

❺ 所有账户的期末余额都在左方。（　）

❻ 会计科目的设置只能依据《会计法》规定，完全不需要考虑其他因素。（　）

❼ 明细分类账户是对总分类账户作进一步分类的账户，提供更为详细和具体的核算资料。（　）

❽ 会计账户通常由账户名称、记录日期、摘要、增加金额、减少金额和余额等要素构成。（　）

❾ 企业的经济业务发生变化时，会计科目必须改变。（　）

⑩ 会计科目仅仅反映经济内容是什么，而会计账户不仅说明经济内容是什么，而且系统反映这项经济内容的增减变化及结余的情况。（　）

四、业务题

请将如下项目划分账户类别，将相应的会计科目（总账科目）名称填入对应的类别中。

项目	资产类	负债类	所有者权益类	成本类	损益类
1. 企业银行账户中的存款					
2. 销售商品未收到的货款					
3. 采购材料支付的订金					
4. 仓库中等待出售的产品					
5. 车间正在生产加工的产品					
6. 车间发生的水电费					
7. 企业拥有的商标权、专利技术等					
8. 向银行借入6个月的借款					
9. 应缴未缴的税费					

续表

项目	资产类	负债类	所有者权益类	成本类	损益类
10. 投资人多出份额之外的出资款					
11. 管理部门招待客户吃饭的餐费					
12. 销售部门人员的工资					
13. 借银行的短期借款利息					
14. 经营活动中赚到留在企业的收益					
15. 销售材料取得的款项					

项目5 掌握记账的基本方法

学习目标

- 知识目标：了解单式记账和复式记账的含义。
- 技能目标：掌握借贷记账法的账户结构；记账规则；会计分录编制和试算平衡表的编制。
- 素质目标：培养恪尽职守的操作意识和细致认真的职业素养。

引导案例

威尼斯商人——安东尼奥的烦恼

在14世纪末的地中海，那些阳光和煦的冬日里，威尼斯的港口无疑是那片海域最为繁忙的交通枢纽。这一繁忙景象，在莎士比亚的经典之作《威尼斯商人》中得到了生动的描绘与体现，安东尼奥与朋友的对话也从侧面展现了当时商人的财富主要源于海上贸易。这部文学瑰宝不仅展现了威尼斯作为商贸中心的繁华盛景，更以细腻的笔触勾勒出那个时代的风貌与人文气息。

商船满载着将要运往东方，或者刚从东方运来的货物在码头穿梭，珠光宝气的商人们一面监视着调度，一面仔细地记下每一笔进出的账目。鹅毛笔沙沙作响，作为现代商业萌芽期的资金募集者和使用者，这些威尼斯商人已经意识到一本详细清楚的账目对生意成功是多么关键。这段历史中的那些纷繁琐细的工作为交易建立了一种量化的观察渠道，通过账目不仅能准确追踪资本的走向，还能分析出利润率，指导后续的投资。没有早期商人发明的记账方法，就没有后来的工业革命。

身处历史转折中心的威尼斯商人并不会预测到长远的未来，他们的出发点很简单，就是让每个投资人得到公平的回报。最开始的时候账不难算，出港前集资，回来之后分红，一次航行就是一单生意。到后来贸易变得相当频繁，一艘航船携带的财富可能来自十几个人，然后被卖给几百个人，这几百人当中的几十人可能又二道贩卖，所得的金钱又投到另一艘船的货物上，被另外几百个人买走……那最初的十几笔钱后来流向了哪里？那些最初的投资，几经货物—金钱的转换之后要怎样折算成财富，来衡量是赚是亏？记账问题随着交易的扩大变得关键起来。

于是一种新式账本在懂得变通的威尼斯人手中开始流行。一位15世纪的意大利修士兼数学家，达·芬奇的好朋友卢卡·帕乔利（Luca Pacioli）在自己的著作中详细介绍了这种新方法。

问题

1. 什么是复式记账方法？与单式记账方法有何区别？
2. 复式记账法有哪些种类？
3. 借贷记账法的内容是怎样的？
4. 借贷记账法下会计账户是如何分类的？借贷记账法的记账规则是怎样的？
5. 会计分录如何编制？借贷记账法的试算平衡是怎样的？原理是什么？

任务1 认知复式记账方法

任务描述

理解复式记账法的原理、种类，熟悉借贷记账法的账户结构。

知识准备

5.1.1 单式记账法与复式记账法

记账方法：就是根据一定的原理、记账符号，采用一定的计量单位，利用文字和数字，将经济业务发生所引起的各会计要素的增减变动在有关账户中进行记录的方法。在会计的发展过程中，记账方法可以分为单式记账法和复式记账法。

（1）单式记账法

单式记账法是指对发生的交易或事项，只在一个账户进行记录的记账方法。单式记账法重点考虑的是现金、银行存款以及债权、债务方面发生的交易或事项，是一种比较简单、不完整的记账方法。它不能全面、完整、系统地反映交易或事项的来龙去脉，也不便于检查、核对账户记录的正确性。如表5-1所示，记录中反映了钱减少的金额，但未能反映出其用途是什么，用到哪里了。

（2）复式记账法

复式记账法是指对于任何一项经济业务都要以相等的金额在两个或两个以上相互联系的账户中进行登记，系统地反映资金运动变化结果的一种记账方法。

复式记账法将经济业务的全过程记录下来，能够反映出资金的来龙和去脉，通过账户间内在的平衡关系还可以检查账户记录的正确性，因此，是一种科学的记账方法。如表5-2所示，记录中不仅记录了钱减少的金额，而且，还反映出其用途，10元钱用于购买发卡，2 000元用于购买羽绒服，200元用于购买手链。

表5-1 单式记账法账单

日期	交易金额/元	
1月1日	钱	−10
1月2日	钱	−2 000
1月3日	钱	−200

表5-2 复式记账法账单

日期	交易金额/元			
1月1日	钱	−10	发卡	+10
1月2日	钱	−2 000	羽绒服	+2 000
1月3日	钱	−200	手链	+200

（3）复式记账法的理论依据

复式记账法是以“资产=负债+所有者权益”的会计等式作为理论依据的。

会计等式的恒等性要求复式记账法对于每一项经济业务的发生，都必须以相等的金额在两个或两个以上的相关账户中做等额的双重记录，以全面反映资金的增减变化及来龙去脉。

（4）复式记账法的种类

复式记账法按采用的记账符号和记账规则的不同，可分为收付记账法、增减记账法和借贷记账法，其中借贷记账法是国际上通用的一种复式记账法。

中国现行企业会计准则规定，统一采用借贷记账法记账。

5.1.2 借贷记账法的内容

借贷记账法的基本内容包括记账符号、账户结构、记账规则、分录编制和试算平衡五项，如图5-1所示。

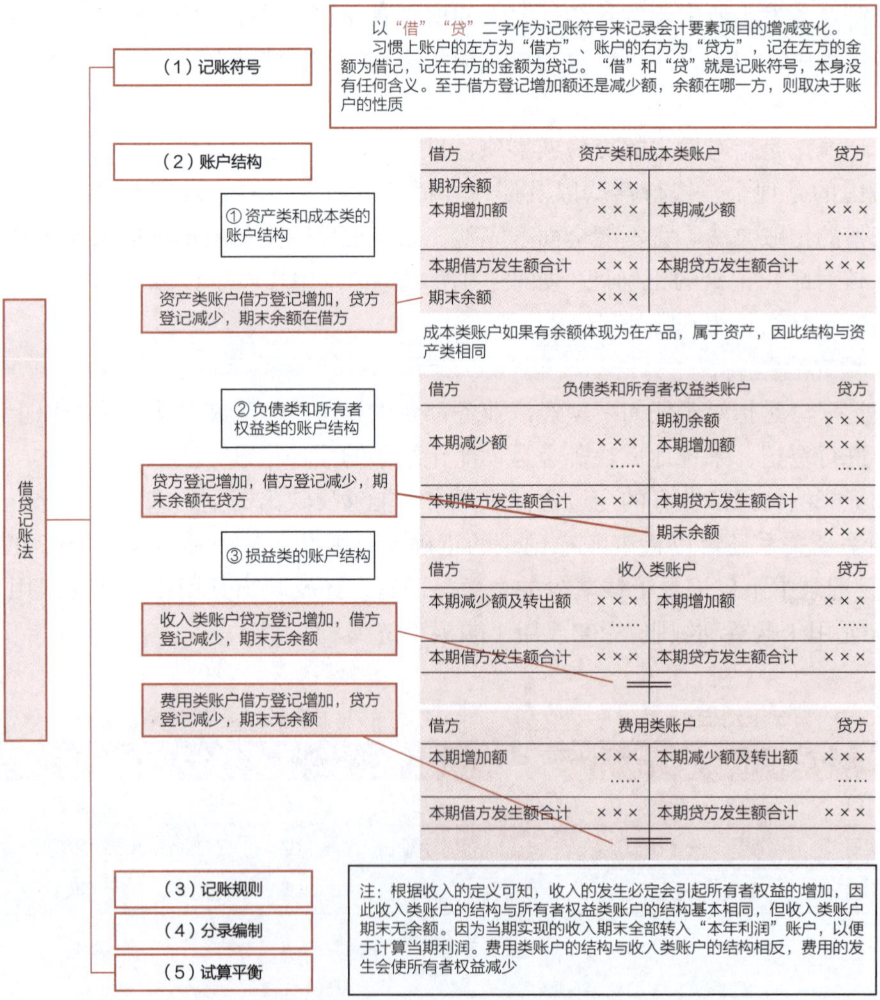

图5-1 借贷记账法的内容

知识拓展

龙门账

任务实施

熟悉账户结构及账户金额之间的关系

要求：计算并填写列表中括号内的数字，并在下列T形账户结构中填上借贷发生额和余额。

资料：上海中侨食品有限公司3月31日有关账户的期初余额和本期发生额情况如表5-3所示。

表5-3 企业账户的期初余额和本期发生额情况表

单位：元

账户名称	期初余额	本期增加发生额	本期减少发生额	期末余额
银行存款	200 000	② 30 000	① 10 000 ③ 1 000 ⑤ 20 000 ⑥ 80 000	（ ）
原材料	25 000	① 10 000 ④ 50 000		（ ）
固定资产	300 000	⑧ 60 000		（ ）
应付账款	40 000	④ 50 000 ⑧ 60 000	⑥ 80 000	（ ）
短期借款	10 000	② 30 000	⑤ 20 000	（ ）
销售费用	0	③ 1 000	⑦ 1 000	（ ）
本年利润	50 000		⑦ 1 000	（ ）

借方	银行存款 贷方
期初余额	
本期借方发生额合计 期末余额	本期贷方发生额

借方	原材料 贷方
期初余额	
本期借方发生额合计 期末余额	本期贷方发生额合计

借方	固定资产 贷方
期初余额	
本期借方发生额合计 期末余额	本期贷方发生额

借方	应付账款 贷方
	期初余额
本期借方发生额合计	本期贷方发生额合计 期末余额

短期借款

借方	贷方
	期初余额
本期借方发生额合计	本期贷方发生额合计 期末余额

本年利润

借方	贷方
	期初余额
本期借方发生额合计	本期贷方发生额合计 期末余额

销售费用

借方	贷方
本期借方发生额合计	本期贷方发生额合计

问题研讨

与单式记账法相比，复式记账法有哪些优点？

任务2　掌握借贷记账法的记账规则及会计分录

任务描述

掌握和运用借贷记账法的记账规则，编制会计分录。

知识准备

5.2.1　借贷记账法的记账规则

记账规则是指某种记账方法登记具体经济业务时应当遵循的规律，借贷记账法的记账规则是：

“有借必有贷，借贷必相等”。

采用借贷记账法对每笔交易或事项进行记录时，相关账户之间形成应借应贷的相互关系，存在对应关系的账户称为对应账户。账户对应关系和对应账户取决于企业所发生经济业务的内容和性质，特定的经济业务体现了特定的账户对应关系和对应账户。

根据经济业务对会计等式的影响，经济业务可分为如下四类。

（1）资产类项目金额此增彼减

【案例5-1】Z公司用银行存款采购原材料，发票价款金额100 000元，不考虑增值税。

分析：这项业务涉及：两个资产类账户，“原材料”，增加记借方；“银行存款”，减少记贷方；借贷金额都是100 000元，其账户对应关系如图5-2所示。

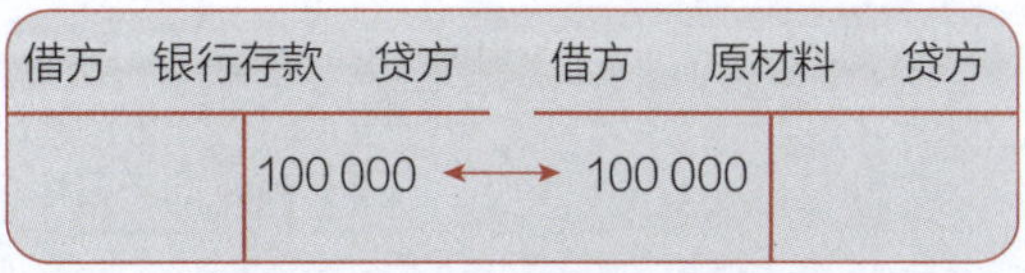

图5-2　用银行存款采购原材料

（2）权益类项目金额此增彼减

【案例5-2】Z公司宣告发放现金股利1 000 000元。

分析：这项业务涉及：一个所有者权益类账户“利润分配”，利润分配使所有者权益减少，记借方；一个债权人权益账户“应付股利”，增加记贷方；借贷方金额都是1 000 000元，其账户对应关系如图5-3所示。

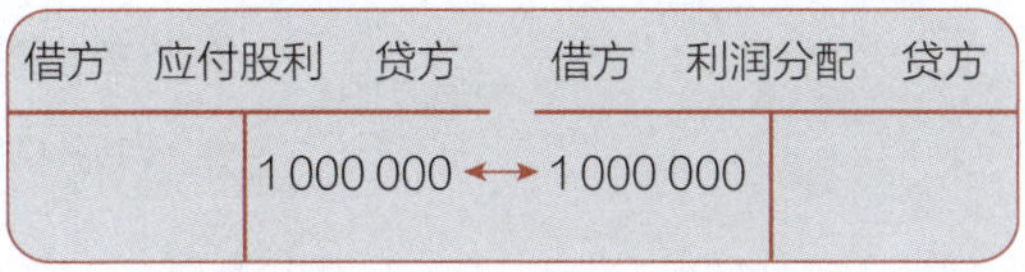

图5-3　宣告发放现金股利

（3）资产项目和权益项目金额同增

【案例5-3】Z公司收到投资者投入货币资金200 000元以及价值600 000元的设备，资金已存入银行。

分析：这项业务涉及：两个资产类账户“银行存款”和“固定资产”账户，增加记借方；涉及一个所有者权益账户“实收资本”，增加记贷方；记入贷方金额800 000元，与记入借方金额的合计数200 000元+600 000元相等，其账户对应关系如图5-4所示。

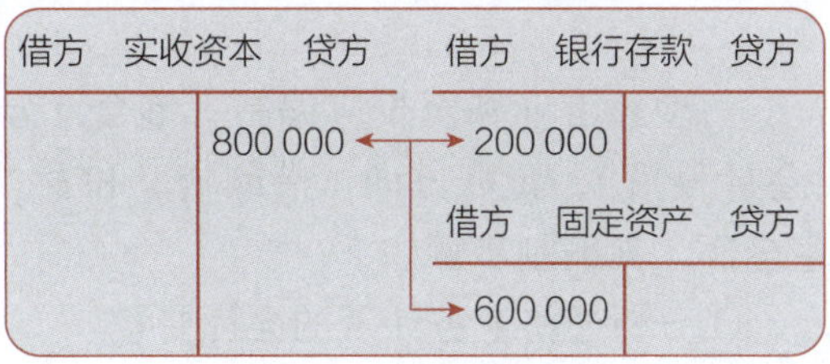

图5-4　投资者投入资本

（4）资产项目和权益项目金额同减

【案例5-4】Z公司用银行存款50 000元偿还所欠供应商的货款。

分析：这项业务涉及：一个资产类账户“银行存款”，减少记贷方；一个负债类账户“应付账款”，减少记借方；借贷金额都是50 000元，其账户对应关系如图5-5所示。

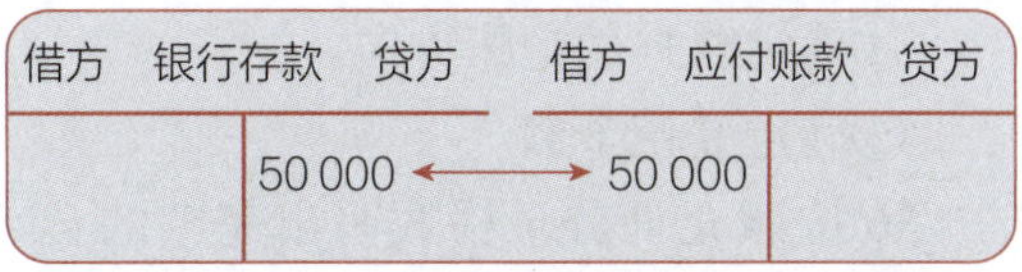

图5-5　用银行存款偿还供应商货款

通过上述不同类型经济业务的案例不难看出，在借贷记账法下，每项经济业务的发生不论涉及哪种类型的经济业务，都遵循着借贷记账法的记账规则“有借必有贷，借贷必相等”，其规律如图5-6所示。

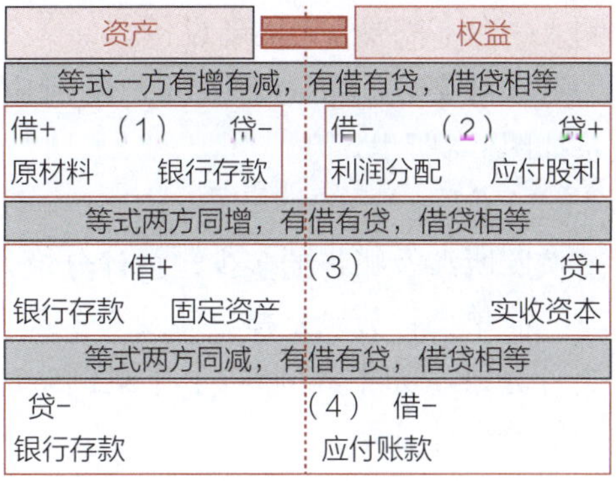

图5-6　借贷记账法记账规则

5.2.2　借贷记账法会计分录的编制

会计分录：按照借贷记账法的规则，确定某项经济业务应借、应贷账户的名称及其金额的记录就是会计分录。

实务工作中会计分录是在记账凭证上编制的，也称记账。会计分录是构成记账凭证的基本内容，也是据以登记有关账户的依据。记账凭证将在项目6中学习，学习过程中，会计分录书写格式和要求如图5-7所示。

图5-7 会计分录编制和书写规范

（1）会计分录的内容及编制步骤

每项经济业务至少应编制一笔会计分录，每笔会计分录应包括三项内容：账户名称（会计科目）、记账方向（借或贷）和发生金额，其编制步骤如下：

①分析经济业务涉及的会计要素。

②确定应登记的账户。

③分析账户增减变化。

④确定账户的记账方向。

⑤确定登记金额。

⑥按照会计分录格式写出完整的会计分录。

【案例5-5】Z公司用银行存款200 000元购入一台不需要安装的新设备。

这项业务的分析过程及账户的对应关系如图5-8所示。

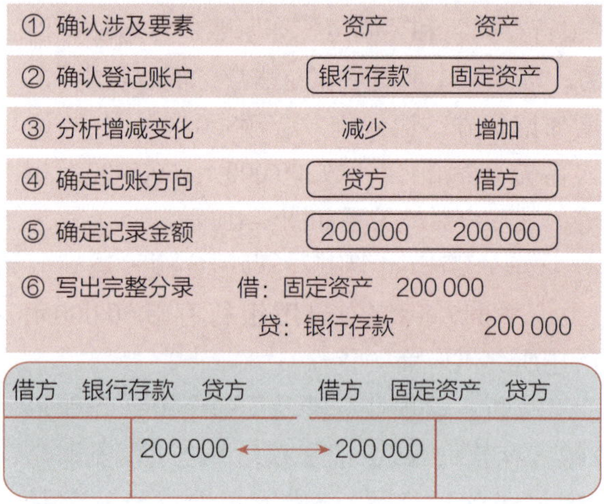

图5-8 会计分录编制的步骤及账务处理对应关系

（2）会计分录的种类

按照所涉及账户的多少，会计分录分为简单会计分录和复合会计分录。

①简单会计分录是指只涉及一个账户借方和另一个账户贷方的会计分录，即一借一贷的会计分录。如【案例5–1】、【案例5–2】、【案例5–4】、【案例5–5】中所编制的会计分录均为简单会计分录。

②复合会计分录是指由两个以上（不含两个）对应账户组成的会计分录。复合会计分录可以是一借多贷的会计分录，也可以是一贷多借或多借多贷的会计分录，如【案例5–3】中的分录为一贷多借的复合会计分录。

【案例5–6】Z公司购入一台不需要安装的新设备，价值200 000元，用银行存款支付一半货款，另一半暂欠。

分析：这项业务涉及三个账户："固定资产"增加记借方，金额200 000元；"银行存款"减少记贷方，金额100 000元，"应付账款"增加记贷方，金额100 000元。

【案例5-1】

借：原材料	100 000	
贷：银行存款		100 000

【案例5-2】

借：利润分配——应付现金股利	1 000 000	
贷：应付股利		1 000 000

【案例5-3】

借：银行存款	200 000	
固定资产	600 000	
贷：实收资本		800 000

【案例5-4】

借：应付账款	50 000	
贷：银行存款		50 000

【案例5-5】

借：固定资产	200 000	
贷：银行存款		200 000

【案例5-6】

借：固定资产	200 000	
贷：银行存款		100 000
应付账款		100 000

此案例为一借多贷的复合会计分录，多借多贷的会计分录在特殊情况下允许编制，但不常用。

复合会计分录的设计允许在同一项经济业务中涉及多个账户，因此能够更好地反映经济业务的复杂关系。但需要注意的是，不同类型的经济业务不能简单地合并反映，必须分别编制会计分录加以反映和记录。

5.2.3 借贷记账法的试算平衡

过账：会计上将每一项经济业务涉及的账户、记账方向及金额编制成会计分录后，还需要将会计分录的数据过入有关账户中去。这个过程通常称为“过账”。

结账：过账以后，一般要在月末结算出各账户的本期发生额合计和期末余额，这个过程称为“结账”。

试算平衡：为了确定记账及过账是否正确，记账后，需要对全部账户的发生额和余额进行汇总计算和比较，这一过程称为“试算平衡”。试算平衡的原理是借贷记账法的记账规则和会计等式。

在借贷记账法下，按照“有借必有贷，借贷必相等”的记账规则记账，每一项经济业务所编制会计分录的借、贷两方发生额必然相等，由此，所有账户的借方发生额和贷方发生额合计数也必然相等。

根据会计等式原理和借贷记账法下的账户结构，期末资产类账户的余额在借方，负债和所有者权益类账户的余额在贷方，损益类账户无余额。由此，资产类账户的期末余额合计数与负债和所有者权益类账户的期末余额的合计数也必然相等。期初余额亦然。试算平衡关系如图5-9所示。

对这一平衡关系的检验是通过编制试算平衡表来进行的，试算平衡表的格式可在图5-10中看到。

试算平衡表的编制：实务工作中，试算平衡表通常是在期末结出各账户的本期发生额合计和期末余额后编制的。为方便起见，企业一般将发生额试算平衡表和余额试算平衡表的内容结合在一起，一般在每个月或每个季度结束时进行。试算平衡表中“期初余额”“本期发生额”“期末余额”三大栏目分设的“借方”和“贷方”两个小栏的合计数应平衡相等，否则便存在记账错误。试算平衡表的编制程序如图5-10所示。

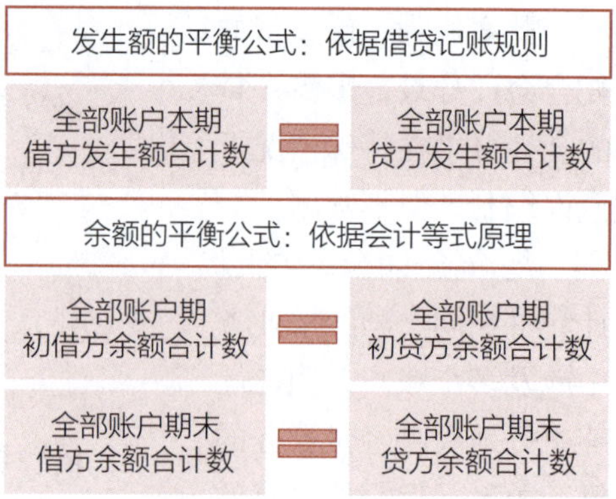

图5-9 试算平衡关系

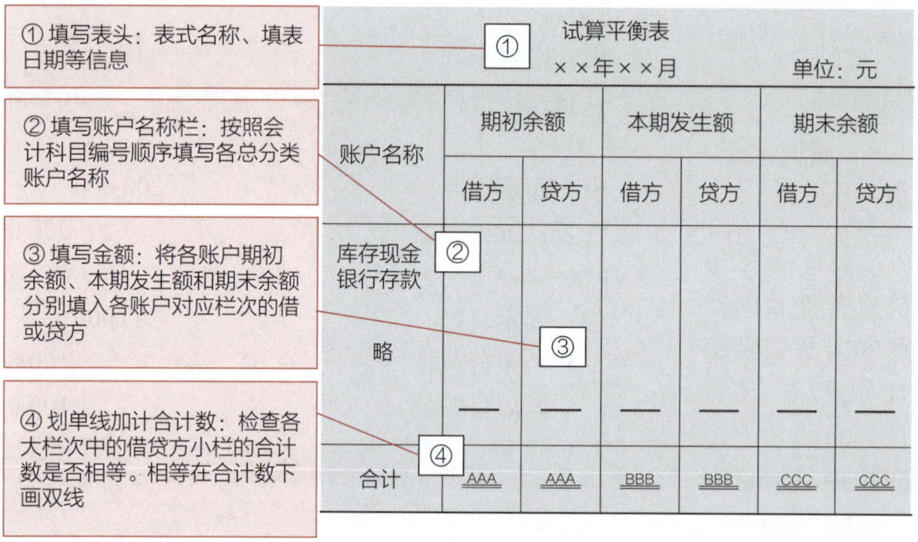

图5-10 试算平衡表编制程序

编制试算平衡表后，若大栏中的借贷不平衡，则可以肯定账户记录或计算有错误，需要进一步查明原因，予以更正。

如果借贷平衡了，只能推断账户记录或计算基本正确，因为有些账户记录错误，并不影响借贷双方的平衡关系，例如，发生重记、漏记、错记或记反借贷方向时，试算结果仍是平衡的。

为了保证账户记录的完全正确，除试算平衡外，还应采用其他专门方法，对会计记录进行日常或定期复核。

知识拓展

会计记录的复核方法

为确保账户记录的正确性，除了采用编制试算平衡表的方式进行核对外，还采用对账、账证核对、账账核对、账实核对、账表核对等方法确保账户记录的正确性。对账包括企业账簿中的银行存款日记账与银行对账单的核对、企业应收应付账款与客户或供应商的核对；账证核对是会计凭证与账簿记录的核对；账账核对是企业总账与各类明细账的核对；账实核对是企业账面记录与实物或实际情况的核对；账表核对是企业账簿数据与财务报表对应关系的核对。

任务实施

分析经济业务、编制会计分录、指明账户对应关系、编制试算平衡表

要求：1. 请分析上海中侨食品有限公司2024年5月发生的以下几笔经济业务，编制会计分录并用T形账户指明账户的对应关系。

（1）2日，收到投资者投入的货币资金投资800 000元，已存入银行。

涉及的账户			
增减变化及借贷方向			
金额			
会计分录			

（2）3日，用银行存款200 000元购入一台不需要安装的新设备（暂不考虑增值税）。

涉及的账户			
增减变化及借贷方向			
金额			
会计分录			

（3）5日，向本市农产品公司购入原材料20 000千克，单价10元，货款为200 000元，材料已验收入库，款项尚未支付，不考虑增值税。

涉及的账户			
增减变化及借贷方向			
金额			
会计分录			

（4）12日，以银行存款130 000元偿还前欠本市农产品公司部分货款。

涉及的账户	
增减变化及借贷方向	
金额	
会计分录	

（5）15日，以银行存款购入设备一台，买价85 000元，设备验收合格，交付有关部门使用，不考虑增值税。

涉及的账户	
增减变化及借贷方向	
金额	
会计分录	

（6）26日，购入材料120 000元，材料已验收入库，以银行存款支付货款100 000元，其余20 000元暂欠。

涉及的账户	
增减变化及借贷方向	
金额	
会计分录	

（7）28日，收到债务人开出的商业承兑汇票32 000元，银行转账支票16 000元，清偿前欠本企业货款，支票当即存入银行。

涉及的账户	
增减变化及借贷方向	
金额	
会计分录	

2．在T形账户中登记上述业务，并结出各账户的本期发生额及期末余额，期初余额见表5–4。

借方　　银行存款　　贷方

借方	贷方
期初余额	
本期借方发生额合计 期末余额	本期贷方发生额合计

借方　　原材料　　贷方

借方	贷方
期初余额	
本期借方发生额合计 期末余额	本期贷方发生额合计

借方　　固定资产　　贷方

借方	贷方
期初余额	
本期借方发生额合计 期末余额	本期贷方发生额合计

借方　　应收票据　　贷方

借方	贷方
期初余额	
本期借方发生额合计 期末余额	本期贷方发生额合计

借方　　应付账款　　贷方

借方	贷方
	期初余额
本期借方发生额合计	本期贷方发生额合计 期末余额

借方　　实收资本　　贷方

借方	贷方
	期初余额
本期借方发生额合计	本期贷方发生额合计 期末余额

表5-4　试算平衡表

2024年5月　　　　单位：元

账户名称	期初余额		本期发生额		期末余额	
	借方	贷方	借方	贷方	借方	贷方
银行存款	300 000					
原材料	0					
固定资产	1 000 000					
短期借款		200 000				
应付账款		100 000				
应付票据		0				
实收资本		1 000 000				
合计	1 300 000	1 300 000				

3．根据各账户本期发生额及期末余额，将试算平衡表填制完整，检查2024年5月上海中侨食品有限公司总分类账户发生额及余额是否试算平衡。

问题研讨

试算平衡表编制完毕，如果期初余额、本期发生额和期末余额三组数字都是平衡的，是否能说明账务处理过程完全正确？为什么？请举例说明。

思政课堂

真实完整地反映经济业务，不编造虚假账目，不利用职务之便谋取私利或协助他人舞弊是会计人员应具备的基本职业道德。会计人员在工作中应廉洁自律、坚持准则，加强学习，确保工作合法合规。

案例

戴尔铸机厂是一家市属国有企业，会计专业学生路丹在该厂进行毕业实习。有一天，路丹在翻阅以往会计凭证时，发现该厂一张记账凭证上的会计分录为：

借：原材料——生铁　　198 600

　贷：应收账款——长城汽车有限公司　　198 600

但是，购进生铁没有发票，也没有收料单，只是在记账凭证下面附了一张由该厂开具给长城汽车有限公司的收款收据，而长城汽车有限公司并不对外经销生铁。后来，路丹从一位老会计那里了解到真实情况。原来是该厂以购生铁为名，行购车抵债之实。长城汽车有限公司以一台自产长城牌小轿车抵偿了欠该厂的货款。看到路丹一脸的疑惑，老会计并不以为然，认为这在企业都是正常的，没什么大不了的。

请思考

1．戴尔铸机厂应怎样纠正发生的差错？

2．对路丹遇到的事情，应怎样评价？

知识测试和能力训练

一、单项选择题

1. 会计科目是（　　）。

A．会计要素的名称　B．会计报表的名称　C．账户的名称　D．账簿的名称

2. 按照复式记账原理，对于每一项经济业务都要在（　　）相互联系地登记。

A．一个资产账户、一个负债账户中

B．两个或两个以上的账户中

C．一个总账账户及所属的明细账户中

D．一个账户的借方，另一个账户的贷方

❸ 借贷记账法的借方表示（　　）。

A. 资产增加，负债及所有者权益减少

B. 资产增加，负债及所有者权益增加

C. 资产减少，负债及所有者权益减少

D. 资产减少，负债及所有者权益增加

❹ 借贷记账法的贷方表示（　　）。

A. 资产减少，负债及所有者权益减少

B. 资产增加，负债及所有者权益增加

C. 资产减少，负债及所有者权益增加

D. 资产增加，负债及所有者权益减少

❺ “应收账款”账户期初余额为7 000元，借方本期发生额为3 000元，贷方本期发生额为12 000元，该账户期末余额应为（　）。

A. 借方余额8 000元　　B. 贷方余额9 000元

C. 借方余额2 000元　　D. 贷方余额2 000元

❻ 借贷记账法试算平衡的依据是（　　）。

A. 资金运动变化规律　　B. 会计等式平衡原理

C. 会计账户基本结构　　D. 平行登记基本原理

❼ 某企业刚刚建立时，权益总额为100万元，现发生一笔以银行存款30万元偿还银行借款的经济业务，此时，该企业的资产总额为（　　）万元。

A. 80　　B. 90　　C. 100　　D. 70

❽ 会计账户的设置依据是（　　）。

A. 会计对象　　B. 会计要素　　C. 会计科目　　D. 会计方法

❾ 关于账户的判断，下列说法正确的是（　　）。

A. “预付账款”是负债类账户

B. “主营业务成本”是成本类账户

C. “待处理财产损溢”是损益类账户

D. “生产成本”是成本类账户

❿ 在借贷记账法下，所有者权益账户的期末余额等于（　　）。

A. 期初贷方余额+本期贷方发生额−本期借方发生额

B. 期初借方余额+本期贷方发生额−本期借方发生额

C. 期初借方余额+本期借方发生额−本期贷方发生额

D. 期初贷方余额+本期借方发生额−本期贷方发生额

二、多项选择题

❶ 下列属于会计分录的组成内容的有（　　）。

A. 账户名称　　B. 登记方向　　C. 登记金额　　D. 期末余额

❷ 下列选项中会使所有者权益增加的是（　　）。
A. 销售商品收入增加　　B. 管理费用增加
C. 接受投资者投入资本　　D. 宣告分配现金股利
❸ 某企业用银行存款支付前欠供应商货款，该业务影响的会计账户有（　　）。
A. 货币资金　　B. 银行存款　　C. 应付账款　　D. 应收账款
❹ 某企业向税务局交税取得完税凭证，该业务影响的会计账户有（　　）。
A. 银行存款　　B. 应付账款　　C. 应交税费　　D. 应收账款
❺ 下列哪些会计记账方法起源于中国（　　）。
A. 四柱清算法　　B. 龙门账
C. 四脚账　　D. 借贷复式记账法
❻ 下列哪些账户借方登记增加额（　　）。
A. 银行存款　　B. 管理费用　　C. 应收账款　　D. 实收资本
❼ 下列哪些账户贷方登记增加额（　　）。
A. 应付账款　　B. 资本公积　　C. 固定资产　　D. 应交税费
❽ 下列账户中，余额一般在借方的有（　　）。
A. 库存现金　　B. 原材料　　C. 销售费用　　D. 主营业务收入
❾ 下列账户中，余额一般在贷方的有（　　）。
A. 应付账款　　B. 库存商品　　C. 股本　　D. 主营业务成本
❿ 下列选项中，会导致所有者权益总额减少的是（　　）。
A. 投资者宣告分派现金股利　　B. 盈余公积转增股本
C. 出售固定资产发生净损失　　D. 宣告分配股票股利

三、判断题

❶ 企业会计准则规定，企业会计记账采用复式记账法。（　）
❷ 在借贷记账法下，账户的借方登记增加数，贷方登记减少数。（　）
❸ 资产类账户的余额，一般在借方；权益类账户的余额，一般在贷方。（　）
❹ 一般地说，各类账户的期末余额与记录增加额的一方都在同一方向。（　）
❺ 账户的本期发生额是动态资料，而期初和期末余额则是静态资料。（　）
❻ 通过试算平衡检查账簿记录，若借贷平衡就可以肯定记账准确无误。（　）
❼ 借贷记账法的记账符号表示增减，也表示账户中的登记方向。（　）
❽ 收入类账户与费用类账户一般没有期末余额，但有期初余额。（　）
❾ “有借必有贷，借贷必相等”是借贷记账法的记账规则。（　）
❿ 所有资产类账户都是借方登记增加额，贷方登记减少额。（　）

四、业务题

资料：江南制造有限公司本月初有关账户的余额如下。

(1)库存现金	300	(2)银行存款	200 000
(3)原材料	4 700	(4)固定资产	160 000
(5)生产成本	15 000	(6)短期借款	10 000
(7)应付账款	50 000	(8)实收资本	320 000

该企业本月发生如下经济业务。

(1)收到投资者投入的货币资金投资200 000元，已存入银行。

(2)用银行存款40 000元购入不需要安装的设备1台。

(3)购入材料一批，买价和运费共计15 000元。货款尚未支付。

(4)从银行提取现金2 000元。

(5)借入短期借款20 000元，已存入银行。

(6)用银行存款35 000元偿还应付账款。

(7)生产产品领用材料一批，价值12 000元。

(8)用银行存款30 000元偿还短期借款。

要求：

(1)根据所给经济业务编制会计分录。

(2)在T形账户中登记上述业务，并结出各账户的本期发生额及期末余额。

(3)编制试算平衡表。

项目6 填制和审核会计凭证

学习目标

- 知识目标：了解会计凭证的意义，掌握会计凭证的种类；掌握原始凭证和记账凭证的内容及填制方法；了解会计凭证的传递与保管工作。
- 技能目标：能够根据企业的主要经济业务，熟练填制常见的原始凭证；能够审核原始凭证并对审核结果进行正确处理；能够熟练填制收、付、转专用记账凭证；能够熟练填制通用记账凭证，审核记账凭证并正确处理结果。
- 素质目标：培养诚实守信、廉洁自律的职业素养和客观公正的社会责任感。

引导案例

隐匿、故意销毁会计凭证，判有期徒刑1年罚款10万元

犯罪事实陈述：

某公司自成立以来，一直使用公司专门印制的检测凭证用于账目核对，但通过少记收入的方式（大约按每天实际收入的一半）逃避税款。

20××年4月1日，洛阳市税务局稽查局对该公司开展稽查时，调取了该检测站未及时藏匿的4天使用的检测凭证（20××年12月26日至29日）。

20××年4月5日，被告人常某、张某某召集被告人雷某某、马某某、郭某某、蒋某某等人开会研究对策，并要求雷某某、马某某、郭某某、蒋某某等人在面对调查时，统一口径称这4天使用的内部检测凭证系检测站搞活动所用。随后，为防止税务机关发现真相，逃避税务稽查，被告人常某、张某某又指使雷某某、马某某、郭某某、蒋某某等人将历年的内部检测凭证整理后用车辆拉走销毁。被销毁的凭证金额不低于982.493万元。

该公司为逃避税务稽查，销毁会计凭证，违反《会计法》相关规定，老板、会计、出纳6人被判刑1年，罚款10万元。

引导案例

问题

1. 什么是会计凭证？会计凭证包括哪些类型？
2. 上市公司财务部门填制的原始凭证对经济业务有哪些重要影响？
3. 财务部门收集的原始凭证是由谁提供的？原始凭证的审核重要吗？
4. 记账凭证的基本内容和填制要求有哪些？有哪些具体内容？
5. 会计凭证的装订、保管和存查工作有哪些注意事项？
6. 对会计档案的保管重要吗？有哪些注意事项？

任务1 认知会计凭证

任务描述

了解会计凭证的意义，掌握会计凭证的种类。

知识准备

6.1.1 会计凭证的概念

会计凭证：会计凭证是记录经济业务发生或完成情况，明确经济责任，据以登记账簿的书面证明，是会计资料的重要组成部分。

实际工作中，经济业务发生后，需要取得合法的文件，证明经济业务的发生或完成情况，如购货时取得的发票，收款时开出的收款收据等；然后通过编制会计分录，即填写记账凭证的方式确定该项业务涉及哪些账户，增加和减少的金额，以反映该经济业务的来龙去脉；最后，再将所涉及账户的增减变动金额过入账簿中，以分门别类反映某账户的增减变动及余额情况。

合法地取得、正确地填制和审核会计凭证，是会计核算的基本方法之一，是进行会计核算工作的起点和基本环节，也是对经济业务进行日常监督的重要环节。

会计凭证的作用：在会计核算中，会计凭证具有以下重要作用，如图6-1所示。

①记录经济业务。会计凭证是提供交易或事项信息的重要载体。通过会计凭证的填制和审核，可以如实反映各项经济业务的具体情况。只有经过审核无误的会计凭证才能作为登记账簿的依据。

②明确经济责任。任何会计凭证除记录有关经济业务的基本内容外，还必须由有关部门和人员签章，对会计凭证所记录经济业务的真实性、正确性、合法性负责，以防舞弊行为，强化内部控制。如销售发票上要有经手人的签名和销售单位的发票专用章。记账凭证上要有相关经手人的签名或盖章。通过凭证审核还可以发现经营管理上的薄弱环节，总结经验教训，以便采取措施，改进工作。

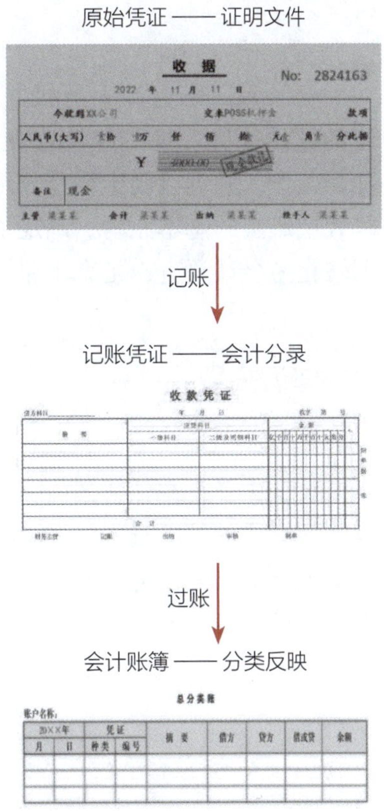

图6-1 会计凭证及作用

③监督经济活动。通过会计凭证的审核，可以查明每一项经济业务是否符合国家有关法律、法规、制度规定，是否符合计划和预算进度，是否有违法乱纪、铺张浪费等行为，监督经济活动的真实性、合法性、合理性。

对于查出的问题，应积极采取纠正措施，及时对经济活动进行事中控制，保证经济活动健康运行，从而有效地发挥会计的监督作用。

6.1.2 会计凭证的种类

会计凭证按照填制的程序和用途不同，分为原始凭证和记账凭证，如图6-2所示。

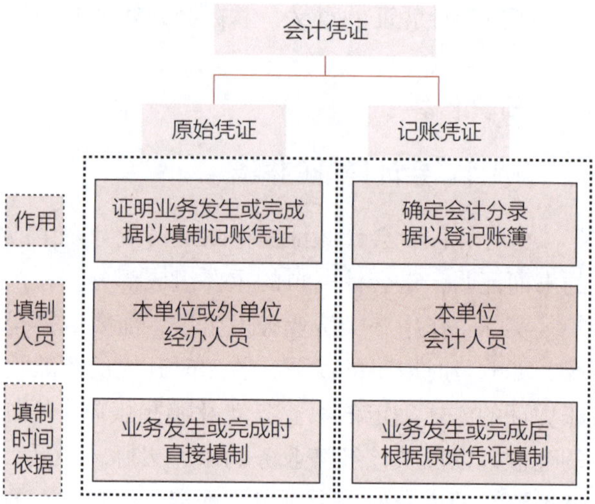

图6-2 会计凭证按填制程序和用途的分类

（1）原始凭证

原始凭证又称单据，是在经济业务发生或完成时取得或填制的，用以记录或证明经济业务的发生或完成情况的书面证明。原始凭证具有法律效力，是会计核算的原始资料和重要依据，如火车票、飞机票行程单、增值税发票等。

（2）记账凭证

记账凭证是会计人员根据审核无误的原始凭证，按照经济业务的内容加以归类，并据以确定会计分录后所填制的书面证明。记账凭证又称为记账凭单，它根据复式记账法的基本原理，确定了应借、应贷的会计科目及其金额，将原始凭证中的一般数据转化为会计语言，是介于原始凭证与账簿之间的中间环节，是登记账簿的依据。

知识拓展

电子凭证

电子凭证是会计凭证的一种，与传统纸质凭证具有同等法律效力，其特点是通过电子数据的方式生成、传输、存储和使用。它可以包括但不限于：电子发票、电子收据、电子银行回单、电子支付凭证（如微信支付、支付宝支付记录）、单位内部生成的电子报销单、费用单等。

任务实施

简述原始凭证和记账凭证的概念，并列举三个以上的原始凭证。

问题研讨

销售合同能作为会计凭证使用吗？为什么？

任务2　填制和审核原始凭证

任务描述

了解原始凭证的种类，熟悉原始凭证的内容，掌握原始凭证的填制与审核方法。

知识准备

6.2.1　原始凭证的分类

原始凭证种类繁多、形式多样，为方便使用，通常按照其来源、格式、填制手续及内容加以分类。

（1）按来源分类

原始凭证按照来源不同，分为自制原始凭证和外来原始凭证，其分类如图6–3所示。

自制原始凭证如表6–1中的出库单。

外来原始凭证如图6–4中的增值税专用发票。

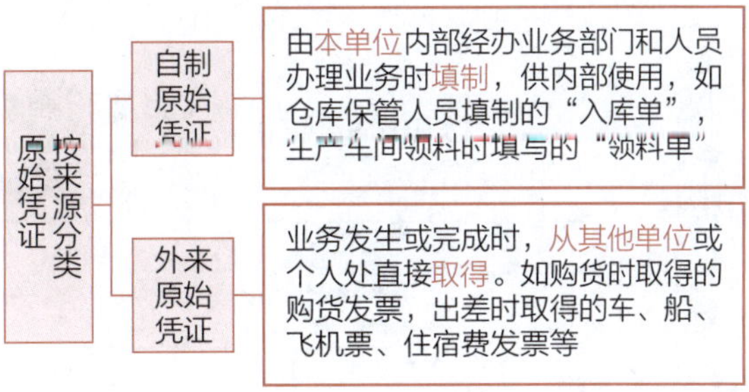

图6–3　原始凭证按来源分类

（2）按格式分类

原始凭证按照格式不同，分为通用凭证和专用凭证，其分类如图6–5所示。

通用记账凭证如图6–4中的增值税专用发票和如图6–6中的银行进账单。

专用凭证如表6–1中的出库单和表6–2中的领料单。

（3）按填制手续及内容分类

原始凭证按照填制手续及内容不同，分为一次凭证、累计凭证、汇总凭证和记账编制凭证，如图6–7所示。

一次凭证一般只反映一项经济业务或者同时反映若干项同类性质的经济业务。一次凭

表6-1 出库单

No：202402151

领料部门：二厂　　　　2024年2月12日

序号	货号	规格	数量	单位	单价	金额	备注
1	A001	粳米5号	200	袋	60	12 000	
2	A002	粳米6号	200	袋	60	12 000	
3	A003	粳米7号	200	袋	65	13 000	
4	A004	粳米8号	200	袋	65	13 000	
合计			800		250	50 000	

领料人：（签章）刘丽　　发料人：（签章）杨阳　　审核：（签章）李琦

表6-2 领料单

领料部门：生产车间　　　　领料编号：20240414012

领料用途：A产品生产　　日　期：2024年4月14日　　收料仓库：002

材料编号	材料类别	材料名称	材料规格	计量单位	数量		单价	金额	备注
					请领	实领			
107	粳米	大米	圆5	千克	600	600	4.2	2 520	
107	粳米	大米	圆5	千克	500	500	4.2	2 100	
107	粳米	大米	圆5	千克	800	800	4.2	3 360	
合计					1 900	1 900		7 980	

生产计划部门负责人：李阳　　供应部门负责人：张伟　　仓库负责人：王宇

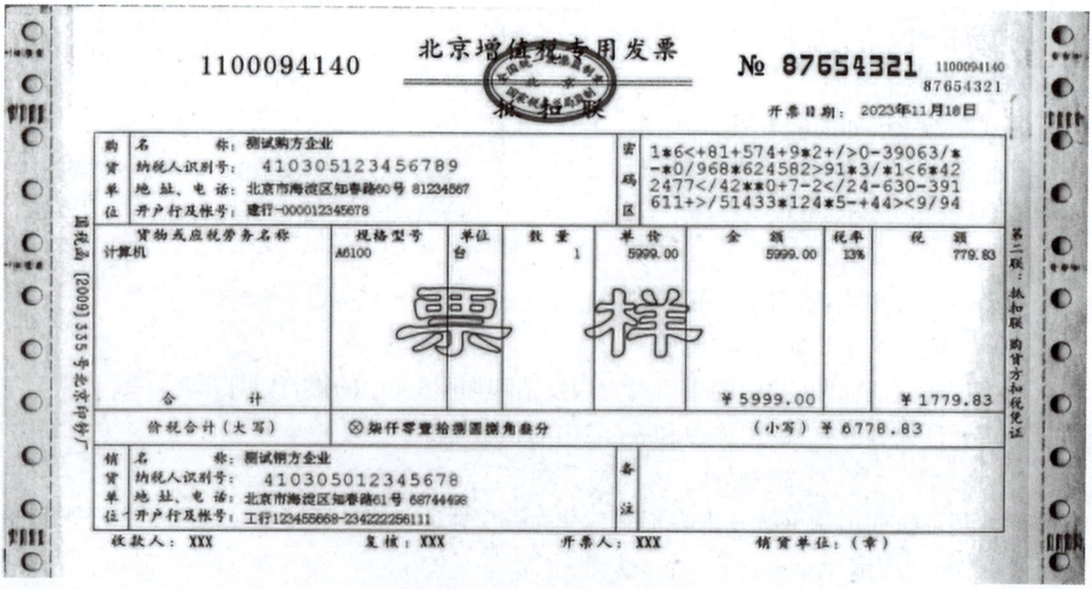

1100094140　北京增值税专用发票　№ 87654321　1100094140　87654321

抵扣联

开票日期：2023年11月18日

购货单位　名称：测试购方企业　纳税人识别号：410305123456789　地址、电话：北京市海淀区知春路60号 81234567　开户行及帐号：建行-000012345678

密码区：1*6<+81+574+9*2+/>0-39063/* -*0/968*624582>91*3/*1<6*42 2477</42**0+7-2</24-630-391 611+>/51433*124*5-+44><9/94

货物或应税劳务名称	规格型号	单位	数量	单价	金额	税率	税额
计算机	A6100	台	1	5999.00	5999.00	13%	779.83
合计					¥5999.00		¥1779.83

价税合计（大写）⊗柒仟零壹拾捌圆捌角叁分　（小写）¥6778.83

销货单位　名称：测试销方企业　纳税人识别号：410305012345678　地址、电话：北京市海淀区知春路61号 68744498　开户行及帐号：工行123455668-234222256111

备注

收款人：XXX　复核：XXX　开票人：XXX　销货单位：（章）

国税函[2009]335号北京印钞厂

第二联：抵扣联 购货方扣税凭证

票样

图6-4 外来原始凭证——增值税专用发票

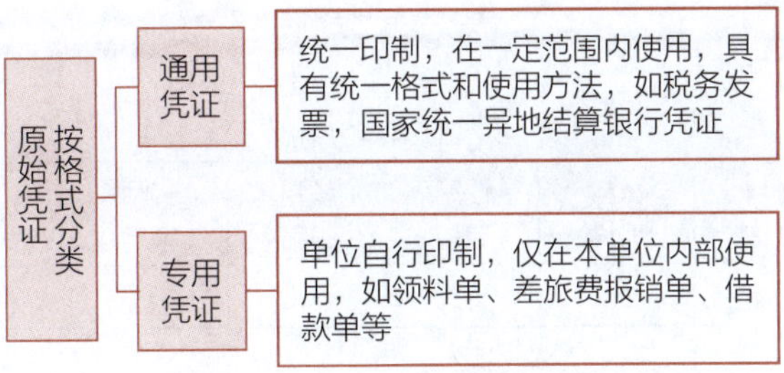

图6-5 原始凭证按格式分类

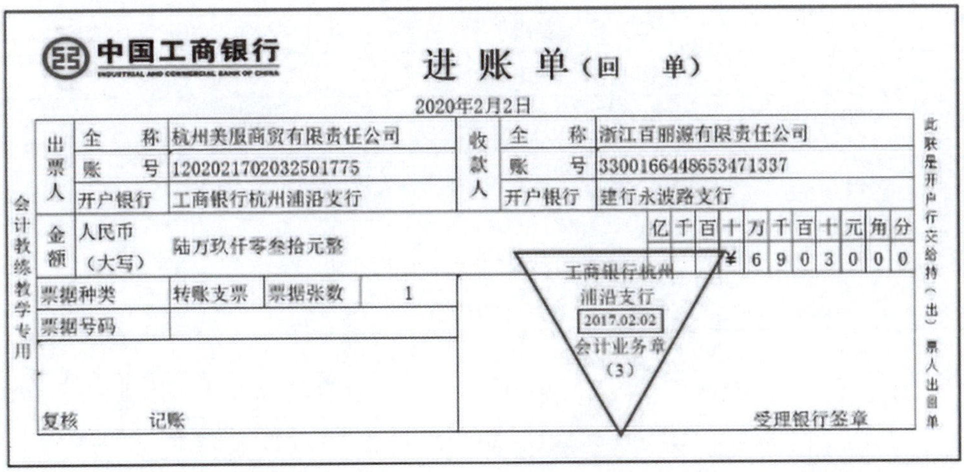

中国工商银行 INDUSTRIAL AND COMMERCIAL BANK OF CHINA

进 账 单（回 单）

2020年2月2日

出票人	全称	杭州美服商贸有限责任公司	收款人	全称	浙江百丽源有限责任公司
	账号	1202021702032501775		账号	3300166448653471337
	开户银行	工商银行杭州浦沿支行		开户银行	建行永波路支行
金额	人民币（大写）	陆万玖仟零叁拾元整		亿千百十万千百十元角分	¥ 6 9 0 3 0 0 0
票据种类	转账支票	票据张数	1		
票据号码					
复核 记账				受理银行签章	

工商银行杭州浦沿支行 2017.02.02 会计业务章（3）

会计教练教学专用

此联是开户行交给持（出）票人的回单

图6-6 外来原始凭证——银行进账单（回单）

证可以是外来的，如图6-4中的增值税专用发票，图6-6中的银行进账单；也可以是自制的，如表6-1中的出库单和表6-2中的领料单。

累计凭证是多次有效的原始凭证。累计凭证通常是企业自制的原始凭证，如表6-3中的限额领料单。

汇总凭证也称原始凭证汇总表，它合并了同类型经济业务，简化了记账工作量，如材料耗用汇总表、工资结算汇总表、差旅费报销单等。材料耗用汇总表如表6-4所示。

记账编制凭证是根据账簿记录，把某一项经济业务加以归类、整理而重新编制的一种会计凭证，如“制造费用分配表”就是根据制造费用明细账填制的。

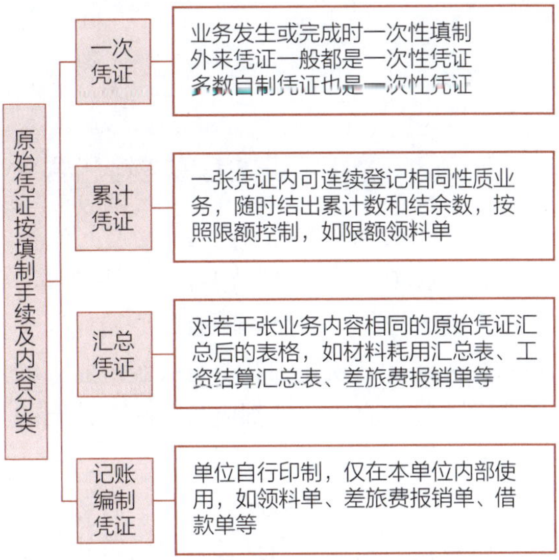

图6-7 原始凭证按填制手续和内容分类

表6-3 限额领料单

领料部门：生产车间　　　　　　　　　　　　　　　　收料仓库：2号
用　　途：B产品生产　　　　2024年2月　　　　　　　编　　号：001

材料类别	材料编号	材料名称	材料规格	计量单位	领料限额	实际领用	单价	金额	备注
粳米	107	大米	圆5	千克	500	480	4.2	2 016	

日期	请领		实发			限额结余	退库	
	数量	签章	数量	发料人	领料人		数量	退库单
2.3	200		200	姜山	王宇	300		
2.12	100		100	姜山	王宇	200		
2.2	180		180	姜山	王宇	20		
合计	480		480			20		

生产计划部门负责人：李阳　　　供应部门负责人：张伟　　　仓库负责人：王宇

表6-4 材料耗用汇总表

2024年2月

领用部门	用途	材料种类								
		A材料		B材料		C材料		D材料		合计
		数量	金额	数量	金额	数量	金额	数量	金额	
一车间		300	1 500			200	2 400	100	400	4 300
二车间		400	2 000	300	2 100			100	400	4 500
三车间		500	2 500			300	3 600	150	600	6 700
合计		1 200	6 000	300	2 100	500	6 000	350	1 400	15 500

会计主管：（签章）孟非　　　审核：（签章）张伟　　　制表：（签章）张扬

6.2.2 原始凭证的基本内容和要求

（1）原始凭证的基本内容

由于各项经济业务的内容和经济管理的要求不同，各个原始凭证的名称、格式和内容也是多种多样的。但是，所有的原始凭证（包括自制的和外来的凭证）都是作为经济业务的原始证据，必须详细载明有关经济业务的发生或完成情况，明确经办单位和人员的经济责任。因此，原始凭证都应具备一些共同的基本内容，通常也称为原始凭证基本要素，如图6-8所示。

（2）原始凭证的要求

原始凭证除了应当具备上述内容外，还应当符合下列要求。

①从外单位取得的原始凭证，必须盖有填制单位的印章；对外开出的原始凭证，必须加盖本单位印章。从个人处取得的原始凭证，必须有填制人员的签名或者盖章。这里所说

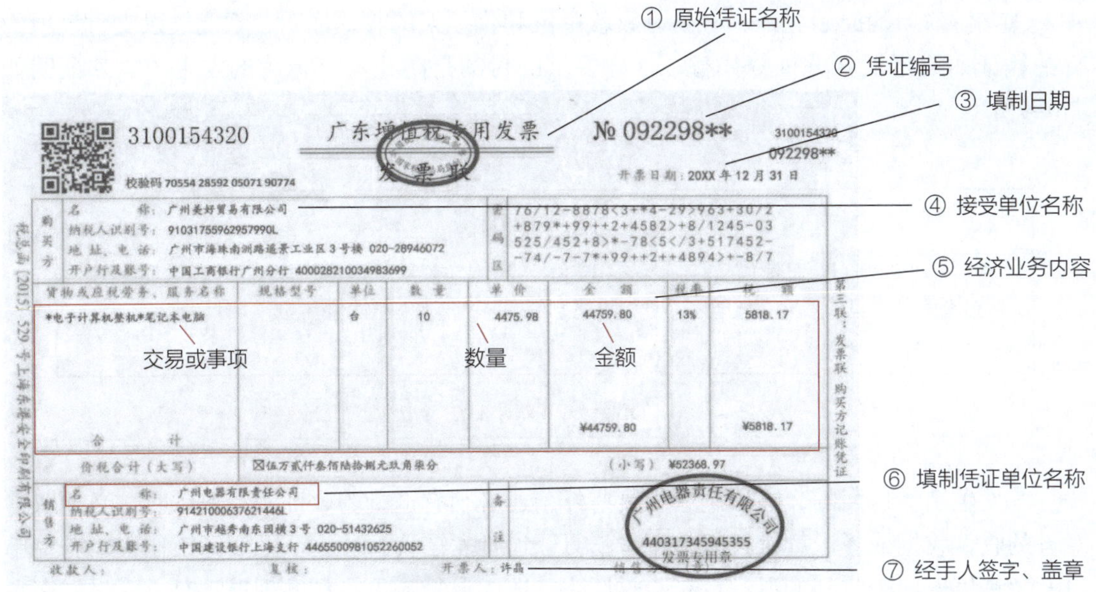

图6-8 原始凭证基本要素

的印章，是指具有法律效力和特定用途，能够证明单位身份和性质的印鉴，包括业务章、财务专用章、发票专用章、结算专用章等，如图6-8中的发票专用章。

②自制的原始凭证，必须有经办单位领导人或者由单位领导人指定的人员签名或者盖章。

③购买实物的原始凭证必须有验收证明。这样要求的目的是明确经济责任，保证账实相符，防止盲目采购，避免物资短缺和流失。实物验收工作由经管实物的人员负责办理，会计人员通过有关的原始凭证进行监督检查。需要入库的实物，必须填写入库单，由实物保管人员验收后在入库单上如实填写实收数额，并加盖印章；不需要入库的实物，除经办人员在凭证上签章外，必须交给实物保管人员或者使用人员验收后在凭证上签章。总之，必须由购买人以外的第三者查证核实后，会计人员才能据以入账。采购入库单如表6-5所示。

表6-5 采购入库单

单据编号：202403543　　来源单号：CG-2024-03-15-34

供 应 商：安徽五湖实业有限公司　　2024年3月15日

仓库	存货编码	存货名称	规格型号	数量	单位	单价	金额	备注	存根	记账	仓库
3号	G004	大米	粳米2号	200	袋	70	14 000				
3号	G005	大米	粳米3号	200	袋	70	14 000				
3号	G006	大米	粳米4号	200	袋	65	13 000				
3号	G007	大米	粳米5号	200	袋	65	13 000				
合计				800			54 000				

制单人：（签章） 刘丽　　审核人：（签章） 陆毅　　质检员：（签章）　　仓管员：（签章）

④支付款项的原始凭证，必须有收款单位和收款人的收款证明，不能仅以支付款项的有关凭证如银行汇款凭证等代替，这样要求的目的是防止舞弊行为的发生。收款证明如图6–9所示。

收款证明

今收到（支付方）：上海中侨食品有限公司支付给我单位（收款方）苏州华能商贸有限公司货款（合同号：HT20230412-002）总计:￥34 800元，（大写）叁万肆仟捌佰元整。特此证明。

图6–9　收款证明

⑤发生销货退回的，除填制退货发票外，还必须有退货验收证明；退款时，必须取得对方的收款收据或者汇款银行的凭证，不得以退货发票代替收据。在实际工作中，有些单位发生销售退回，收到的退货没有验收证明，造成退货流失；在办理退款时，开出红字发票，并以红字发票副本作为本单位付款的原始凭证，既不经对方单位盖章收讫，也不附对方单位收到退款的收据，这种做法容易滋生舞弊行为。因此，发生销货退回及退还款项时，必须填制退货发票并附有退货验收证明和对方的收款收据。如果出现特殊情况，则可先用银行的有关凭证作为临时收据，待收到收款单位的收款证明后，再将其附在原付款凭证之后，作为正式的原始凭证。退货发票如图6–10所示。

北京增值税专用发票

税收分类编码版本号: 38.0

发票代码: 1100151560　发票号码: 00000015　开票日期: 2024年05月16日

购买方
名　　称: 测试
纳税人识别号: 50010220200528001
地址、电话: 北京市海淀区杏石口路甲18号 010-88896666
开户行及账号: 中国民生银行北京紫竹支行 012001 170022475

密码区

货物或应税劳务、服务名称	规格型号	单位	数量	单价(不含税)	金额(不含税)	税率	税额
*机动车*乘用车（排气量在4.0升以上	2222223654	辆	-1	9000.00	-9000.00	13%	-1170.00
合　　计					¥-9000.00		¥-1170.00

价税合计（大写）　(负数)壹万零壹佰柒拾圆整　（小写）¥-10170.00

销售方
名　　称: 纳税人名称
纳税人识别号: 2342445577TEAA245589
地址、电话: 北京市海淀区杏石口路甲9999号 010-88888888
开户行及账号: 中国银行9995551112223336655544

备注: 开具红字增值税专用发票信息表编号5001012105004582

收款人: 航小航　复核: 航小航　开票人: 航小航　销售方:（章）

图6–10　退货发票

⑥职工公出借款凭据，必须附在记账凭证之后。收回借款时，应当开收据或者退还借款副本，不得退还原借款收据，其原因是借款和还回借款是互相联系的两项经济业务，在借款和还回借款发生时，必须分别在会计账目上独自反映出来。因此，不能将原借款收据退还借款人；否则将会使会计资料失去完整性。借款单如图6-11所示。

借款单

20××年3月15日

借款部门	上海分公司销售2部		
借款人	李刚	账号	6222081001097820000
职务	经理	开户行	工商银行
借款用途	出差		
借款金额	（大写）人民币壹万元整（小写）RMB 10000元		
借款部门意见	财务部门意见	核算中心审核	单位领导意见

图6-11 借款单

⑦上级有关部门批准的经济业务，应当将批准文件作为原始凭证附件。如果批准文件需要单独归档，则应当在凭证上注明文件的批准机关名称、日期和文号，以便确认经济业务的审批情况并便于查阅。

6.2.3 原始凭证的填制要求

原始凭证绝大部分不是由财会人员填制的，而是由有关单位或本单位有关业务人员填制的。但是，原始凭证只有经过财会人员审核，才能登记入账。因此，财会人员不仅应掌握原始凭证的内容和填制方法，而且要向有关业务人员说明原始凭证的重要作用，帮助他们掌握正确填制原始凭证的方法。填制原始凭证应符合以下基本要求。

（1）记录要真实

原始凭证所填列的经济业务内容和数字必须真实可靠，符合实际情况，不得歪曲经济业务真相，弄虚作假。对实物的数量和金额的计算要准确无误，不得以匡算和估算数填入。

（2）内容要完整

原始凭证所要求填列的项目必须逐项填列齐全（如日期、名称、签章等），不得遗漏和省略。确实不需要填写的项目要划线标明。

（3）手续要完备

单位取得的原始凭证必须符合手续完备的要求，以明确经济责任，确保凭证的合法性和真实性。自制的原始凭证，应有经办人员和经办单位负责人的签名或盖章。从外单位取得的原始凭证，除某些特殊的外来原始凭证如火车票、汽车票外，必须盖有填制单位的公章或财务专用章，没有公章或财务专用章的原始凭证应视为无效凭证，不能作为编制记账凭证的依据；从个人处取得的原始凭证，必须有填制人员的签名或签章。购买实物的原始凭证，必须有验收证明；支付款项的原始凭证，必须有收款单位和收款人的收款证明，付款人不能自己证明自己已付出款项；出纳人员在办理收款或付款业务后，应在凭证中加盖“收讫”或“付讫”的戳记，以避免重收付。填写到角、分，无角、分的，写“00”或符号“—”，有角无分的，分位写“0”，不得用符号“—”，如图6–12所示。

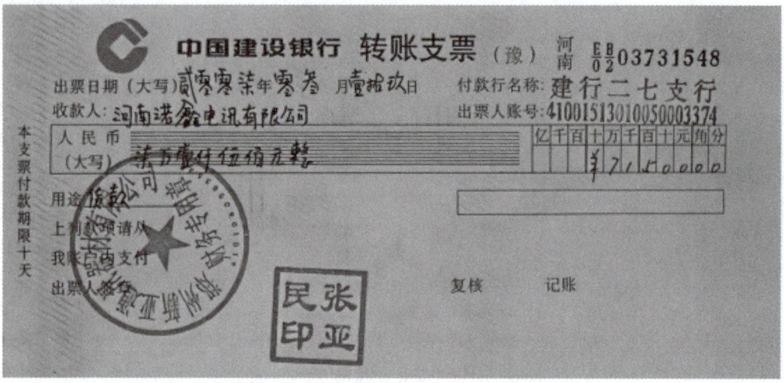

图6–12 原始凭证金额的书写

（4）书写要规范

原始凭证上的文字和数字都须认真填写，字迹清楚，易于辨认，不得使用未经国务院公布的简化汉字。凡是填有大写金额和小写金额的原始凭证，大写金额与小写金额必须相符。原始凭证的填制，除需要复写的外，必须用钢笔或碳素笔书写。填写时应遵守以下要求：

①凭证上阿拉伯数字应当一个一个准确、清晰地书写，不得连笔书写。阿拉伯金额数字前面应当书写货币币种符号或者货币名称简写，如人民币符号为“¥”，美元符号为“$”等。币种符号与阿拉伯数字之间不得留有空白。金额数字一律填写到角、分。

②大写金额用汉字壹、贰、叁、肆、伍、陆、柒、捌、玖、拾、佰、仟、万、亿、元、角、分、零、整等，一律用正楷或行书书写。大写金额前未印有“人民币”字样的，应加写“人民币”三个字。“人民币”字样和大写金额之间不得留有空白。大写金额到元或角为止的，后面要写“整”或“正”字；有分的，不写“整”或“正”字。

③需要填列大写金额的各种凭证，必须有大写的金额，不得只填小写金额。

（5）编号要连续

各种凭证要连续编号，以便核查。发票、支票等重要凭证，如果已预先印定编号，在写错作废时，应加盖“作废”戳记，妥善保管，不得撕毁。对某些重要凭证如支票填写错误，不能更正，更不能撕毁，而应在办理手续后重新填制，作废的凭证要加盖“作废”戳记，按原编号顺序与其他存根联一起保存。

（6）书写要清晰

原始凭证一般要用蓝色或黑色签字笔书写填制，要字迹清晰、易于辨认，不得涂改、刮擦、挖补。原始凭证如错误，应当由出具单位重开或更正，更正处应当加盖出具单位印章。原始凭证金额错误的，应当由出具单位重开，不得在原始凭证上更正。

（7）填制要及时

原始凭证应在经济业务发生或完成时及时填制，并按规定的程序和手续传递给有关部门，以便及时办理后续业务，进行会计审核和记账。

6.2.4 原始凭证的审核

审核原始凭证是保证核算资料真实、准确和合法的重要手段。在会计核算工作中，原始凭证只有经过审核无误后，才能作为填制记账凭证和记账的依据。审核的主要内容包括如下六个方面。

（1）审核原始凭证的真实性

审核内容包括凭证日期是否真实、业务内容是否真实、数据是否真实等。外来原始凭证，必须有填制单位公章和填制人的签章；对自制原始凭证，必须有经办部门和经办人的签名或盖章。此外，对通用原始凭证，还应审核凭证本身的真实性，以防假冒。

（2）审核原始凭证的合法性

审核内容包括审核原始凭证所记录的经济业务是否有违反国家法律法规、制度、政策、合同的情况，是否履行了规定的凭证传递和审核程序，是否有贪污等行为。

（3）审核原始凭证的合理性

审核原始凭证所记录经济业务是否符合企业生产经营活动的需要，是否符合有关的计划和预算等。

（4）审核原始凭证的完整性

审核原始凭证各项基本要素是否齐全，是否有漏项情况，日期是否完整、数字是否清晰、文字是否工整，有关人员签章是否齐全、凭证联次是否正确等。

（5）审核原始凭证的正确性

审核原始凭证各项金额和计算及填写是否正确，包括阿拉伯数字分位填写，不得连写；小写金额前要标明“¥”符号，中间不能留有空位；大写金额前要加“人民币”字样，大写金额与小写金额要相符；凭证中有书写错误的，应采用正确的方法更正，不能采用涂改、刮擦、挖补等不正确方法。

（6）审核原始凭证的及时性

原始凭证的及时性是保证会计信息及时性的基础，为此，要求在经济业务发生或完成时及时填制有关原始凭证，及时进行凭证的传递。

审核时应注意审查凭证的填制日期，尤其是支票、银行汇票、银行本票等时效性较强的原始凭证，更应仔细验证其签发日期。

6.2.5 原始凭证错误的更正

为了规范原始凭证的填制，明确相关人员的经济责任，防止利用原始凭证舞弊，《会计法》规定了更正原始凭证错误的具体要求。

（1）原始凭证所记载的各项内容均不得涂改。随意涂改的原始凭证即为无效凭证，不能作为填制记账凭证或登记会计账簿的依据。

（2）原始凭证记载内容有错误的，应当由开具单位重开或更正，并在更正处加盖出具凭证单位印章。

（3）原始凭证金额出现错误的，不得更正，只能由原始凭证开具单位重新开具。

（4）原始凭证开具单位应当依法开具准确无误的原始凭证。对于填制有误的原始凭证，负有更正和重新开具的法律义务，不得拒绝。

知识拓展

增值税发票和普通发票的区别和填制方法

任务实施

填制原始凭证并审核

要求：针对以下经济业务填制原始凭证并审核。

业务背景：2024年9月10日，上海中侨食品有限公司从苏州志诚实业有限公司购入5 000斤花生（山花9号）用于制作花生酱，如数验收入库，采购单价2.4元，运费600元，花生的材料编号为135。

要求：填制收料单并说明收料单各联次用途，填入下表。

分析：收料单通常由仓库保管员在材料验收时填写；收料单的填写过程包括填写基本信息、审核、后续记账凭证处理；收料单通常是一式三联，也有一式四联。各联的作用如下：

第一联为存根联，留作保管备查。

第二联为记账联，留给会计部门作为入库材料核算依据。

第三联为保管联，留作仓库作为入库登记材料明细账依据。

这样的设计使得收料单不仅记录了材料的验收入库情况，还为后续的财务管理和库存管理提供了便利。通过不同的联次，可以方便地进行库存的物理管理和财务记录，确保了材料的准确入账和财务的准确核算。

收料单

供货单位：苏州志诚实业有限公司 凭证编号：001

发票号码：No.08746583 年 月 日 收料仓库

材料编号	材料名称	规格	计量单位	数量		金额			
				应收	实收	单价	买价	运杂费	合计
合计									

仓库负责人： 记账： 收料：

收料单的联次及用途

联次	用途
第一联	
第二联	
第三联	

> 审核：收料单审核包括检查收货手续是否齐全，填写内容是否规范，审核录入电脑系统的日期、单号、供货单位名称、数量和金额是否与原始单据一致，以及金额与报价单、采购申请单是否一致

问题研讨

数电票时代对企业会计凭证填制和审核有何影响？

任务3 填制和审核记账凭证

任务描述

完成记账凭证的填制与审核工作，必须了解记账凭证的种类，熟悉记账凭证的内容，掌握记账凭证的填制与审核方法。

知识准备

6.3.1 记账凭证的种类

（1）按反映经济业务内容分类

记账凭证按其反映经济业务的内容不同，可以分为收款凭证、付款凭证和转账凭证，如图6–13所示。

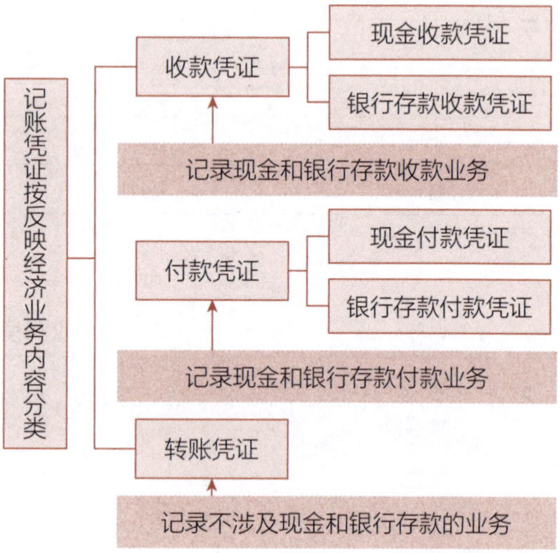

图6–13 记账凭证按反映经济业务内容分类

①收款凭证是根据库存现金收入业务和银行存款收入业务的原始凭证填制的，作为登记现金和银行存款等有关账簿的依据，又可以分为现金收款凭证和银行存款收款凭证。格式如图6–14所示。

②付款凭证是根据库存现金和银行存款付款业务的原始凭证填制的，既是出纳付款的依据，也是企业据以登记现金和银行存款等有关账簿的依据，又可以分为现金付款凭证和银行存款付款凭证，格式如图6–15所示。

③转账凭证。转账凭证是根据有关转账业务，即在经济业务发生时，不需要收付现金或银行存款的各项业务的原始凭证填制的。转账凭证的格式如图6–16所示。

对于经济业务较简单、规模较小、收付业务较少的单位，为了简化核算，还可以采用通用记账凭证来记录所有经济业务。通用记账凭证是指对全部业务不再区分收款、付款和转账业务，而将所有经济业务统一编号，在同一格式的凭证中进行记录。通用记账凭证格式如图6–17所示。

收 款 凭 证

借方科目____________　　　　年　月　日　　　　收字　第　号

摘要	应贷科目		金额											✓
	一级科目	二级及明细科目	亿	千	百	十	万	千	百	十	元	角	分	
	合计													

附单据　张

财务主管　　记账　　出纳　　审核　　制单

图6–14 收款凭证

付款凭证

贷方科目__________　　　　年　月　日　　　　付字　第　号

摘要	应借科目		金额											✓
	一级科目	二级及明细科目	亿	千	百	十	万	千	百	十	元	角	分	
合计														

附单据　张

财务主管　　记账　　出纳　　审核　　制单

图6-15　付款凭证

转账凭证

年　月　日　　　　转字　第　号

摘要	会计科目		借方金额											贷方金额											✓
	一级科目	明细科目	亿	千	百	十	万	千	百	十	元	角	分	亿	千	百	十	万	千	百	十	元	角	分	
合计																									

附单据　张

财务主管　　记账　　出纳　　审核　　制单

图6-16　转账凭证

记账凭证

年　月　日　　　　记字　第　号

摘要	会计科目		借方金额											贷方金额											✓
	总账科目	明细科目	亿	千	百	十	万	千	百	十	元	角	分	亿	千	百	十	万	千	百	十	元	角	分	
合计																									

附单据　张

财务主管　　记账　　出纳　　审核　　制单

图6-17　通用记账凭证

（2）按填制方式分类

记账凭证按填制方式可分为单式记账凭证和复式记账凭证，如图6-18所示。

①复式凭证。复式凭证可集中反映一项经济业务的科目对应关系，便于分析对照，了解有关经济业务的全貌，而且减少了凭证数量；但采用复式凭证不便于同时汇总计算每一个账户的发生额，也不利于会计人员分工记账。

② 单式凭证。单式凭证将一项经济业务所涉及的会计科目及其对应关系，通过借项记账凭证、贷项记账凭证分别予以反映。单式凭证便于汇总计算每一会计科目的发生额和分工记账，方便了记账凭证汇总表的编制。但是采用单式凭证不能在一张凭证上反映对应关系和经济业务的全貌，也不便于查账。因此单式凭证适用于业务量较大、会计部门内部分工较细的单位。单式记账凭证如图6-19所示。

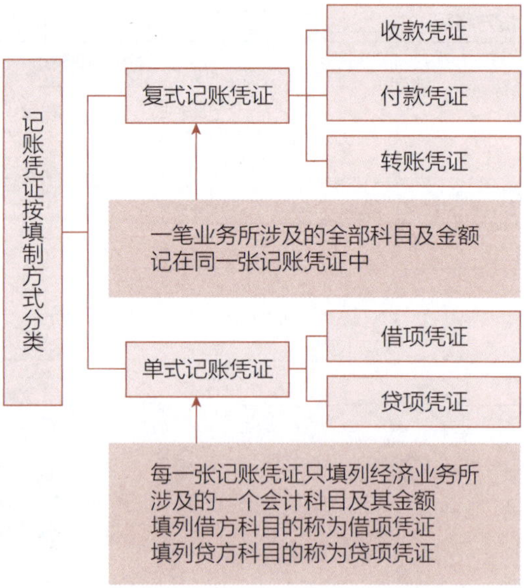

图6-18　记账凭证按填制方式分类

借项记账凭证

借方科目：原材料　　2024年6月12日　　凭证编号9号

摘要	一级科目	明细科目	账页	金额
购甲材料	原材料	甲材料		8 000
购乙材料	原材料	乙材料		13 500
对应科目	银行存款			

会计主管：李平　记账：赵刚　稽核：刘宇　制单：张强　出纳：

贷项记账凭证

贷方科目：银行存款　　2024年6月12日　　凭证编号10号

摘要	一级科目	明细科目	账页	金额
购甲材料	银行存款			8 000
购乙材料	银行存款			13 500
对应科目	原材料			

会计主管：李平　记账：赵刚　稽核：刘宇　制单：张强　出纳：何燕

图6-19　单式记账凭证

6.3.2 记账凭证的基本内容和填制要求

（1）记账凭证的基本内容

由于原始凭证只表明经济业务的内容，而且种类繁多、数量庞大、格式不一，因此不能直接记账。为了做到分类反映经济业务的内容，必须按会计核算方法的要求，将原始凭证归类、整理，并编制记账凭证，标明经济业务应记入的账户名称及应借应贷的金额，作为直接记账的依据。记账凭证必须具备以下内容，如图6-20所示。

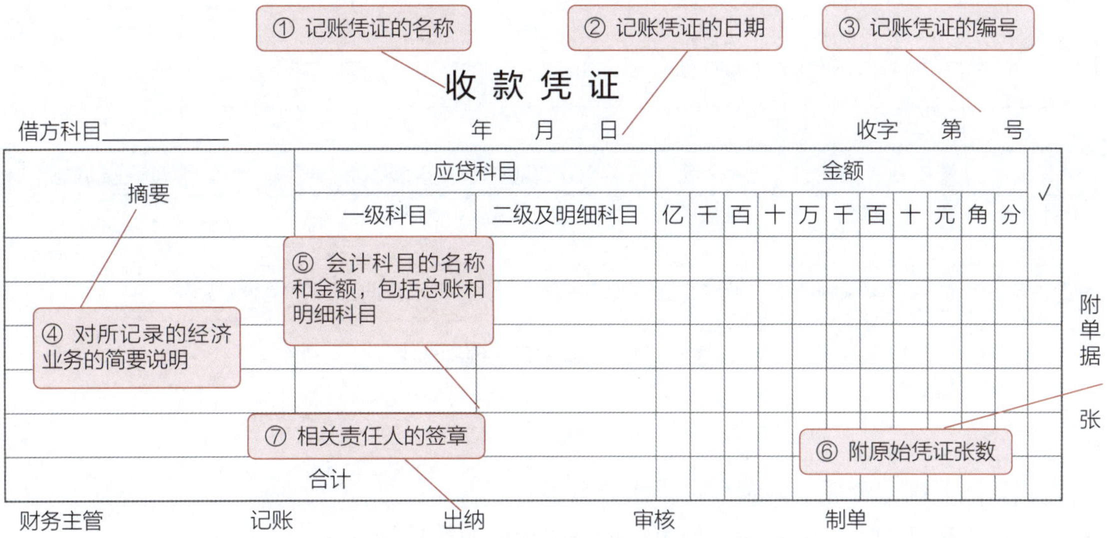

注：记账凭证下面的签字顺序：制单——审核——财务主管——出纳——记账。

图6-20 记账凭证的基本内容

（2）记账凭证的填制要求

根据会计事项及其原始凭证填制记账凭证是会计记录程序的首要步骤，记账凭证的填制过程包含了对经济活动的初始确认与计量。因此，记账凭证的填制对整个会计信息系统至关重要，其直接影响整个财务报表的信息质量。填制记账凭证的基本要求如图6-21所示。

①记账凭证各项内容必须完整。正确填写摘要以及一级科目、二级科目或明细科目，账户的对应关系和金额都应正确无误。

②记账凭证应连续编号。记账凭证编号时可根据不同的情况采用不同的编号方法。例如，业务量极少的单位可按年编顺序号；采用收、付、转三种记账凭证的单位，应采用字号编号法，即把不同类型的记账凭证用字加以区别，再把同类记账凭证顺序号加以连续编号。三种格式的记账凭证，采用字号编号法时，具体地编为“收字第××号”“付字第××号”“转字第××号”。例如，5月12日收到一笔现金，是该月第30笔收款业务，记录该笔经济业务的记账凭证的编号为“收字第30号”。如果一笔经济业务需要填制一张以上

② 记账凭证应连续编号

① 记账凭证各项内容必须完整

记 账 凭 证

2024年04月01日　　　　凭证编号　1

摘要	会计科目		借方金额	贷方金额	记账签章
	总账科目	明细科目			
材料验收入库	原材料	A材料	2 440.00		
材料验收入库	原材料	B材料	6 120.00		
材料验收入库	在途物资	A材料		2 440.00	
材料验收入库	在途物资	A材料		6 120.00	
合计金额			¥8 560.00	¥8 560.00	

附件 2 张

会计主管　　记账　　稽核　　出纳　　制单　张力

③ 记账凭证的书写应清楚、规范

④ 必须依据经审核无误的原始凭证

⑦ 如发生错误应当重新填制　　⑥ 空行处划线注销　　⑤ 记账凭证后必须附有原始凭证

图6-21　记账凭证的填制要求

的记账凭证，则记账凭证的编号可采用分数编号法。

③记账凭证的书写应清楚、规范。相关要求同原始凭证。

④必须依据经审核无误的原始凭证。填制记账凭证的依据必须是经审核无误的原始凭证，可以根据每一张原始凭证填制，或根据若干张同类原始凭证汇总编制，也可以根据原始凭证汇总表填制。但不得将不同内容和类别的原始凭证汇总填制在一张记账凭证上，否则，经济业务的具体内容不清楚，难以填写摘要，会计科目也因没有明确的对应关系而无法显示经济业务的来龙去脉，容易造成会计账簿记录的错误。

⑤记账凭证后必须附有原始凭证。除结账和更正错误的记账凭证可以不附原始凭证外，其他记账凭证必须附有原始凭证。记账凭证上注明所附的原始凭证张数，以便查核。如果根据同一原始凭证填制数张记账凭证，则应在未附原始凭证的记账凭证上注明“附件××张，见第××号记账凭证”。如果原始凭证需要另行保管，则应在附件栏内加以注明。

⑥空行处划线注销。记账凭证填制完经济业务后，如有空行，应当自金额栏最后一笔金额数字下的空行处至合计数上的空行处划线注销，以堵塞漏洞，严密会计核算手续。

⑦如发生错误应当重新填制。填制记账凭证若发生错误，应当重新填制。已登记入账的记账凭证在当年内发现填写错误，可以用红字填写一张与原内容相同的记账凭证，在摘要栏注明“注销某月某日某号凭证”，同时再用蓝字重新填制一张正确的记账凭证，注明“订正某月某日某号凭证”。如果会计科目没有错误，只是金额错误，也可根据正确数字

与错误数字之间的差额另编一张调整的记账凭证，调增金额用蓝字，调减金额用红字。发现以前年度记账凭证有误的，应当用蓝字填制一张更正的记账凭证。

6.3.3 记账凭证的填制方法

（1）收款凭证的填制方法

收款凭证是用来记录货币资金收款业务的凭证，它是会计人员根据审核无误的原始凭证收款后填写的，其填制方法如图6-22所示。

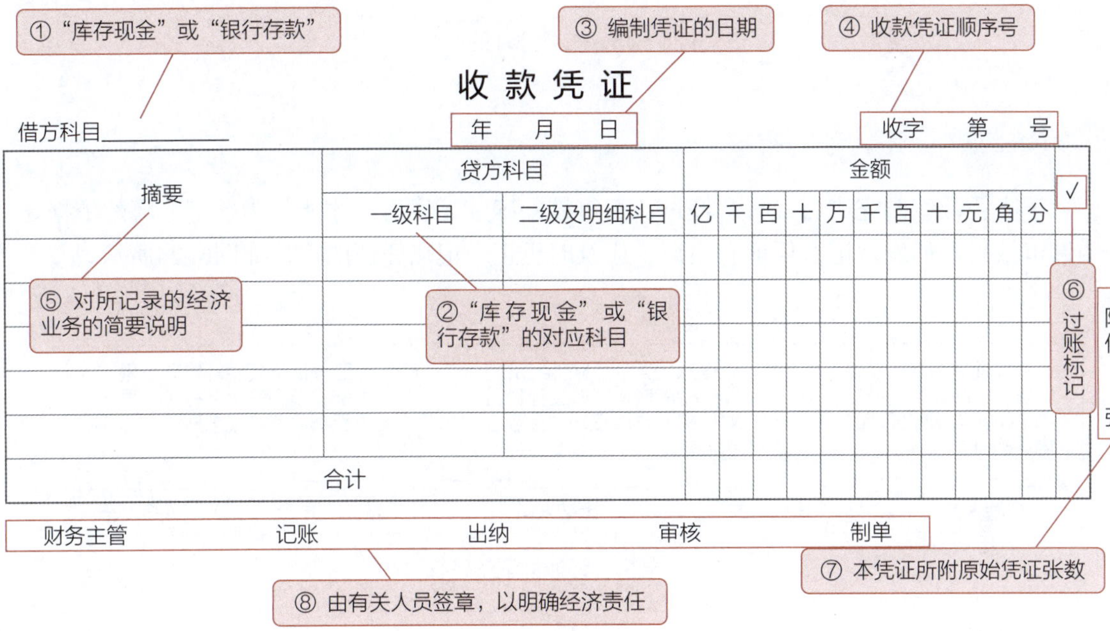

图6-22 收款凭证的填制方法

（2）付款凭证的填制方法

付款凭证的编制方法与收款凭证基本相同，只是左上角由“借方科目”换为“贷方科目”，凭证中间的“贷方科目”换为“借方科目”。付款凭证的填制如图6-23所示。

涉及“库存现金”和“银行存款”之间的经济业务一般只编制付款凭证，不编制收款凭证，以强化对付款业务的管理。

（3）转账凭证的填制方法

转账凭证是用以记录与货币资金收付无关的转账业务的凭证，如原材料的领用、成本的结转等，它是会计人员根据审核无误的转账原始凭证填制的。在借贷记账法下，将经济业务所涉及的会计科目全部填列在凭证内，借方科目在先，贷方科目在后，将各会计科目应借应贷的金额填列在“借方金额”或“贷方金额”栏内。借、贷方金额合计数应该相等。制单人应在填制凭证后签名盖章，并在凭证的右侧填写所附原始凭证的张数。

付 款 凭 证

付字第 2 号

贷方科目 银行存款　　2024年4月2日　　附件 2 张

对方单位	摘要	借方科目		金额	记账符号
		总账科目	明细科目		
运输公司	支付B材料运费	材料采购	B材料	3 500.00	
银行结算方式票号：			合计	3 500.00	

会计主管：赵红　记账：李江　稽核：钱华　出纳：孙丽　制证：张凯

图6-23　付款凭证的填制

6.3.4　记账凭证的审核

记账凭证编制完成后，只有经过认真审核并确定无误后，才能作为登记账簿的依据。经过审核后，如发现记账凭证有错误，应及时更正。记账凭证的审核如图6-24所示。

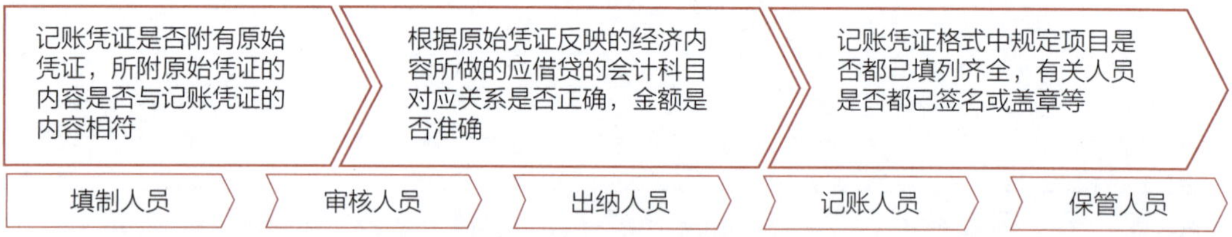

图6-24　记账凭证的审核

知识拓展

会计凭证的类别细分

任务实施

记账凭证的填制和审核

要求：针对以下各项经济业务选择填制合适的记账凭证并审核。

（1）上海中侨食品有限公司2024年3月20日收到银行转来的一张银行收款通知单，系上海弘阳实业有限公司偿还所欠货款8 000元，是该公司3月第8笔银行收款业务。原始凭证附有银行收款通知单和客户转账凭证。根据原始凭证填制记账凭证。

分析：该笔业务涉及银行存款和应收账款账户，应填制收款凭证。

（2）上海中侨食品有限公司2024年3月6日以现金支付采购员张丽预借差旅费3 000元，是该公司3月第7笔现金付款业务。原始凭证附有差旅费预借款申请单和转账记录。根据原始凭证填制记账凭证。

分析：该笔业务涉及银行存款和其他应收款账户，应填制付款凭证。

（3）上海中侨食品有限公司2024年3月31日发出产品27 000元（销项税暂不考虑），冲减上海智达实业有限公司的预收款，是该公司3月第9笔转账业务。原始凭证附有销货发票、产品出库单、提货单和收款收据。根据原始凭证填制记账凭证。

分析：该笔业务涉及销售收入、销售成本、预收账款和库存商品账户，应填制转账凭证。

（4）上海中侨食品有限公司2024年3月20日从银行提取现金800元备用，是该公司第107笔业务。原始凭证附有现金支票存根。根据原始凭证填制通用记账凭证。

分析：该笔业务涉及银行存款和库存现金账户，要求填制通用记账凭证。

问题研讨

（1）记账凭证填制时常见的错误有哪些？

（2）不同记账凭证种类如何选用？什么情况下选用通用记账凭证？

任务4　会计凭证的传递和保管

任务描述

了解会计凭证的传递和保管，熟悉会计凭证的归档和存查工作。

知识准备

6.4.1　会计凭证的传递

会计凭证的传递是指从会计凭证的填制或取得时开始，经过填制、稽核、记账，直到归档保管为止，在本单位内部有关职能部门和人员之间的传递路线、传递时间和衔接手续。如图6-25所示为财务报销流程图。

会计凭证的传递应当遵循内部控制制度的要求，使传递程序合理、有效，同时尽量节约传递时间，节省传递的工作量。会计凭证传递的基本要求如下。

（1）会计凭证传递程序上的要求

要根据经济业务的特点、企业内部的机构设置和人员分工情况以及管理上的要求等，具体规定各种凭证的联数和传递程序，使有关部门既能按规定手续处理业务，又能利用凭证资料掌握情况，提供数据，协调一致，同时要注意流程合理，避免不必要的环节，以加快传递速度。会计凭证的传递时间、衔接手续和传递程序明确后，可制成凭证流转图，制定凭证传递程序，规定凭证传递的路线、环节，以及各环节上的时间。处理内容及交接手续，使凭证传递工作有条不紊，迅速有效地进行。

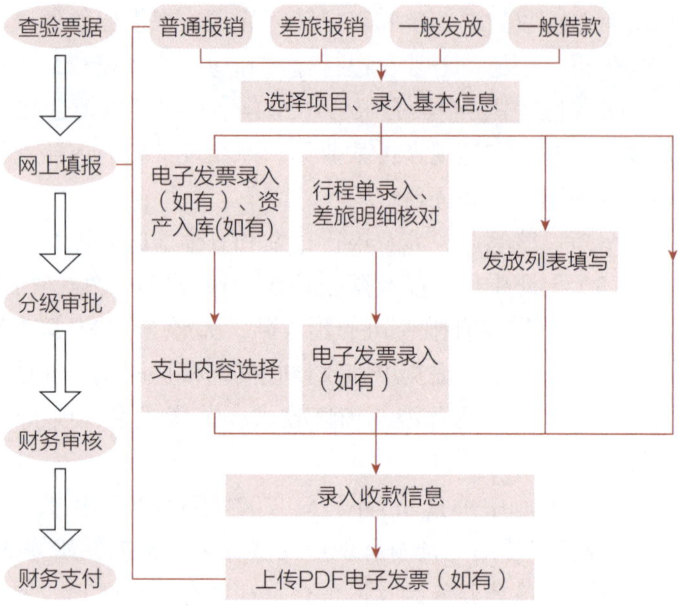

图6-25　财务报销流程图

（2）会计凭证传递时间上的要求

要根据各部门和有关人员正常情况下的工作内容和工作量，合理确定会计凭证在各环节停留的最长时间，做到不拖延和积压会计凭证，保证会计工作的正常进行。所有的会计凭证的传递和处理都应在会计报告期内完成，不允许跨期。

（3）会计凭证传递衔接手续上的要求

要根据有关部门和人员的业务及分工情况，按规定有效制定完备、严密、简便易行的衔接手续，凭证的收发、交接都应按一定的手续制度办理，避免凭证在不必要的环节停留，使有关部门和人员及时了解情况，掌握资料并按规定手续进行工作。

6.4.2　会计凭证的保管

会计凭证的保管是指会计凭证记账后的整理、装订、归档和存查。会计凭证作为记账的依据，是重要的会计档案，更是法律案件处理的有效证据。单位必须将会计凭证按规定的制度形成会计档案资料，妥善保管，防止丢失，不得任意销毁。

会计凭证主要有以下保管要求。

①会计凭证应定期装订成册，防止散失。会计部门在依据会计凭证记账以后，应定期（每天、每旬或每月）对各种会计凭证进行分类整理，将各种记账凭证按照编号顺序，连同所附的原始凭证一起加具封面和封底，装订成册，并在装订线上加贴封签，由装订人员在装订线封签处签名或盖章。从外单位取得的原始凭证遗失时，应取得原签发单位盖有公章的证明，并注明原始凭证的号码、金额、内容等，由经办单位会计机构负责人（会计主管人员）和单位负责人批准后，才能代作原始凭证。若确实无法取得证明的，如车票丢

失，则应由当事人写明详细情况，由经办单位会计机构负责人（会计主管人员）和单位负责人批准后，代作原始凭证。

②会计凭证封面应注明单位名称、凭证种类、凭证张数、起止号数、年度、月份、会计主管人员、装订人员等有关事项，会计主管人员和保管人员应在封面上签章，如图6-26所示。

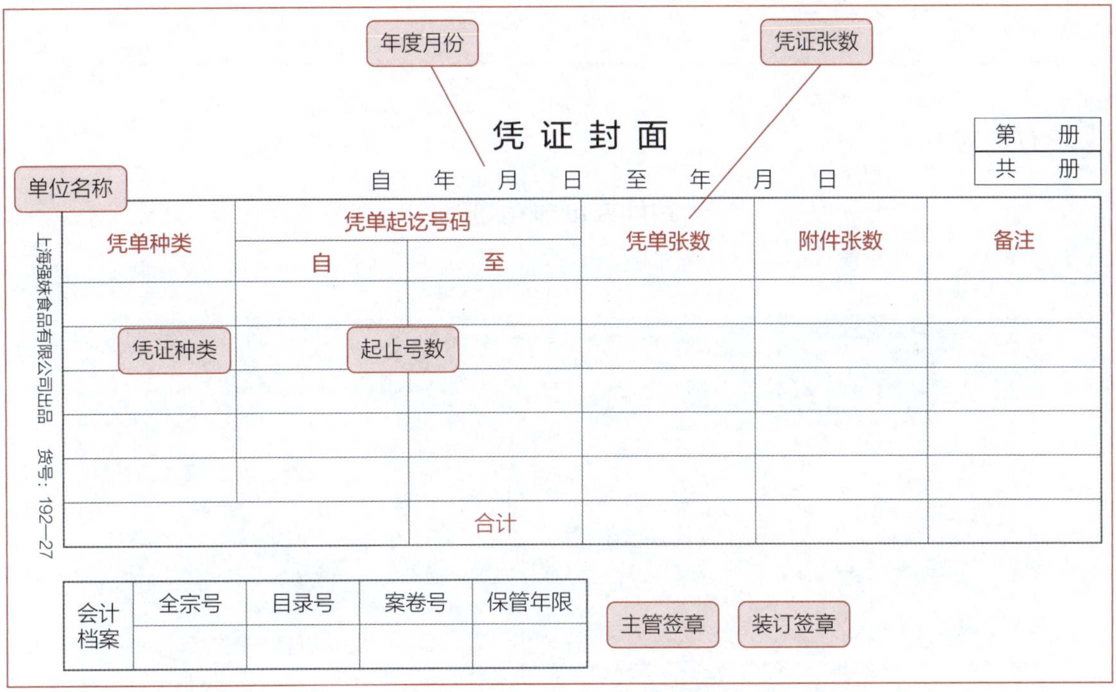

图6-26 会计凭证装订封面

③会计凭证应加贴封条，防止被抽换。原始凭证不得外借，其他单位如有特殊原因确实需要使用，则经本单位会计机构负责人、会计主管人员批准可以复印。向外单位提供原始凭证复印件，应在专设的登记簿上登记，并由提供人员和收取人员共同签名、盖章。

④原始凭证较多时，可单独装订，但应在凭证封面上注明所属记账凭证的日期、编号和种类，同时在所属的记账凭证上应注明“附件订”及原始凭证的名称和编号，以便查阅。

⑤每年装订成册的会计凭证，在年度终了时可暂由单位会计机构保管1年，期满后应当移交本单位档案机构统一保管；未设立档案机构的，应当在会计机构内部指定专人保管。出纳人员不得兼管会计档案。

⑥严格遵守会计凭证的保管期限要求，期满前不得任意销毁。

知识拓展

电算化环境下
会计凭证的传递与保管

任务实施

会计凭证装订练习

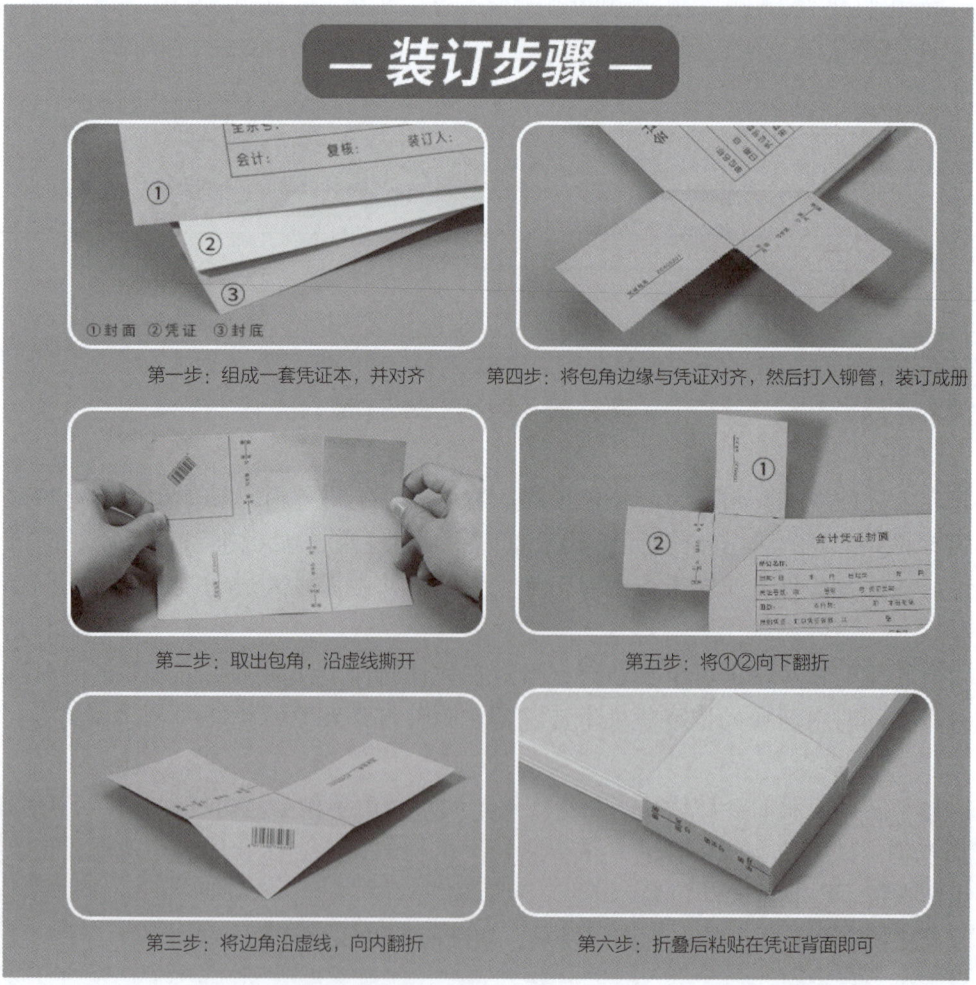

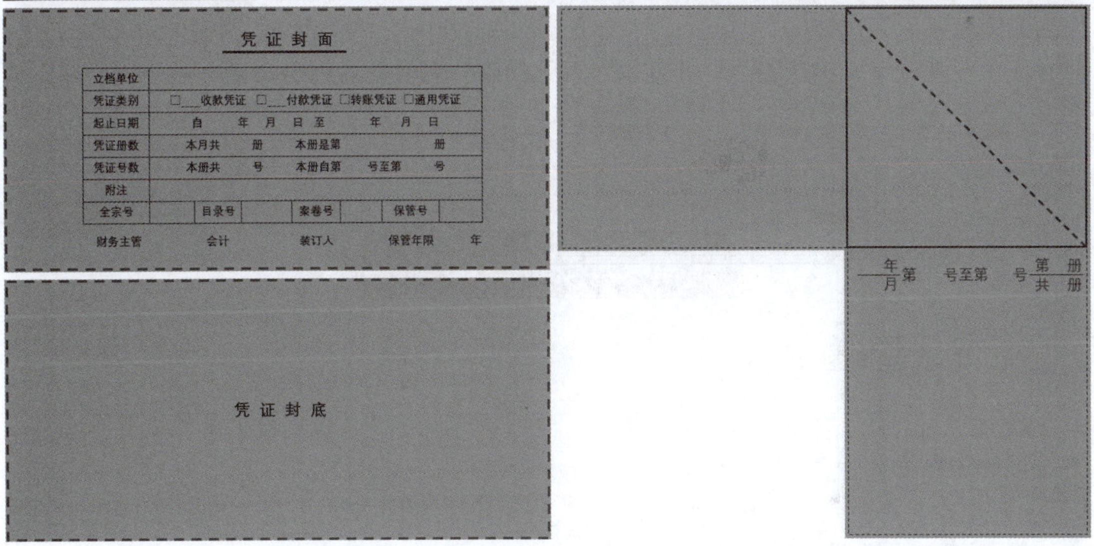

要求：按照图示方法练习装订会计凭证。

问题研讨

企业的电子凭证应如何保管？是否需要打印出纸质凭证保管？

思政课堂

会计人员在执行业务过程中，应严格遵守有关法律法规的规定，以实际发生的经济业务为依据进行会计核算，不得伪造、变造会计凭证、会计账簿，编制虚假财务报告。

案例

2024年3月29日，××股份有限公司关于收到中国证券监督管理委员会青海监管局《行政处罚决定书》的公告中披露，2022年上半年，该股份有限公司通过编造《清单预计量表》《清单预计量汇总表》《中期价款预计量表》的方式，虚构重庆鑫发、循化通森两家供应商工程量、虚增合同履约成本。该情况导致××股份2022年半年度报告存在虚假记载，虚增营业成本10 149 128.12 元，占当期营业总成本的1.05%；虚增营业收入13 532 170.83元，占当期营业收入总额的1.41%；虚增利润3 383 042.71 元，占当期利润总额的11.11%。

上述违法事实，有财务凭证、相关业务资料、公司公告、相关人员询问笔录、情况说明等证据证明，足以认定。××股份有限公司的上述行为违反了《证券法》的规定，构成违法行为。××股份有限公司被警告、责令改正，并处以150万元罚款；对时任董事长金××给予警告，并处以230万元罚款，其中，作为直接负责的主管人员处以80万元罚款，作为实际控制人处以150万元罚款；对时任财务总监王××给予警告，并处以60万元罚款；对时任总经理任××给予警告，并处以70万元罚款；对时任监视巴××，时任公司副总裁李××给予警告，并分别处以50万元罚款。

知识测试和能力训练

一、单项选择题

❶（　　）是记录经济业务完成情况，明确经济责任，并据以登记账簿的书面证明，是登记账簿的依据。

A. 原始凭证　　B. 记账凭证　　C. 会计凭证　　D. 通用凭证

❷ 下列不属于原始凭证的是（　　）。

A. 发货票　　B. 借据　　C. 经济合同　　D. 运费结算凭证

❸ 原始凭证金额有错误的，应当（　　）。

A. 在原始凭证上更正

B. 由出具单位更正并且加盖公章

C. 由经办人更正

D. 由出具单位重开，不得在原始凭证上更正

❹ 从银行提取现金的业务，应编制（　　）。

A. 现金收款凭证　　B. 银行存款收款凭证

C. 现金付款凭证　　D. 银行存款付款凭证

❺ 企业职工差旅费报销单、车间领料单属于（　　）。

A. 外来凭证　　B. 累计凭证　　C. 一次凭证　　D. 自制凭证

❻ 下列属于汇总凭证的是（　　）。

A. 科目汇总表　　B. 汇总记账凭证

C. 限额领料单　　D. 工资结算汇总表

❼ 在审核原始凭证时，对内容不完整、填写有错误或手续不完备的原始凭证，应该（　　）。

A. 拒绝办理，并向本单位负责人报告

B. 予以抵制，对经办人员进行批评
C. 由会计人员重新编制或予以更正
D. 予以退回，要求更正补充，以至重新编制

❽ 审核原始凭证所记录的经济业务是否符合企业生产经营活动的需要，是否符合有关的计划和预算，属于（　　）审核。
A. 真实性　　B. 合法性　　C. 合理性　　D. 完整性

❾ 下列业务中，应该填制现金收款凭证的是（　　）。
A. 出售材料一批，款未收　　B. 从银行提取现金
C. 出租设备，收到一张转账支票　　D. 报废一台电脑，出售残料收到现金

❿ 付款凭证中，“金额”栏合计数表示（　　）。
A. 借方发生额　　B. 贷方发生额
C. 借贷双方的记账金额　　D. 借方金额扣减贷方金额后的净额

二、多项选择题

❶ 记账凭证必须具备（　　）的签名或盖章。
A. 审核人员　　B. 会计主管人员　　C. 记账人员　　D. 制单人员

❷ 在填制的付款凭证中“借方科目”可能涉及（　　）账户。
A. 库存现金　　B. 银行存款　　C. 应付账款　　D. 应交税费

❸ 在制定会计凭证的传递程序时，应当考虑的三个问题是（　　）。
A. 制定科学合理的传递程序　　B. 确定合理的停留时间
C. 建立凭证交接的签收制度　　D. 完善企业内部控制制度

❹ 会计凭证的保管要求有（　　）。
A. 会计凭证应定期装订成册，防止散失
B. 会计凭证封面上要内容完整，项目齐全
C. 会计凭证应加贴封条，防止抽换凭证
D. 严格遵守会计凭证的保管期限要求，期满前不得任意销毁

❺ 原始凭证按取得的来源不同可以分为（　　）。
A. 外来原始凭证　　B. 自制原始凭证　　C. 通用凭证　　D. 专用凭证

❻ 在制定科学合理的会计凭证传递程序时，应当考虑的因素有（　　）。
A. 企业内部机构的设置和人员分工情况　　B. 经济业务的特点
C. 管理上的需要　　D. 主管部门的要求

❼ 下列属于自制原始凭证的有（　　）。
A. 收料单　　B. 领料单、限额领料单
C. 产成品入库单、产成品出库单　　D. 借款单

❽ 下列属于外来原始凭证的有（　　）。
A. 购买货物时取得的发票　　B. 对外支付款项时取得的收据
C. 行政事业性收费票据　　D. 出差取得的车票、住宿费发票

❾ 审核原始凭证的合法性包括审核所记录的经济业务（　　）。

A. 是否违反国家法律法规　　B. 是否符合规定的审核权限

C. 是否履行了规定的凭证传递和审核程序　　D. 是否有贪污腐化的行为

❿ 记账凭证的基本内容包括（　　）。

A. 记账凭证的名称、填制记账凭证的日期

B. 记账凭证的编号、经济业务的内容摘要

C. 经济业务所涉及的会计科目及其记账方向

D. 经济业务的金额、记账标记

三、判断题

❶ 企业财会部门取得原始凭证后就可据以编制记账凭证。（　）

❷ 会计凭证的传递要能够满足内部控制制度的要求，使传递程序合理有效，同时尽量节约传递时间，减少传递的工作量。（　）

❸ 会计凭证的保管是指会计凭证记账后的整理、装订、归档和存查工作。（　）

❹ 从外单位取得的原始凭证遗失时，应取得原签发单位盖公章的证明，并注明原始凭证的号码、金额、内容等，由经办单位会计机构负责人、会计主管人员和单位负责人批准后，才能代作原始凭证。（　）

❺ 记账凭证按其填制方式不同分为一次凭证和累计凭证。（　）

❻ 任何会计凭证都必须经过有关人员严格审核并确认无误后，才能作为记账的依据。（　）

❼ 会计凭证是记账的原始依据，具有法律效力，是会计核算的重要资料。（　）

❽ 涉及库存现金、银行存款收付的原始凭证，如果填写错误，可以撕毁重填。（　）

❾ 会计凭证的传递，是指会计凭证从填制到归档保管整个过程中，在本单位内部各有关部门和人员之间的传递程序和传递时间。（　）

❿ 累计凭证是指在一定时期内连续记录若干项同类型经济业务的自制原始凭证。（　）

四、业务题

❶ 2024年8月3日，上海中侨食品有限公司收到杭州九里实业有限公司偿还的前欠货款113 000元，并收到银行转来的银行收款通知单，要求根据上述业务资料填制收款凭证。

❷ 2024 年8月17日，上海中侨食品有限公司开出转账支票一张，用以支付货物运输费用2 060元，并取得对方小规模纳税人开具的发票一张，要求根据上述业务资料填制付款凭证。

❸ 2024年8月17日，上海中侨食品有限公司生产车间领用一批花生，价值9 500元，用于生产花生酱，要求根据上述业务资料填制转账凭证。

项目7 记录制造业典型经济业务

学习目标

- 知识目标：了解制造业生产经营活动各环节所发生的主要经济业务；运用借贷记账法对资金筹集、采购、生产、销售和利润形成及分配过程的经济业务进行核算，进一步巩固对会计要素、账户、借贷记账法的认识和理解。
- 技能目标：通过制造业主要经济业务，熟悉借贷记账法的实际运用；掌握资金筹集、供应、生产、销售业务和财务成果形成的核算；能够简单计算采购成本、生产成本、产品成本、销售成本和利润。
- 素质目标：通过制造业主要经济业务的核算培养知行合一的岗位实践能力；能够对制造业的主要经济业务核算形成初步的认知和理解。

引导案例

2024年1月，经投资人王道和郑毅协商达成一致，王道以货币资金300万元，价值500万元的食品加工设备和价值200万元的专利技术注资，郑毅以价值1 000万元的厂房注资，成立上海中侨食品有限公司，公司章程规定，按出资额确定各投资人在公司中所占份额。公司主营业务包括食品研发、食品加工生产和销售、食品配送和服务等业务，公司设立有董事会、总经理、财务部、研发部、质检部、采购部、销售部、行政中心等职能部门，设有果蔬、肉食和糕点三个生产加工车间，并于2024年2月正式投产。以糕点加工车间为例，糕点加工车间以生产面包、饼干和蛋糕为主，糕点加工车间的自动化面包生产线及生产流程如图7–1所示。

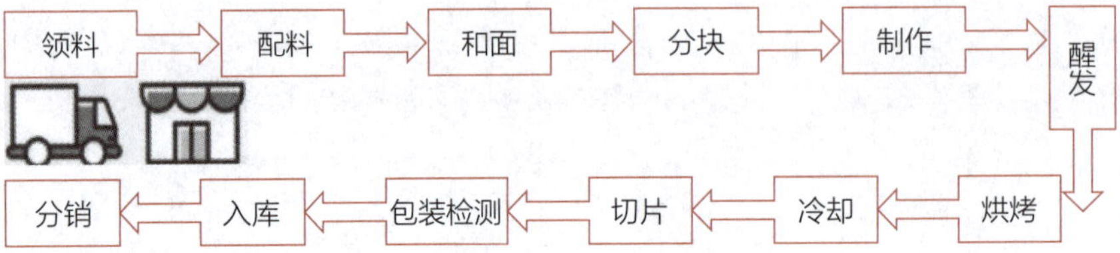

图7–1 面包制作工艺流程图

问题

1. 制造业企业都有哪些生产经营环节，各个环节都涉及哪些资金运动？
2. 筹资环节都涉及哪些会计科目和账户？
3. 生产环节需要核算什么内容，需要设置哪些账户？
4. 销售环节涉及哪些费用和成本，通过哪些科目进行核算？
5. 财务成果是如何形成的，如何记录财务成果的形成和分配？

任务1　记录筹集资金经济业务

任务描述

认知企业筹集资金的途径，指出资金筹集涉及的主要账户并记录筹集资金的各项业务。

知识准备

7.1.1　筹资过程主要经济业务内容

制造业是以产品的生产和销售为主要活动的经济组织。通过其生产经营活动，以高于成本的售价销售符合市场需要的商品，获取利润，为投资者创造更多的财富，实现其自身的稳定与发展。

制造业企业的主要经营阶段包括供应过程、生产过程和销售过程三个阶段；资金的运动过程包括资金的投入和退出企业，以及资金在企业内部的循环周转三个主要环节。

资金运动的形态表现为从货币资金开始，经过储备资金、固定资金、生产资金、成品资金的占用过程，最终又回到货币资金形态。

企业筹集资金的渠道：包括投资者投入资本和债权人借入资金两种渠道，如图7–2所示。

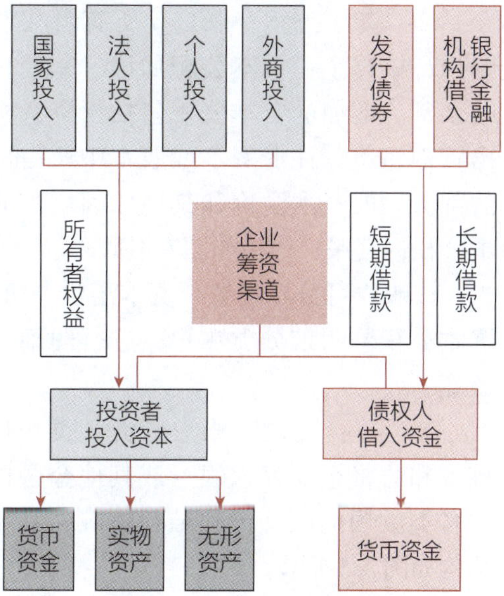

图7–2　企业资金筹集的渠道

（1）投入资本

投入资本是投资者按照企业章程或合同、协议的约定，实际投入企业的各种财产物资的货币表现。投资者向企业投入资本形成了企业的资本金。资本金是企业在工商管理部门登记的注册资金。有限责任公司称之为实收资本，股份有限公司称之为股本。

投入资本按照投资主体的不同，分为国家投入资本、法人投入资本、个人投入资本和外商投入资本等。投资者投入企业的资本可以是货币资金；也可以是设备、原材料等实物资产；还可以是知识产权、版权等无形资产。

（2）借入资金

借入资金是企业通过发行债券、向银行或其他金融机构借款等方式筹集的资金。企业借款按照归还期的长短，分为短期借款和长期借款。

短期借款：又称流动资金借款，偿还期一般在1年以内（含1年），一般用于企业生产经营临时周转需要。

长期借款：偿还期在1年以上，一般用于特定的项目，如购置固定资产、技术改造、改扩建工程、大修理工程等。

7.1.2 投入资本涉及的主要账户及账务处理

（1）账户设置

①"实收资本"或"股本"账户。所有者权益类账户，核算企业实际收到的所有者投入企业的资本金的增、减变化及结余额，其账户结构如图7–3所示。

该账户按投资者设置明细分类账户，进行明细分类核算。

借方　　实收资本（股本）	贷方
按法定资本减少的资本金数额	期初余额： 实际收到的投资者投入的资本金数额
	期末余额： 实有资本金数额

图7–3 "实收资本"账户结构

②"资本公积"账户。所有者权益类账户，核算企业资本公积的增、减变化及结余额。增加的资本公积包括投资者实际出资额超出其注册资本或股本中所占份额的部分，即资本溢价和其他原因增加的资本公积，其账户结构如图7–4所示。

该账户可分别设置"资本溢价""其他资本公积"明细分类账户，进行明细分类核算。

借方　　资本公积	贷方
资本公积减少额	期初余额： 资本公积增加额
	期末余额： 资本公积结余额

图7–4 "资本公积"账户结构

③"银行存款"账户。资产类账户，核算和监督企业存入银行或其他金融机构的各类款项的收、付和结存情况，其账户结构如图7–5所示。

该账户按照开户银行和其他金融机构和存款种类设置明细账，进行明细分类核算。

借方　　银行存款	贷方
期初余额： 银行存款增加额	银行存款减少额
期末余额： 银行存款结余额	

图7–5 "银行存款"账户结构

④"固定资产"账户。资产类账户，核算企业固定资产原始价值的增、减变化和结存情况，其账户结构如图7–6所示。

该账户按照固定资产类别和项目设置明细分类账，进行明细分类核算。

借方　　固定资产	贷方
期初余额： 增加的固定资产原始价值	减少的固定资产原始价值
期末余额： 固定资产结余原值	

图7–6 "固定资产"账户结构

⑤"无形资产"账户。资产类账户，核算企业无形资产的增、减变化和结存情况，其账户结构如图7–7所示。

该账户按照无形资产类别和项目设置

明细分类账，进行明细分类核算。

（2）账务处理

投资者投入资本，一方面增加企业的资产，另一方面以相等金额增加所有者权益。其中，所有者实际投资等于注册资本份额的部分计入实收资本，超出注册资本份额的部分计入资本公积，投入资本的账务处理如图7–8所示，其会计分录为：

借：银行存款
　　固定资产
　　无形资产
　贷：实收资本（实缴注册资本的份额）
　　　资本公积（实缴资本额大于注册资本所占份额部分）

7.1.3 借入资金涉及的主要账户及账务处理

（1）账户设置

①“短期借款”账户。负债类账户，核算企业向银行或其他金融机构借入的，偿还期在1年以下（含1年）的各种借款本金的发生、偿还情况，其账户结构如图7–9所示。

该账户按照借款种类、贷款人和币种设置明细分类账，进行明细分类核算。

②“财务费用”账户。损益类账户，核算企业为筹集生产经营所需资金而发生的各种筹资费用，包括利息支出（减利息收入）、汇兑损失（减汇兑收益）、佣金以及相关手续费等，其账户结构如图7–10所示。

该账户按照费用明细设置明细分类账，进行明细分类核算。

③“长期借款”账户。负债类账户，核算企业向银行或其他金融机构借入的，偿还期在1年以上的各种借款本金和利息的增减变化及结余情况。分期支付利息的长期借款，应付的利息在“应付利息”账户中核算，其账户结构如图7–11所示。

借方　　　　　无形资产	贷方
期初余额： 增加的无形资产原始价值	减少的无形资产原始价值
期末余额： 无形资产结余原值	

图7–7 “无形资产”账户结构

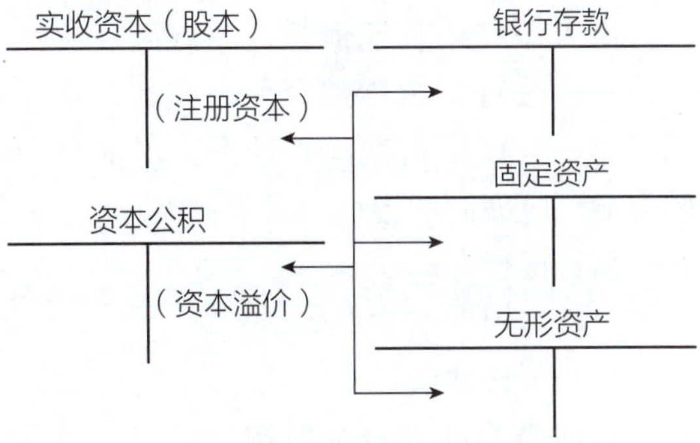

图7–8 投入资本账务处理程序图

借方　　　　　短期借款	贷方
偿还短期借款的本金	期初余额： 取得短期借款的本金
	期末余额： 尚未归还的短期借款本金

图7–9 “短期借款”账户结构

借方　　　　　财务费用	贷方
发生的财务费用	利息收入、汇兑收益 转入“本年利润”的期末余额

图7–10 “财务费用”账户结构

借方　　　　　长期借款	贷方
偿还的长期借款本金和利息	期初余额： 取得长期借款的本金和利息
	期末余额： 尚未归还的长期借款本利和

图7–11 “长期借款”账户结构

该账户按照债权人和借款种类设置明细分类账，进行明细分类核算。

④“应付利息”账户。负债类账户，核算企业因借入款项而按约定利率计算的应付而尚未支付的利息费用，其账户结构如图7–12所示。

借方　　应付利息	贷方
支付的利息	期初余额： 按约定利率计算的应付未付的利息
	期末余额： 应付未付的利息

图7–12 “应付利息”账户结构

（2）账务处理

借入短期或长期借款，一方面企业的资产——银行存款增加，另一方面，企业的负债——短期借款或长期借款增加相同的金额。应编制的会计分录为：

借：银行存款

　贷：短期借款

　　　长期借款

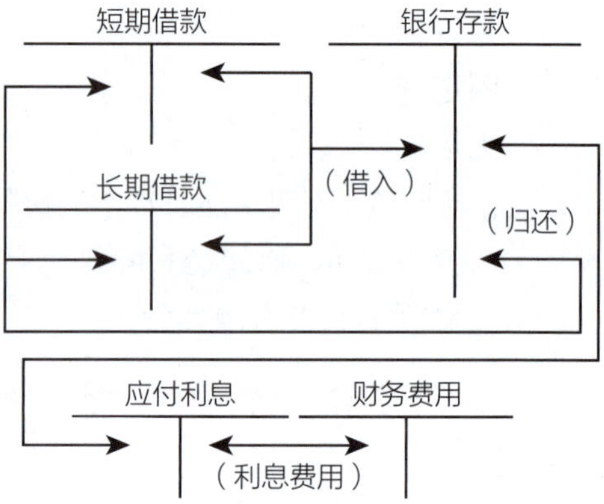

图7–13 借入资金账务处理程序图

短期借款的利息一般按月计提，按季支付。按月计提的利息，一方面增加企业的财务费用，另一方面形成了一项短期负债——应付利息。应编制的会计分录为：

借：财务费用

　贷：应付利息

到期还本付息时，应编制的会计分录为：

借：应付利息（已计提的金额）

　　财务费用（最后一期利息费用）

　　短期借款（本金）

　贷：银行存款（本利和）

短期借款的利息如果金额不大，可以不按月计提，而是在到期时计算并一次归还利息和本金，会计分录为：

借：财务费用（利息费用）

　　短期借款（借款本金）

　贷：银行存款（本利和）

知识拓展

长期借款利息的处理

任务实施

在记账凭证上记录企业筹集资金的经济业务

要求：根据上海中侨食品有限公司发生的以下经济业务编制会计分录，并将这些业务记录在记账凭证上。

【业务1】2024年1月2日，上海中侨食品有限公司接受投资人王道投资，其中，货币资金3 000 000元已存入公司开户银行，购入价为5 000 000元的全新食品加工设备已运达企业并验收，价值2 000 000元的专利技术已转移至公司名下，上述投资已经注册会计师验资，可以入账。

分析：这项投资业务涉及的账户包括：银行存款、固定资产——设备、无形资产——专利技术等资产类账户和实收资本账户，资产和所有者权益同时增加相同的金额。

会计分录为：

借：银行存款　　　　　　　　3 000 000
　　固定资产——设备　　　　5 000 000
　　无形资产——专利技术　　2 000 000
　贷：实收资本——王道　　　　10 000 000

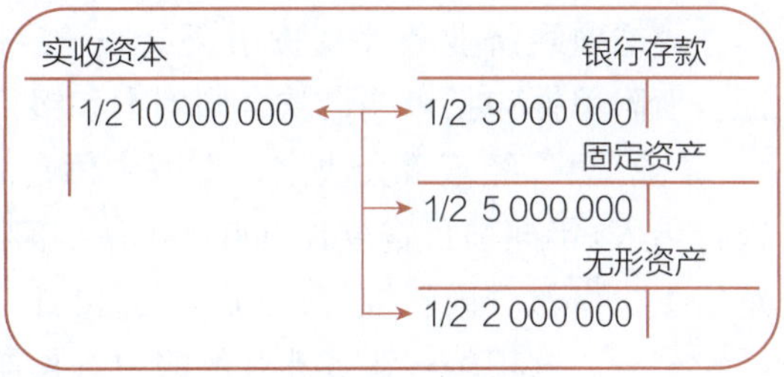

由于这项投资业务涉及货币资金和非货币资金，因此应编制银行存款收款凭证和转账凭证两张凭证。所附单据包括投资协议副本、银行进账单、增值税专用发票、固定资产验收单、专利技术转让协议副本。

【业务2】2024年1月3日，上海中侨食品有限公司接受投资人郑毅投资厂房一栋，评估价值11 000 000元，按照约定，郑毅投资占公司股本份额的一半，即10 000 000元，该厂房的产权转移手续已办理完毕。

分析：这项投资业务涉及固定资产——厂房、实收资本和资本公积三个账户。其中固定资产的入账价值为评估价11 000 000元，实收资本为郑毅在公司股本中所占的份额10 000 000元，多余的投资额1 000 000元应计入资本公积。

会计分录为：

借：固定资产——厂房　　　　11 000 000
　贷：实收资本——郑毅　　　　10 000 000
　　　资本公积　　　　　　　　1 000 000

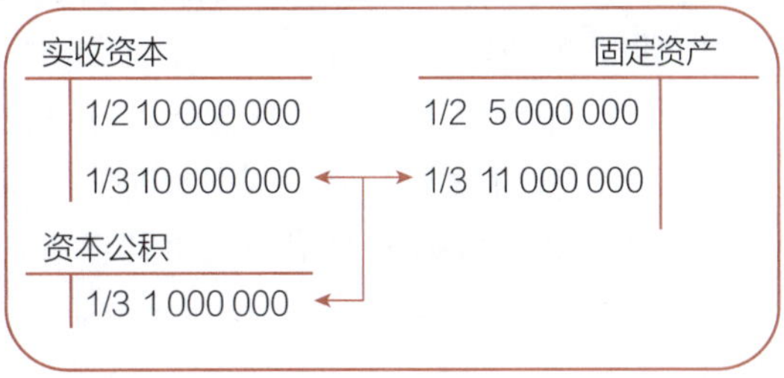

这项投资业务不涉及货币资金，因此应编制转账凭证。所附单据包括投资协议副本、资产评估报告副本和固定资产验收单。

【业务3】因生产经营周转需要，上海中侨食品有限公司从开户银行借入期限3个月，年利率为6%的生产周转借款500 000元，借款合同已签订，2024年2月1日银行发放借款。

分析：这项经济业务涉及的账户有短期借款和银行存款两个账户，资产和负债增加相等的金额。

会计分录为：

借：银行存款　　　　500 000

　贷：短期借款　　　　500 000

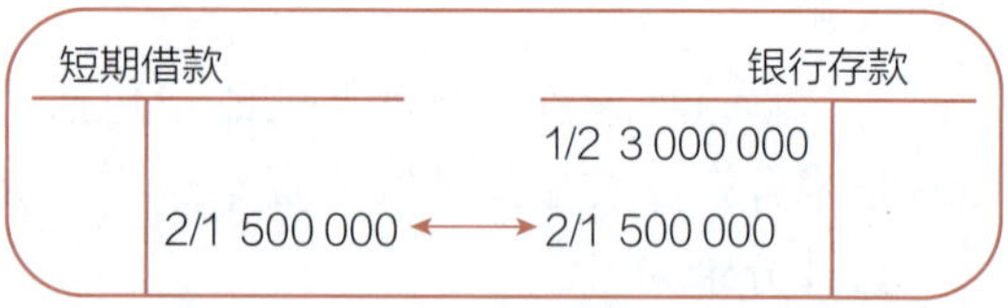

这项经济业务涉及货币资金——银行存款的收款，因此应编制银行存款的收款凭证。所附单据包括短期借款合同副本和银行存款进账单。

【业务4】经董事会决定，上海中侨食品有限公司拟增建厂房一栋，预计工期2年，从银行借入2年期项目贷款10 000 000元，年利率为12%，借款利息按年支付，经银行审核同意贷款，借款合同已签订，2024年3月1日，银行发放借款。

分析：这项经济业务涉及的账户有长期借款和银行存款两个账户，资产和负债增加相等的金额。

会计分录为：

借：银行存款　　　　10 000 000

　贷：长期借款　　　　10 000 000

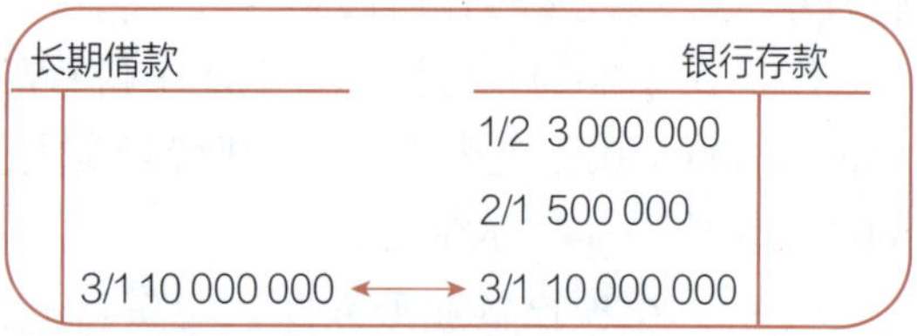

这项经济业务涉及货币资金——银行存款的收款，因此应编制银行存款的收款凭证。所附单据包括长期借款合同副本和银行存款进账单。

【业务5】2024年2月28日，上海中侨食品有限公司计提本月生产周转借款500 000元应负担的短期借款利息。

分析：短期借款的年利率为6%，月利率=6%/12=0.5%

2月份应计利息=本金×利率×时间=500 000×0.5%×1=2 500（元）

这项业务涉及财务费用和应付利息账户，会计分录为：

借：财务费用 2 500

　贷：应付利息 2 500

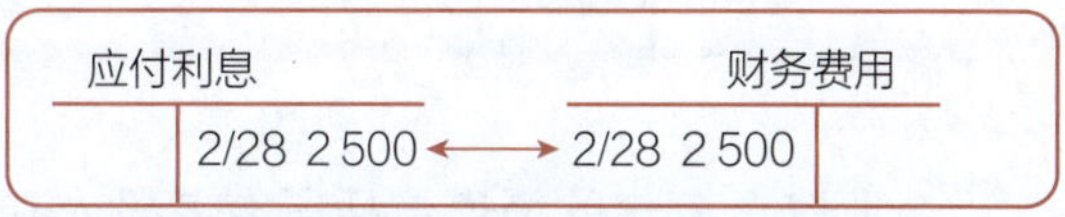

这项经济业务不涉及货币资金的收付，因此应编制转账凭证。所附的单据包括短期借款合同副本。

【业务6】2024年3月31日，上海中侨食品有限公司按月计提短期借款和长期借款的利息费用。

分析：短期借款利息费用的计算同【业务5】

长期借款的月利息=10 000 000×12%/12×1=100 000（元）

长期借款的利息费用在工程建造期间应计入在建工程账户，计提的按年支付的利息费用应计入应付利息账户。会计分录为：

借：财务费用 2 500

　在建工程 100 000

　贷：应付利息 102 500

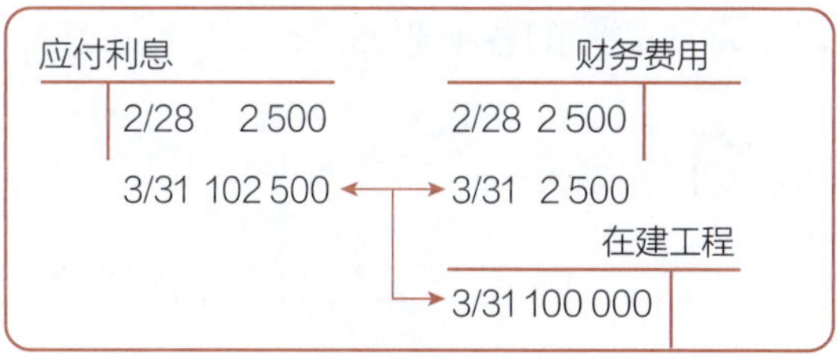

这项经济业务不涉及货币资金的收付，应编制转账凭证。所附的单据包括短期借款合同副本和长期借款合同副本。

【业务7】2024年5月1日，上海中侨食品有限公司于2月1日借入的短期借款到期，归还短期借款的本金和利息共计507 500元。

分析：短期借款的利息费用每月2 500元，已分三个月分别计入各期的财务费用和应付利息账户中，因此，归还本金和利息所涉及的账户有“短期借款”“应付利息”和“银行存款”账户。会计分录为：

借：短期借款 500 000

　应付利息 7 500

　贷：银行存款 507 500

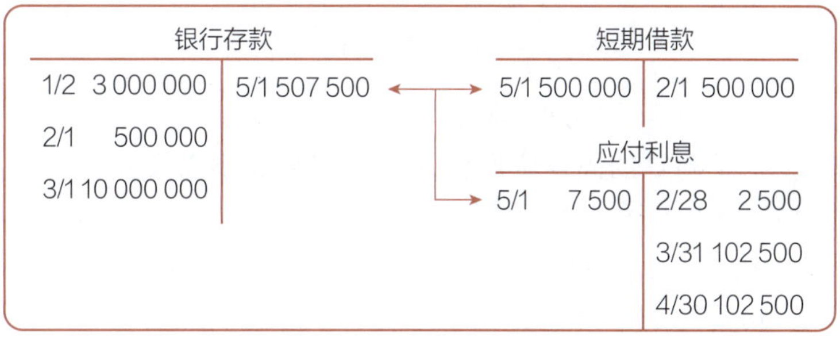

这项经济业务涉及货币资金银行存款的支付，应编制银行存款付款凭证。所附的单据包括短期借款合同副本和银行回单。

问题研讨

企业资金筹集的渠道包括所有者投入和借入两个渠道，你认为如何衡量企业这两种筹资渠道的利弊呢？

任务2　记录供应过程经济业务

任务描述

认知企业供应过程的主要经济业务，指出供应过程涉及的主要账户并记录物资采购和固定资产购入的各项业务。

知识准备

7.2.1　供应过程主要经济业务内容

供应过程是企业为进行生产活动而购买材料、购建厂房、设备等的交易和事项。供应过程如图7–14所示。供应过程中，企业根据采购需求与供货单位签订供货合同；根据合同约定和结算制度规定向供货单位支付货款；支付由供货单位负担的运输费、装卸费、包装费等采购费用；计算实际采购成本；将采购的物资验收入库。

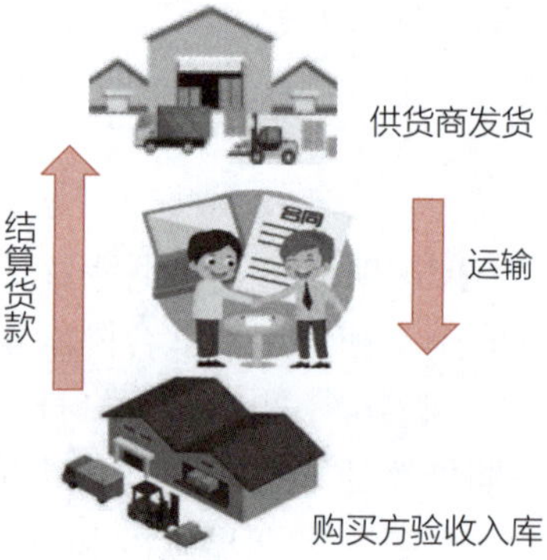

图7–14　供应过程主要经济活动

供应过程主要经济业务包括：①固定资产采购；②材料采购；③采购成本的计算与结转；④与供货单位结算款项。

7.2.2　采购成本的构成和计算

（1）固定资产的购置成本

企业购置的固定资产包括需要安装和不需要安装两种情况，其采购成本构成如图7–15所示。

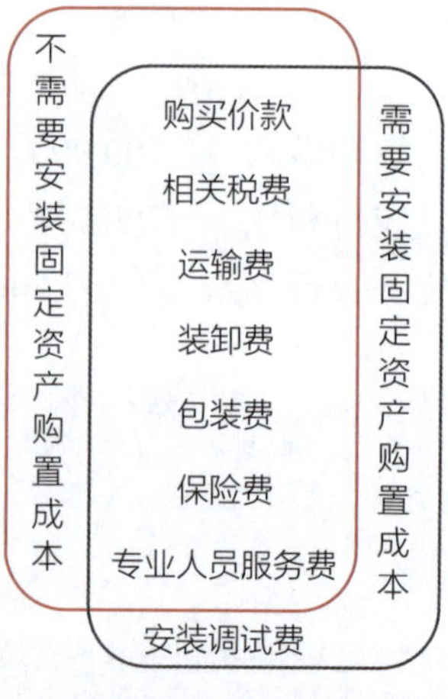

图7–15　固定资产采购成本构成

①购入不需要安装固定资产的成本包括：购买价款、相关税费、固定资产达到预定可使用状态前发生的归属于该固定资产的运输费、装卸费、包装费、保险费和专业人员服务费等。

②购入需要安装的固定资产的成本除包括上述成本

外，还应包括安装调试费。

（2）材料采购成本

材料采购成本包括购买材料所支付的买价和采购费用，是材料从采购到验收入库前发生的全部支出，其采购成本构成如图7-16所示。

①买价是购货发票上注明的价款，但不包括按照规定可以抵扣的增值税进项税额。

②采购费用是材料采购过程中发生的各项费用，包括运杂费（装卸费、包装费、保险费、仓储费等）、运输途中的合理损耗、入库前的挑选整理费等。

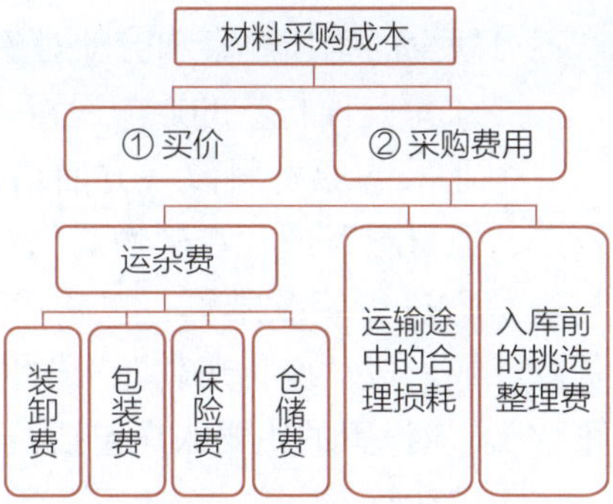

图7-16 材料采购成本构成

（3）材料采购成本的计算

材料采购成本的计算是将企业采购材料所支付的买价和采购费用按照购入材料的种类加以归集，计算各种材料的实际采购成本和单位成本。

在归集时，能够分清为哪种材料所支付的费用的，应直接计入该种材料的采购成本中，不能分清的费用，应采用一定的标准分配计入各种材料的采购成本中。采用的标准可以是材料的重量，也可以是买价、体积等。

采购费用的分配公式如下：

$$分配率=\frac{待分配费用总额}{分配标准总额}$$

某种材料应分配的采购费用=该材料的分配标准×分配率

【案例7-1】2024年3月5日，上海中侨食品有限公司批量购入食用白糖1 000千克，单价6.0元/千克，食用盐200千克，单价1.9元/千克，两种材料一并运达企业，共发生运输费用240元。按所购材料重量分配的采购费用分配如表7-1所示。

表7-1 运费分配计算表

项目	白糖	食盐	合计
重量/千克	1 000	200	1 200
分配率/（元/千克）	0.2	0.2	—
运费/元	200	40	240

白糖的采购成本=1 000×0.6+200=800（元）

食用盐的采购成本=200×1.9+40=420（元）

7.2.3 材料采购涉及的主要账户及账务处理

（1）原材料的含义

原材料是生产过程中经过加工改变其实物形态或性质、构成产品主要实体的各种原料及主要材料、辅助材料、外购半成品、修理用备件、包装材料、燃料等，是企业生产不可缺少的物质要素和劳动对象。

（2）采购原材料的账户设置

企业采购原材料，一方面增加企业的资产“原材料”或“在途物资”，另一方面与供货方进行货款结算，以货币资金支付货款，或形成“应付账款”，或冲减“预付账款”。应设置的主要账户包括：

①“在途物资”账户。资产类账户，用来核算企业采用实际成本进行材料日常核算时，外购材料的买价和各种材料的采购费用，确定购入材料的实际采购成本，其账户结构如图7-17所示。

在途物资

借方	贷方
期初余额： 购入材料的买价和采购费用	结转验收入库材料的实际采购成本
期末余额： 在途材料实际采购成本	

图7-17 “在途物资”账户结构

该账户按照购入材料品种设置明细账，进行明细分类核算。

②“原材料”账户。资产类账户，用来核算企业库存材料实际成本的增减变动及其结存情况，其账户结构如图7-18所示。

原材料

借方	贷方
期初余额： 入库材料的实际采购成本	发出材料的实际成本
期末余额： 库存材料实际成本	

图7-18 “原材料”账户结构

该账户按照材料的保管地点、材料的品种分别设置明细账，进行明细分类核算。

③“应付账款”账户。负债类账户，用来核算企业因购买原材料、商品和接受劳务等经济活动应付而未付给供应单位款项的增减变动及结余情况，其账户结构如图7-19所示。

应付账款

借方	贷方
偿还供应单位的账款	期初余额： 应付未付供应单位的账款
	期末余额： 尚未偿还的应付账款

图7-19 “应付账款”账户结构

该账户按照供应商名称设置明细账，进行明细分类核算。

④“预付账款”账户。资产类账户，用来核算企业因购买原材料、商品和接受劳务等经济活动按照合同规定预付给供应单位款项的增减变动及结余情况，其账户结构如图7-20所示。

预付账款

借方	贷方
期初余额： ①实际预付的货款 ②补付的货款	①收货冲减的预付款 ②退回的多付款项
期末余额： 尚未结算的预付货款	

图7-20 “预付账款”账户结构

该账户按照供应商名称设置明细账，进行明细分类核算。

⑤“应付票据”账户。负债类账户，用来核算企业采用商业汇票结算方式购买材料物资等而开出、承兑的商业汇票的增减变动及其结余情况，其账户结构如图7-21所示。

该账户按照债权人名称设置明细账，进行明细分类核算。

商业汇票是由收款人或付款人签发，由承兑人承兑支付，到期日无条件向收款人或持票人支付票面款项的票据，其付款期由交易双方共同商定，一般不超过6个月。商业汇票的结算方式适用于企业先发货后收款，或双方约定延期付款的具有真实交易关系和债权债务关系等款项的结算，同城异地均可使用。

借方　　应付票据	贷方
商业汇票的减少数	期初余额： 开出承兑的商业汇票
	期末余额： 尚未到期的商业汇票

图7-21　“应付票据”账户结构

⑥“库存现金”账户。资产类账户，用来核算企业库存现金的增减变动及结存情况，其账户结构如图7-22所示。

借方　　库存现金	贷方
期初余额： 增加的库存现金	减少的库存现金
期末余额： 库存现金期末结存额	

图7-22　“库存现金”账户结构

⑦“应交税费”账户。负债类账户，用来核算企业按照税法规定计算应缴纳的各种税费，如增值税、消费税、城市维护建设税、车船税、土地使用税、印花税、所得税等，其账户结构如图7-23所示。

该账户按照税收种类设置明细账，进行明细分类核算。

借方　　应交税费	贷方
实际支付的税费	期初余额： 计算的应交税费
	期末余额： 期末尚未缴纳的税费

图7-23　“应交税费”账户结构

（3）采购原材料的账务处理

材料采购业务核算主要分为两个环节：一是与供应单位进行货款结算并支付买方负担的采购费用；二是仓库收料，计算并结转材料采购的实际采购成本。采用实际成本核算原材料的企业，第一个环节发生的材料买价及负担的采购费用全部计入“在途物资”账户中，待第二环节验收入库后再从“在途物资”转入“原材料”账户。

对于采购过程中支付的增值税，无论是购买价款中包含的增值税，还是运输费用中包含的增值税，均不计入“在途物资”，不增加材料的采购成本，而是计入“应交税费——应交增值税（进项税额）”，留待以后抵扣增值税的销项税额。

①当企业取得购入材料的所有权，与供应单位结算款项时，应根据购货发票上所列价款增加材料的采购成本，计入“在途物资”账户的借方，发票上所列的增值税税额计入“应交税费——应交增值税”账户的借方。

a. 对于以银行存款支付采购货款的，计入“银行存款”账户的贷方。根据购货发票及银行支票存根，编制会计分录：

借：在途物资——××材料（买价金额）

　　应交税费——应交增值税（进项税额）

　贷：银行存款（价税合计金额）

其账户对应关系如图7-24所示。

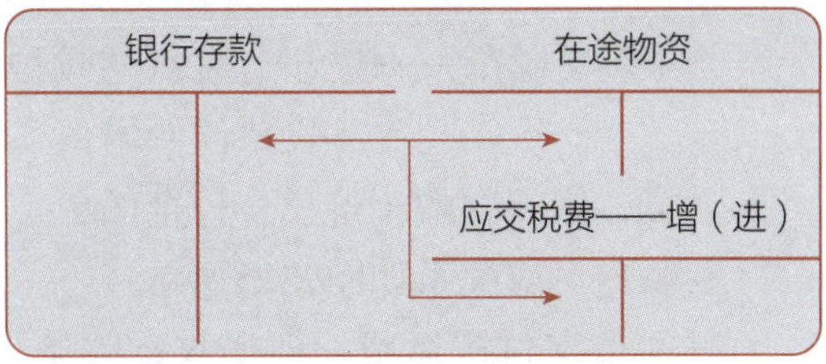

图7-24　用银行存款采购材料账务处理

b. 对于赊购的货款，计入“应付账款”账户的贷方，根据购货发票及购货合同，编制会计分录：

借：在途物资——××材料（买价金额）

　　应交税费——应交增值税（进项税额）

　贷：应付账款（价税合计金额）

其账户对应关系如图7-25所示。

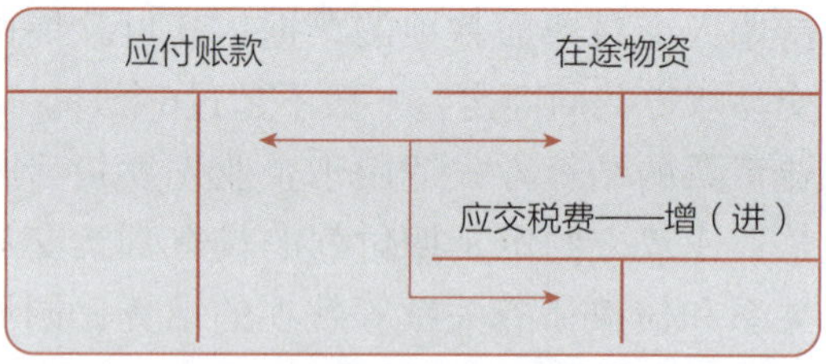

图7-25　赊购材料账务处理

c．对于使用商业汇票结算货款的，计入“应付票据”账户的贷方，根据购货发票及购货合同，编制会计分录：

借：在途物资——××材料（买价金额）

　　应交税费——应交增值税（进项税额）

　贷：应付票据（价税合计金额）

其账户对应关系如图7-26所示。

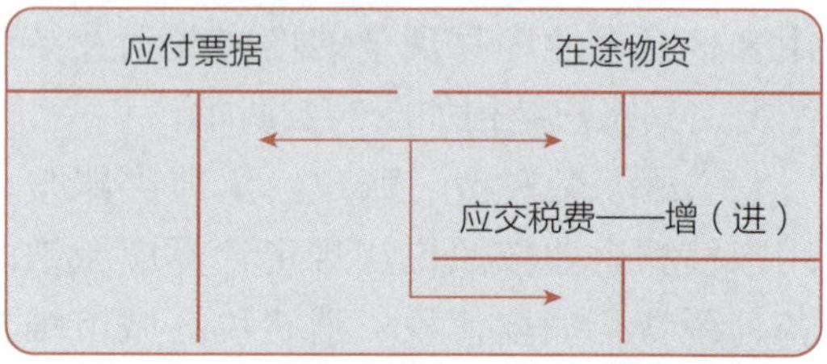

图7-26　用商业票据采购材料账务处理

d．对于采用预付方式支付货款的，计入“预付账款”账户贷方。预付货款时，根据购货合同及银行付款回单，编制会计分录：

借：预付账款——××单位（预付金额）

　贷：银行存款

供应方发货时，增加采购成本并冲减预付账款，根据购货发票及购货合同，编制会计分录：

借：在途物资——××材料（买价金额）

　　应交税费——应交增值税（进项税额）

　贷：预付账款——××单位（价税合计金额）

其账户对应关系如图7-27所示。

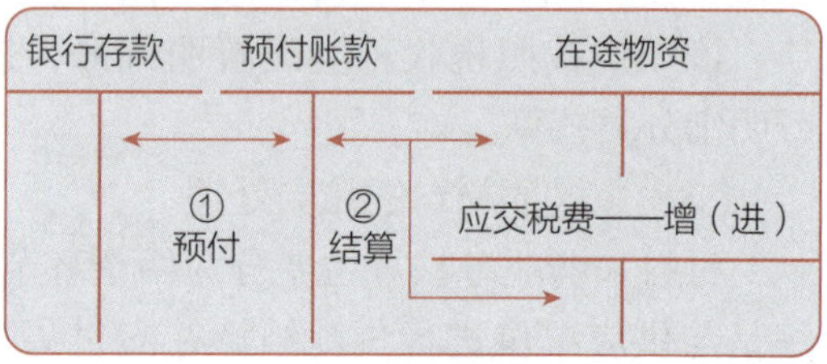

图7-27　用预付货款采购材料账务处理

如果预付的货款大于或小于供应方实际发货的货款，企业还应收回多付的货款，或补付少付的货款。编制会计分录：

借：银行存款（多付的货款收回）

　贷：预付账款——××单位（少付货款时，做相反的分录）

②对于企业支付的运输费用，如为共同发生的运输费用，还应按照一定的标准在各种材料间进行分配，根据运费发票及银行支票存根，编制会计分录：

借：在途物资——××材料（运费金额）

　　应交税费——应交增值税（进项税额）

　　　　　　　（发票注明增值税额）

　贷：银行存款（价税合计金额）

其账户对应关系如图7-28所示。

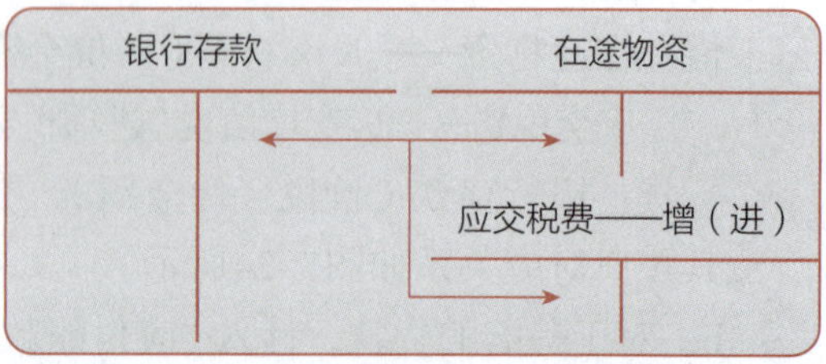

图7-28　用银行存款支付运费

以现金支付搬运费，根据收款收条，编制会计分录：

借：在途物资——××材料（搬运费金额）

　　贷：库存现金

其账户对应关系如图7-29所示。

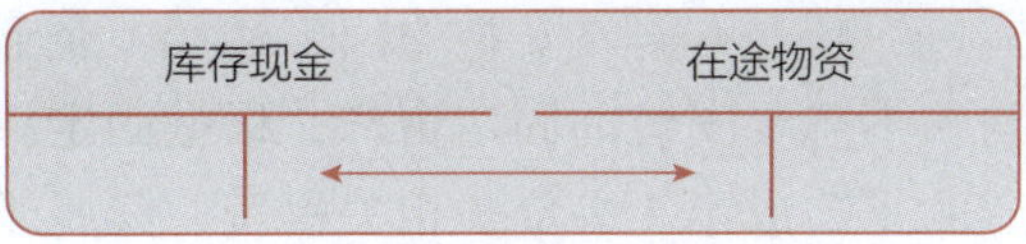

图7-29 用现金支付搬运费

③材料运达企业验收入库时，根据入库单的实际验收数量及物资采购账户上归集的实际采购成本，编制采购成本计算单，结转入库材料的实际采购成本，编制会计分录：

借：原材料——××材料

　　贷：在途物资——××材料

其账户对应关系如图7-30所示。

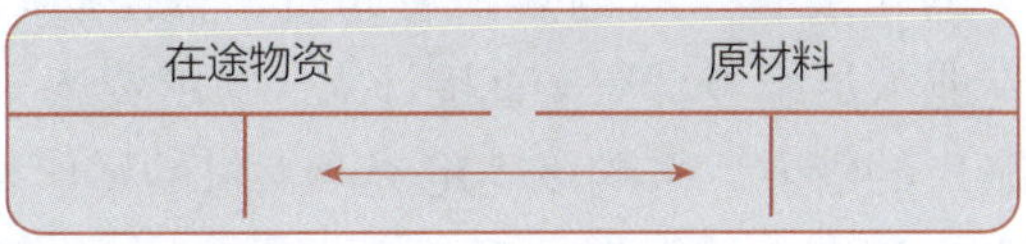

图7-30 结转入库材料采购成本

材料采购业务账务处理流程如图7-31所示。

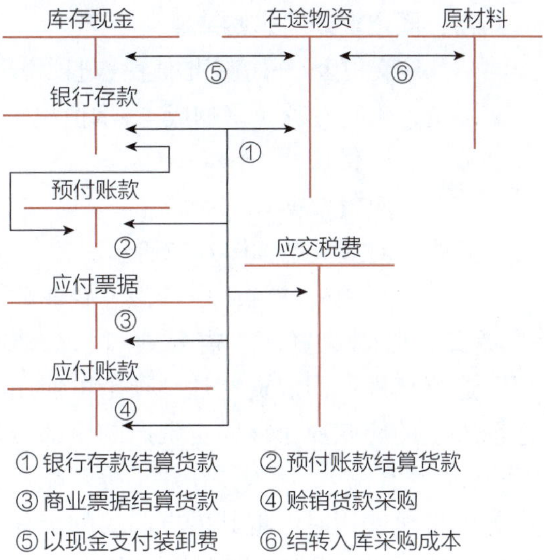

图7-31 材料采购的账务处理

7.2.4 固定资产采购过程涉及的主要账户及账务处理

（1）固定资产的概念及分类

固定资产是企业为生产商品、提供劳务、出租或经营管理而持有的使用寿命超过一个会计年度的有形资产。

按照经济用途不同，固定资产可分为生产经营用固定资产和非生产经营用固定资产。

①生产经营用固定资产直接服务于企业生产和经营过程，如生产经营用的房屋、建筑物、机器设备、器具、工具等。

②非生产经营用固定资产不直接服务于企业生产和经营过程，如职工宿舍、食堂、医务室等使用的房屋、设备和其他固定资产。

（2）采购固定资产的账户设置

企业购入固定资产，一方面增加企业的固定资产，另一方面与供货方结算货款，以银行存款支付或形成应付账款，涉及的账户包括“固定资产”“银行存款”和“应付账款”。

企业购入需要安装的固定资产，在安装完毕交付使用前发生的成本还应计入“在建工程”账户，待安装完毕再从“在建工程”账户转入“固定资产”账户。“固定资产”账户已在任务7-1中学习，本任务中需要增加的账户是“在建工程”账户。

“在建工程”账户。资产类账户，用来核算企业进行的基建工程、安装工程、技术改造工程、大修理工程等发生的实际支出，其结构如图7-32所示。

该账户按照工程内容，如建筑工程、安装工程、技术改造工程、大修理工程等设置明细账，进行明细分类核算。

（3）采购固定资产的账务处理

借方	在建工程	贷方
期初余额： 实际发生的在建工程支出		工程达到预定可使用 状态结转工程成本
期末余额： 尚未完工的在建工程成本		

图7-32 “在建工程”账户结构

①购入不需要安装的固定资产。企业购入不需要安装的固定资产，根据固定资产的采购成本（买价、相关税费、归属于该固定资产使其达到预定可使用状态前发生的包装费、运输费、装卸费、保险费、专业人员服务费等）直接计入“固定资产”账户的借方，采购该固定资产支付的增值税计入“应交税费——应交增值税（进项税额）”账户的借方，根据结算方式不同，同时贷记“银行存款”或“应付账款”“应付票据”账户。会计分录为：

借：固定资产（采购成本）

应交税金——应交增值税（进项税额）

贷：银行存款（采购成本+增值税）

或　　应付账款

应付票据

其账户对应关系如图7-33所示。

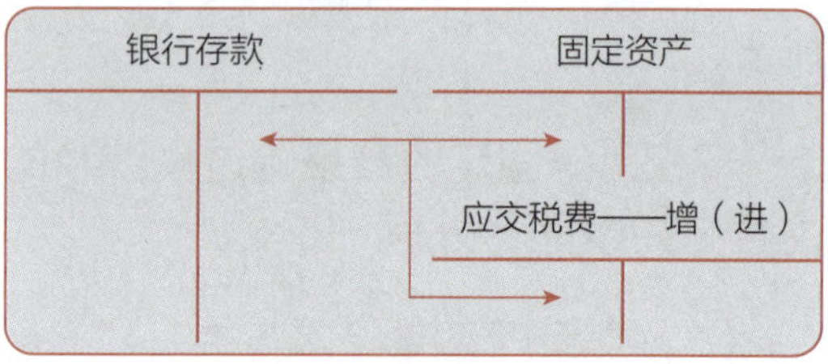

图7-33 采购不需安装固定资产账务处理

②购入需要安装的固定资产。企业购入需要安装的固定资产，需要通过“在建工程”进行核算。固定资产达到预定可使用状态前发生的应归属于该固定资产的全部费用（不包括增值税），计入“在建工程”账户的借方，交付使用时，将其借方归集的全部采购成本转入“固定资产”账户的借方。

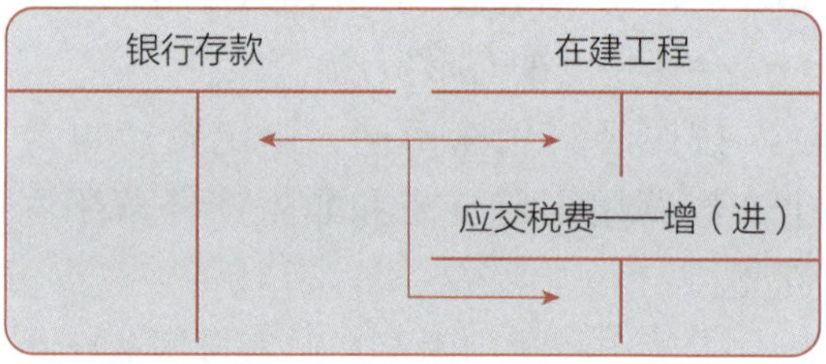

图7-34 采购需安装固定资产的价款核算

a. 支付需安装固定资产买价时，根据固定资产的购买发票及付款记录，编制会计分录：

借：在建工程——安装工程

应交税金——应交增值税（进项税额）

贷：银行存款（或应付账款、应付票据）

其账户对应关系如图7-34所示。

b. 支付运输费、安装费等费用时，根据取得的运输费增值税发票、安装费增值税发票及付款记录，编制会计分录：

借：在建工程——安装工程

应交税金——应交增值税（进项税额）

贷：银行存款（或应付账款、应付票据）

其账户对应关系如图7-34所示。

c. 固定资产安装完毕交付使用时，将“在建工程”账户归集的全部成本转入“固定资产”账户。根据验收报告、工程造价审计书，编制会计分录：

借：固定资产

贷：在建工程——安装工程

其账户对应关系如图7-35所示。

需安装资产的账务处理如图7-36所示。

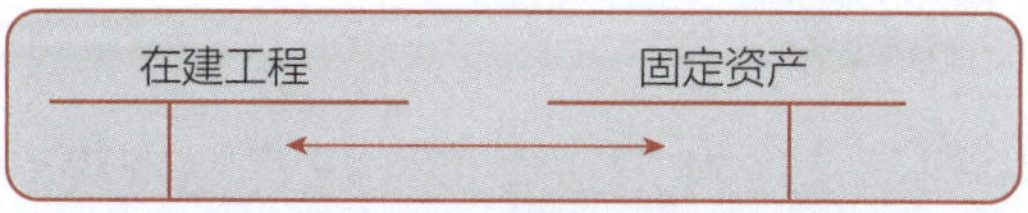

图7-35 结转固定资产安装成本

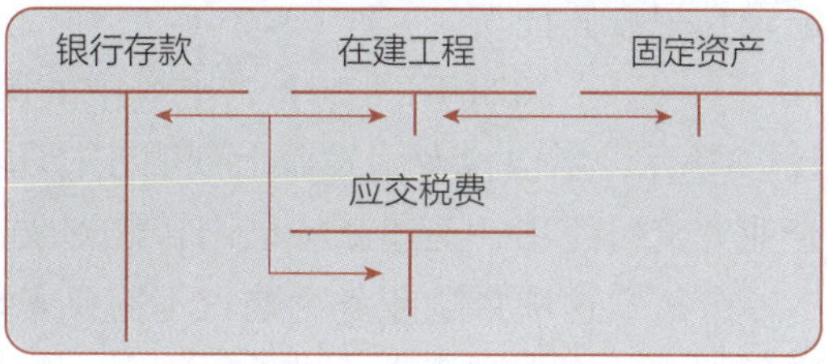

图7-36 需安装资产的账务处理

知识拓展

增值税

增值税是以商品（含应税劳务）在流转过程中产生的增值额作为计税依据而征收的一种流转税。增值税实行价外税，应税交易的销售额不包括增值税税额，增值税税额应在增值税发票上单独列明，并由消费者负担，由卖方代扣代缴。

增值税的计税原理是对商品生产、流通、劳务服务中多个环节的新增价值或商品的附加价值征收的一种流转税。有增值才征税，没增值不征税。增值税是我国的第一大税种，针对不同的应税交易额实行13%、9%、6%和0%不同的税率，简易算法的小规模纳税人实行3%的税率。

我国境内销售货物、服务、无形资产、不动产以及进口货物的单位和个人，为增值税的纳税人。增值税的纳税人分为一般纳税人和小规模纳税人两种，小规模纳税人采取简易的征收办法，一般纳税人实行税款抵扣制，采取两段征收法，分为增值税进项税额和销项税额，其计算方法如图7-37所示。

图7-37 增值税计算示例

进项税额是纳税人购进与应税交易相关的货物、服务、无形资产、不动产支付或者负担的增值税税额。

销项税额是纳税人发生应税交易，按照销售额乘以税法规定的税率计算的增值税税额。

一般纳税人应交增值税税额=销项税额-进项税额

任务实施

在记账凭证上记录物资采购和固定资产购入的各项经济业务

要求：根据上海中侨食品有限公司发生的以下经济业务编制会计分录，并将这些业务记录在记账凭证上。

【业务1】2024年1月20日，上海中侨食品有限公司购入多功能一体打印机1台，价款合计5 876元，增值税专用发票上列明该打印机的单价为5 200元，税额676元。打印机已运达企业并交付使用，上述款项已用转账支票支付。

分析：这项采购业务为购入不需要安装的固定资产，涉及的账户包括“固定资产”“应交税费——应交增值税（进项税额）”和“银行存款”账户。

根据购买发票和支票存根，编制会计分录：

借：固定资产　　5 200
　　应交税费——应交增值税（进项税额）　　676
　贷：银行存款　　5 876

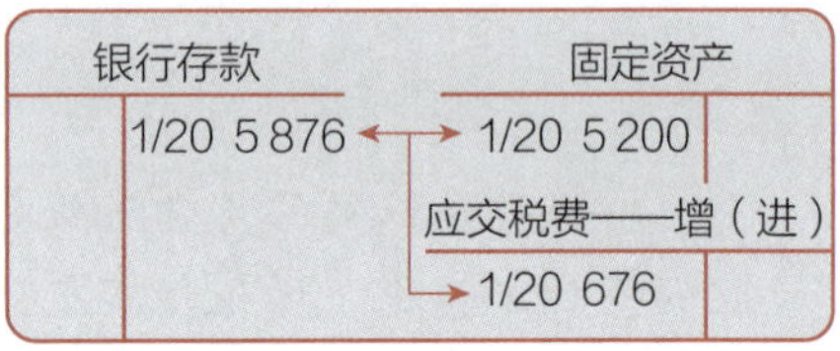

这项业务涉及银行存款的支付，应编制银行存款的付款凭证。

【业务2】2024年2月5日，上海中侨食品有限公司从上海隽聿食品机械有限公司购入一套全自动饼干生产线，价款合计203 400元，增值税专用发票上列明该生产线单价为180 000元，税额23 400元，货款尚未支付，设备已运达企业等待安装，以银行存款支付运费1 308元，增值税发票上列明运费1 200元，增值税108元。

分析：这项业务为购入需要安装固定资产，需要通过“在建工程”账户核算，购入设备的价款和运费都应记入“在建工程”账户的借方，增值税记入“应交税费——应交增值税（进项税额）”。尚未支付的价款记入“应付账款”。

根据购货发票和购货合同，编制会计分录：

借：在建工程——安装工程　　180 000
　　应交税费——应交增值税（进项税额）　　23 400
　贷：应付账款——上海隽聿公司　　203 400

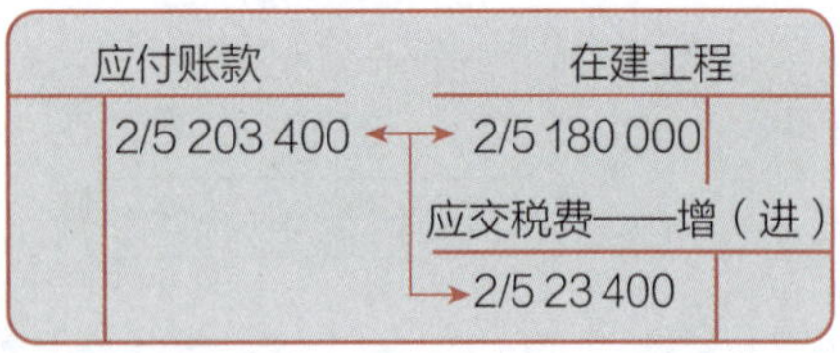

根据运费发票及银行存款付款凭证，编制会计分录：

借：在建工程——安装工程　　1 200
　　应交税费——应交增值税（进项税额）　　108
　贷：银行存款　　1 308

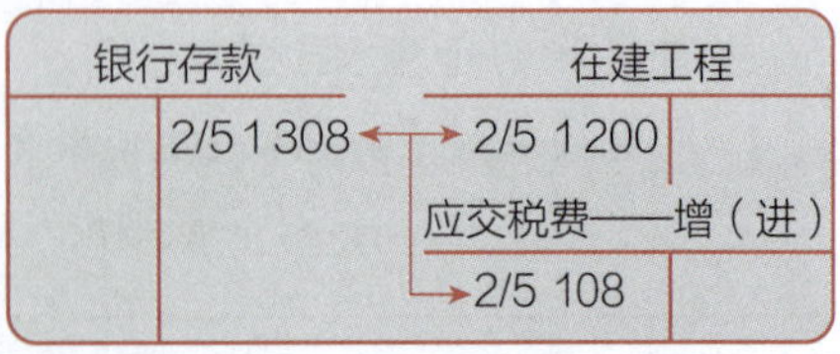

这项业务涉及未付的设备价款，应编制转账凭证；以银行存款支付的运费，应编制银行存款的付款凭证。

【业务3】2024年2月15日，上述购入的生产线安装完毕，可以交付生产使用，设备安装费2 800元，增值税364元，上海隽聿食品机械有限公司已开来增值税专用发票，安装费尚未支付。

分析：设备安装费应记入“在建工程”成本中，设备安装完毕，从“在建工程”转入“固定资产”账户。

根据供货方开来的增值税发票，编制会计分录：

借：在建工程——安装工程　　2 800
　　应交税费——应交增值税（进项税额）364
　贷：应付账款——上海隽聿公司　　3 164

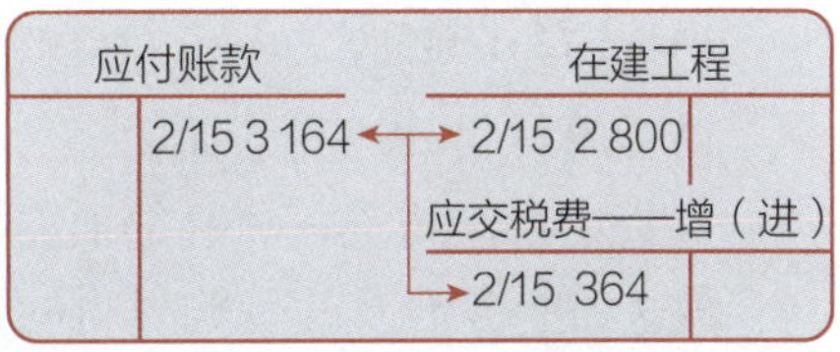

根据安装工程验收报告及工程造价审计书，结转在建工程成本，其中流水线单价180 000元，运输费1 200元，安装费2 800元，共计184 000元。编制会计分录：

借：固定资产　　184 000
　贷：在建工程——安装工程　　184 000

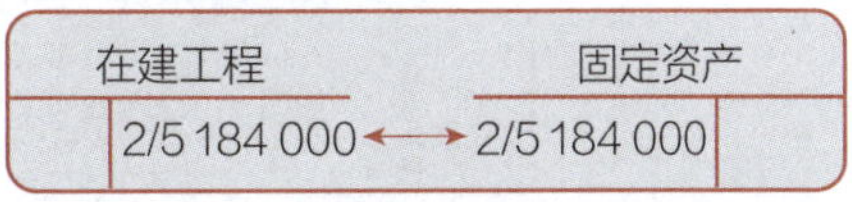

这项业务涉及设备安装成本的增加但未涉及货币资金的收付，应编制转账凭证；同时，安装工程完工应编制转账凭证。

【业务4】2024年2月20日，上海中侨食品有限公司开出转账支票，支付所欠上海隽聿食品机械有限公司货款206 564元。

分析：这项业务随着所欠货款的支付“应付账款”会减少，记在“应付账款”账户的借方，同时银行存款也会减少，记在“银行存款”账户的贷方。

根据支票存根编制会计分录：

借：应付账款——上海隽聿公司　　206 564
　贷：银行存款　　206 564

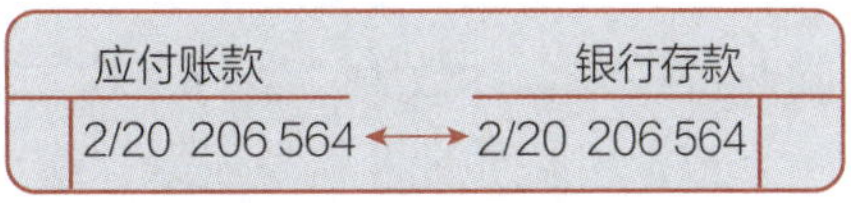

这项业务涉及银行存款的支付，应根据支票存根编制付款凭证。

【业务5】2024年2月10日，上海中侨食品有限公司从上海福新面粉有限公司采购高筋面粉4 000千克，单价3.80元/千克，价款15 200元，税金1 368元，上述价款尚未支付，面粉已运达企业验收入库，用现金支付搬运费800元。

分析：购入面粉的价款尚未支付，形成了“应付账款”，在确定入库材料的实际成本前发生的采购费用记入“在途物资”账户的借方，缴纳的增值税作为进项税额记入“应交税费”账户的借方。由于这项业务涉及采购价款的结算、搬运费的支付和原材料的验收入库，因此应编制三笔分录。

根据卖方开来的增值税专用发票和购货合同，编制会计分录：

借：在途物资——高筋面粉 15 200

应交税费——应交增值税（进项税额） 1 368

贷：应付账款——上海福新面粉有限公司 16 568

根据支付运费的收据，编制会计分录：

借：在途物资——高筋面粉 800

贷：库存现金 800

根据面粉的验收入库单和采购成本计算单，编制会计分录：

借：原材料——高筋面粉 16 000

贷：在途物资——高筋面粉 16 000

这项业务涉及的赊购材料的价款应编制转账凭证；用现金支付的搬运费应编制现金付款凭证；涉及结转验收入库材料的成本，应编制转账凭证。

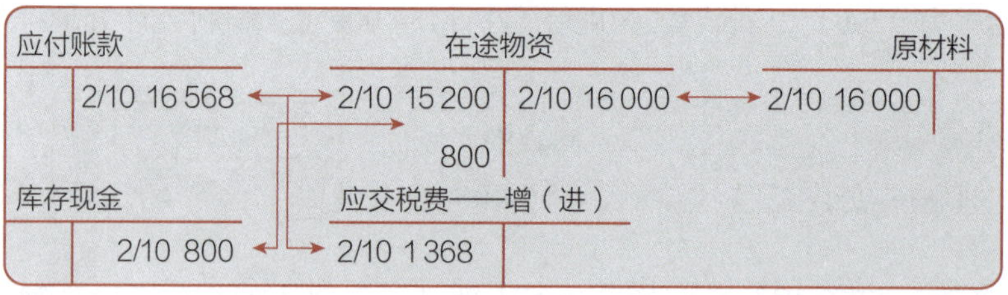

【业务6】2024年2月12日，上海中侨食品有限公司从一站式采购平台购入面包生产用酵母400千克，单价220元/千克，价款88 000元，税金11 440元；白糖1 360千克，单价6元/千克，价款8 160元，税金1 060.8元；食盐400千克，单价9元/千克，价款3 600元，税金324元；奶油1 280千克，单价50元/千克，价款64 000元，税金8 320元。上述价款已通过银行转账支付。

分析：这项业务为以银行存款支付采购货款，在材料尚未到达企业前形成了“在途物资”，在途物资的金额为购入材料买价，在记入“在途物资”总账的同时，还应分别不同原材料记入其明细分类账中；税款的部分应记入“应交税费——应交增值税（进项税额）”中，同时价税的合计数为“银行存款”减少的金额。

根据付款凭证及购货发票，编制会计分录：

借：在途物资——酵母 88 000

——白糖 8 160

——食盐 3 600

——奶油 64 000

应交税费——应交增值税（进项税额） 21 144.80

贷：银行存款 184 904.80

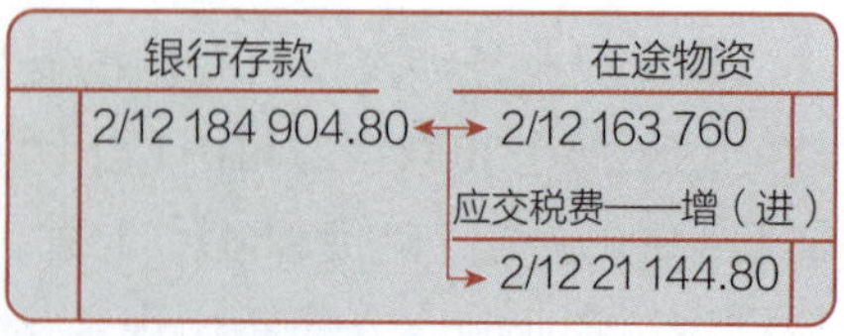

这项业务涉及银行存款的支付，应编制银行存款的付款凭证。

【业务7】2024年2月15日，上海中侨食品有限公司以银行存款支付12日购入材料的运费1 874.80元，增值税发票注明价款1 720元，增值税额154.80元。材料的运费按照购入材料的重量分配，编制材料运费分配表，如表7-2所示。

表7-2 材料运费分配计算表

项目	酵母	白糖	食盐	奶油	合计
重量/千克	400	1 360	400	1 280	3 440
分配率	0.5	0.5	0.5	0.5	—
运费/元	200	680	200	640	1 720

分析：购入材料的运费增加在途材料的成本，按照分配标准应记入各材料“在途物资”的明细账中，增值税记入“应交税费——应交增值税（进项税额）”的借方，价税合计数减少银行存款。

根据增值税发票和银行存款的付款凭证，编制会计分录：

借：在途物资——酵母　　200
　　　　　——白糖　　680
　　　　　——食盐　　200
　　　　　——奶油　　640
　应交税费——应交增值税（进项税额）154.80
　贷：银行存款　　1 874.80

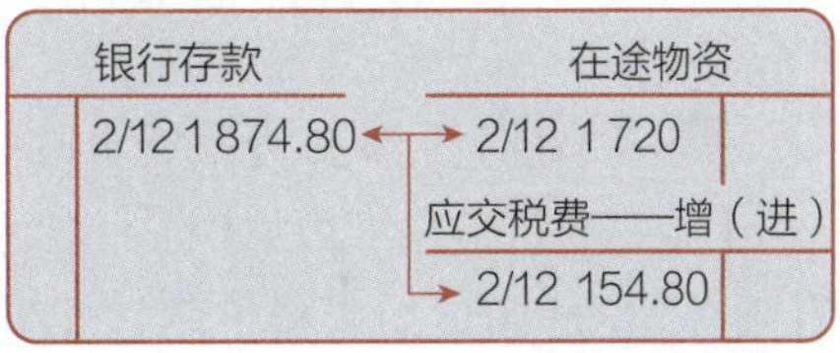

这项业务涉及银行存款的支付，应编制银行存款的付款凭证。

【业务8】2024年2月16日，12日采购的材料运达企业仓库并验收入库，结转入库材料的实际采购成本，各材料的实际采购成本计算表如表7-3所示。

表7-3 材料采购成本计算表

项目	酵母	白糖	食盐	奶油	合计
数量/千克	400	1 360	400	1 280	3 440
单价/（元/千克）	220	6	9	50	—
买价/元	88 000	8 160	3 600	64 000	163 760
运费/元	200	680	200	640	1 720
总成本/元	88 200	8 840	3 800	64 640	165 480
单位成本/元	220.5	6.5	9.5	50.5	—

分析：购入材料验收入库涉及“原材料”和“在途物资”两个账户。

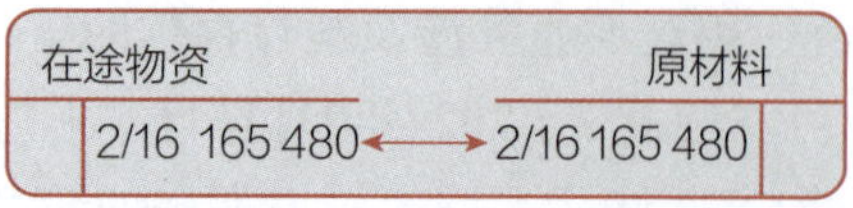

根据材料采购成本计算表及入库单编制会计分录：

借：原材料——酵母　　88 200
　　　　——白糖　　8 840
　　　　——食盐　　3 800
　　　　——奶油　　64 640
　贷：在途物资——酵母　　88 200
　　　　　　——白糖　　8 840
　　　　　　——食盐　　3 800
　　　　　　——奶油　　64 640

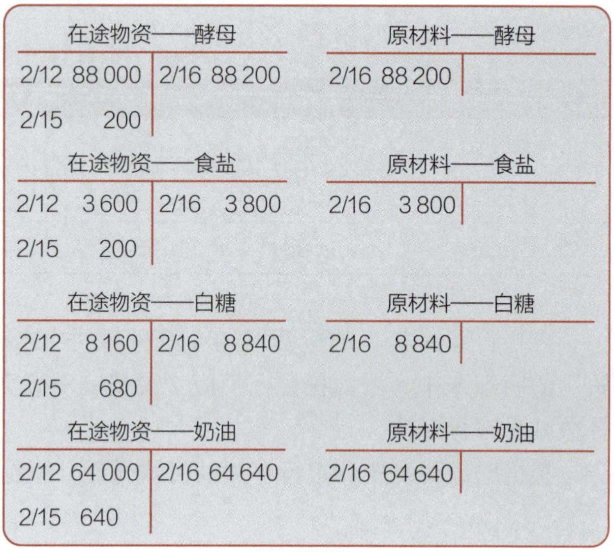

这项业务不涉及货币资金的收付，应编制转账凭证。

【业务9】2024年3月10日，上海中侨食品有限公司以银行存款转账支付上海福新面粉有限公司2月10日的购料价款17 176元。

分析：这项业务偿还所欠货款，企业负债“应付账款”减少17 176元，“银行存款”减少相同的金额。

根据银行存款的付款凭证编制会计分录：

借：应付账款——上海福新面粉有限公司　　17 176
　贷：银行存款　　17 176

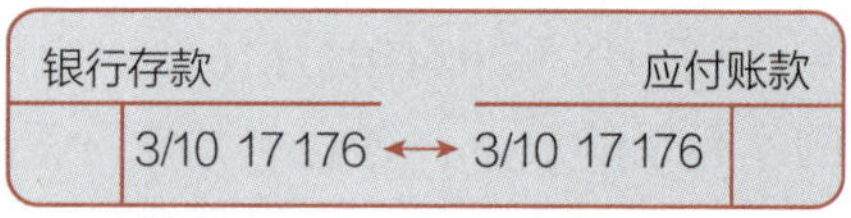

这项业务涉及银行存款的支付，应编制银行存款付款凭证。

【业务10】2024年3月15日，采购员李明出差，预借差旅费8 000元，以现金支付。

分析：职工预借差旅费为企业垫付给出差人员的资金，出差回来后需要用费用凭证报销，若未能出行则需要将企业垫付资金返还，因此属于企业应收款项，但与销售商品、提供劳务无关，因此应通过“其他应收款”账户核算，记在该账户的借方，反映其他应收款项的增加，同时现金减少，贷记“库存现金”账户。

根据职工借款借据编制会计分录：

借：其他应收款——李明　　8 000
　贷：库存现金　　8 000

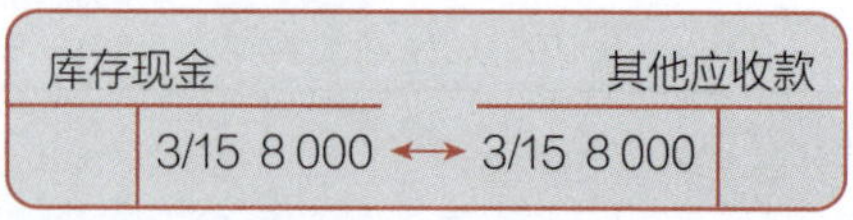

这项业务涉及库存现金支付，应编制现金付款凭证。

【业务11】2024年3月20日，采购员李明出差回来，报销差旅费票据共计7 650元，余额350元现金退回。

分析：采购员差旅费应在企业的管理费用中支付，出差回来后根据费用凭证报销时增加管理费用，记在“管理费用”账户的借方，退回的现金350元借记“库存现金”账户，同时冲减“其他应收款”，贷记该账户。

根据职工报销单据，编制会计分录：

借：管理费用　　　　　　　　7 650
　　库存现金　　　　　　　　　350
　贷：其他应收款——李明　　　　8 000

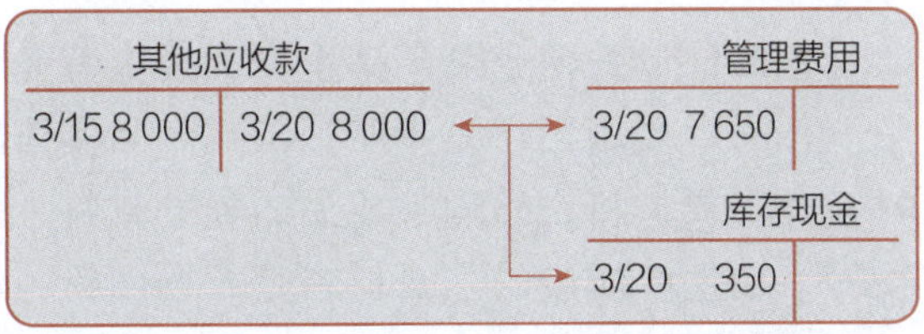

这项业务涉及库存现金的收款，应编制现金收款凭证；同时未涉及现金收付的转账业务应编制转账凭证。

问题研讨

如果材料采购是从小规模纳税人处采购货物，取得普通发票，采购成本中是否含有增值税额？

任务3　记录生产过程经济业务并计算生产成本

任务描述

认知企业生产过程的主要经济业务，指出生产过程涉及的主要账户并记录生产成本形成和完工结转成本的各项业务，计算产品的生产成本。

知识准备

7.3.1　生产过程主要经济业务内容

生产过程是制造业企业的主要经营活动，生产过程中生产人员利用房屋建筑物和机器设备等固定资产对原材料进行加工，生产出市场所需产品。这一过程从原材料投入生产到生产出完工产品会发生各种各样的耗费，如原材料的耗费、人工的耗费、固定资产的耗费等，这些为生产产品发生的耗费称为生产费用。生产费用按照所生产的产品品种进行归集和分配就形成产品的生产成本，也称为产品的制造成本。

（1）生产费用

生产费用是生产耗费的货币表现，按照计入成本的方式，可以分为直接费用和间接费用。费用按照经济用途的分类如图7-38所示。

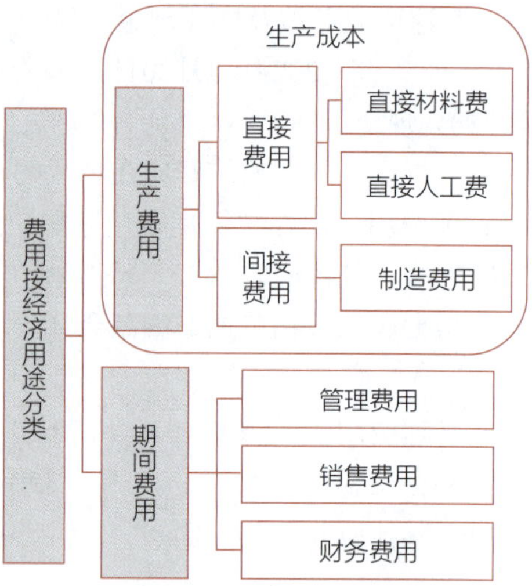

图7-38 费用的分类

①直接费用是企业生产过程中发生的各项直接支出，包括直接材料费和直接人工费。

直接材料是企业在产品生产和提供劳务过程中消耗的直接用于产品生产，构成产品实体的原材料及主要材料、外购半成品、辅助材料、包装物等，如生产面包的主要材料是高筋面粉，辅助材料包括酵母、黄油、奶粉、鸡蛋、食品添加剂等。直接材料费可以根据生产产品的品种直接计入相应产品的成本中。

直接人工是企业在产品生产和提供劳务过程中发生的，直接从事产品生产的工人工资及其他各种形式的职工薪酬，如奖金，加班费等。直接人工费可以直接追溯到所生产的产品品种，可以直接计入产品的成本中。

②间接费用是企业为组织和管理车间生产发生的各项共同性费用，也称制造费用，如车间管理人员的工资等职工薪酬、生产车间的固定资产折旧费、办公费、差旅费、车间的水电费、劳动保护费、机物料消耗等。间接费用需要采用一定的标准在所生产的各种产品间进行分配后计入产品成本。

（2）期间费用

企业生产经营过程中发生的，为维护一定生产经营能力，与特定产品生产没有直接关系，不能直接归属于某种产品成本，应计入当期损益的各种费用，称为期间费用。期间费用包括管理费用、销售费用和财务费用。

生产过程的主要经济业务包括：①生产耗用材料的核算；②生产过程职工薪酬的核算；③其他费用的核算；④制造费用的归集与分配；⑤完工产品成本的计算与结转。

7.3.2 生产成本的构成和计算

产品的生产成本也称产品的制造成本，是为生产一定种类、数量的产品所发生的耗费，是对象化的费用。产品的成本项目包括：直接材料费、直接人工费和制造费用。

产品生产成本=直接费用+间接费用=直接材料费+直接人工费+制造费用

直接为生产产品发生的费用，包括直接材料费和直接人工费，直接计入产品成本，车间为组织和管理产品生产发生的间接费用，发生时先归集计入制造费用，月末再采用一定的分配标准分配计入产品成本。产品成本的构成如图7-39所示。

企业行政部门为组织和管理生产经营活动而发生的费用，包括管理费用、销售费用和财务费用，属于期间费用，不计入产品成本，月末直接计入当期损益。

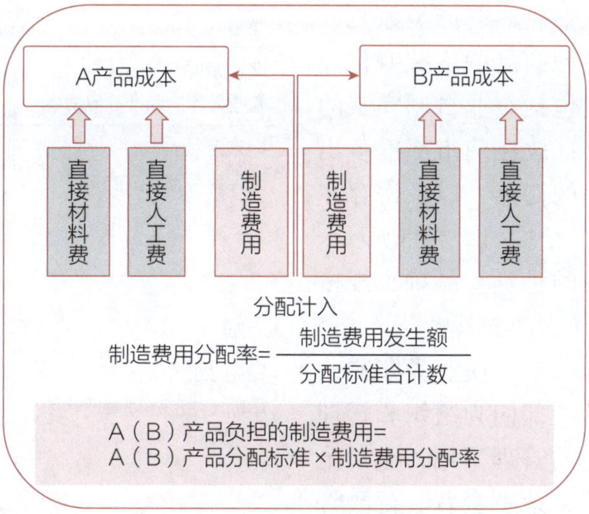

图7-39 产品成本的构成

7.3.3 生产过程涉及的主要账户及账务处理

（1）生产过程的账户设置

①“生产成本”账户。成本类账户，用来核算企业产品生产过程中发生的各项生产费用，其账户结构如图7-40所示。

借方	生产成本 贷方
期初余额： 本期发生的各项生产费用	本期完工产品成本
期末余额： 尚未完工在产品成本	

图7-40 “生产成本”账户结构

企业产品成本核算要具体到每一种产品，因此该账户应按产品品种或名称设置明细账户，进行明细分类核算。

②“制造费用”账户。成本类账户，用来核算企业生产车间或生产部门为生产产品和提供劳务发生的各项间接费用。该账户期末无余额，其账户结构如图7-41所示。

借方	制造费用 贷方
期初余额： 本期发生的各项间接费用	分配结转到“生产成本”账户的金额

图7-41 “制造费用”账户结构

该账户按照生产车间或生产部门及费用项目设置明细账，进行明细分类核算。

③“应付职工薪酬”账户。负债类账户，用来核算企业根据有关规定支付给职工的各种薪酬，包括工资、奖金、福利费、工会经费、非货币性福利以及为职工缴纳的社会保险费、住房公积金等，其账户结构如图7-42所示。

借方	应付职工薪酬 贷方
实际支付的职工薪酬及代扣款项	期初余额： 计算分配的职工薪酬
	期末余额： 应付未付的职工薪酬

图7-42 “应付职工薪酬”账户结构

该账户按照“工资、奖金、津贴和补贴”“职工福利费”“设定提存计划”“设定受益计划”“社会保险费”“住房公积金”“工会经费”“职工教育经费”“非货币性福利”等设置明细账，进行明细分类核算。

④“库存商品”账户。资产类账户，用来核算企业库存各种商品的增减变化及结余情况。库存商品包括企业自制完工的产成品、外购商品、存放在门市部准备出售的商品、发出展览的商品，以及寄存在外的商品等，其账户的结构如图7–43所示。

借方　　　　　库存商品	贷方
期初余额： 验收入库的库存商品成本	发出的库存商品成本
期末余额： 结存库存商品的成本	

图7–43 “库存商品”账户结构

该账户按照商品的种类、品种、规格设置明细账，进行明细分类核算。

⑤“管理费用”账户。损益类账户，用来核算企业行政管理部门为组织和管理企业生产经营所发生的管理费用，包括企业筹建期间的开办费、董事会费、行政管理部门职工薪酬、机物料消耗、水电费、办公费、差旅费、咨询费、业务招待费、固定资产的日常修理费、管理部门用固定资产折旧费等。该账户期末无余额，其账户结构如图7–44所示。

借方　　　　　管理费用	贷方
期初余额： 本期发生的各项管理费用	结转到“本年利润”账户的金额

图7–44 “管理费用”账户结构

⑥“累计折旧”账户。资产类账户，用来核算企业固定资产因磨损而提取的累计折旧的金额及其随固定资产的增减而增减的累计折旧的金额。

该账户按照固定资产的类别或项目设置明细账，进行明细分类核算。“累计折旧”账户的结构如图7–45所示。

借方　　　　　累计折旧	贷方
因固定资产减少而转出的折旧额	期初余额： 计算提取的折旧额
	期末余额： 现有固定资产累计计提的折旧额

图7–45 “累计折旧”账户结构

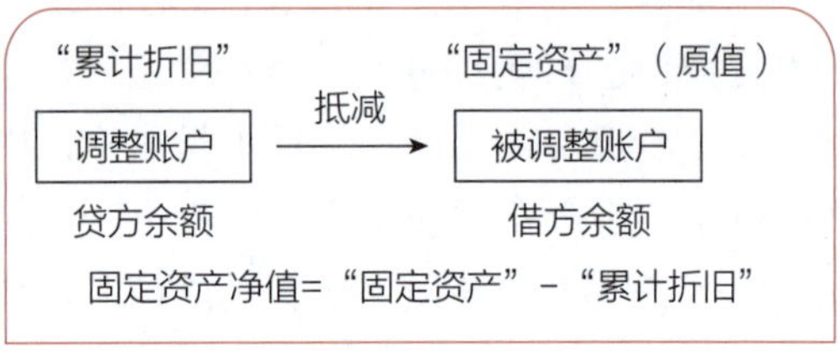

图7–46 “固定资产”与“累计折旧”关系

固定资产的损耗价值称为折旧。随着固定资产使用，固定资产不断发生磨损和损耗从而价值减少，其损耗价值逐渐、部分地转化为成本、费用。因管理需要，“固定资产”账户只记载固定资产原始价值的增减变动及结存情况，固定资产的损耗价值通过“累计折旧”账户进行核算。由于“累计折旧”反映固定资产的损耗价值，因此其账户结构与“固定资产”账户的结构相反，成为固定资产账户的抵减调整账户，“固定资产”与“累计折旧”账户的关系如图7–46所示。

⑦“其他应收款”账户。资产类账户，用来核算企业除应收账款、预付账款以外的其他各种应收及暂付款项，包括各种应收的赔款、罚款、应向职工收取的各种垫付款等。

该账户按照债务人设置明细账，进行明细分类核算，其账户结构如图7–47所示。

（2）生产过程的核算

①材料费用的归集。材料费用一般根据领料凭证，按领用部门和用途进行归集和分配，通常在月底通过编制发出材料汇总表来进行。生产车间生产产品耗用的原材料计入

“生产成本”账户的借方，并计入该产品生产成本明细账中的直接材料成本项目。几种产品共同耗用的原材料，可采用适当的方法将材料费用在各种产品之间进行分配，然后分别计入各产品生产成本明细账中；生产车间间接消耗的材料计入“制造费用”账户的借方；行政管理部门消耗的原材料计入“管理费用”账户的借方。材料费用核算涉及的账户及其对应关系如图7–48、图7–49所示。虚线为总账与明细账的平行登记。

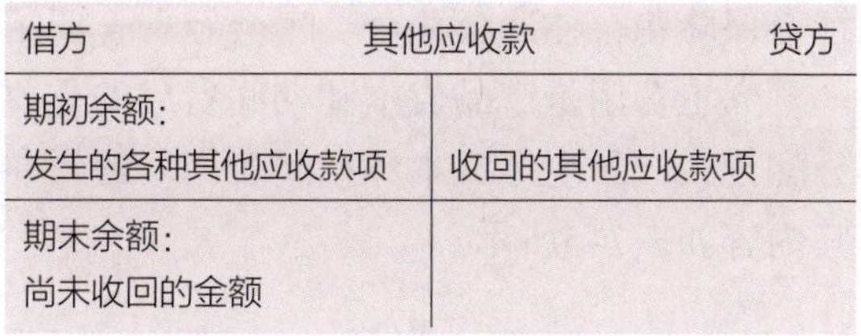

图7–47 “其他应收款”账户结构

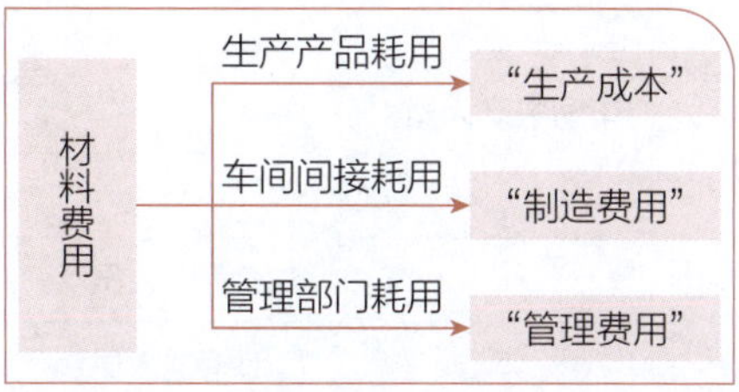

图7–48 材料费用的分配

【案例7–2】上海中侨食品有限公司2024年5月发出材料汇总表如表7–4所示。根据表7–4编制会计分录：

借：生产成本——A产品 96 000
　　　　　　——B产品 112 000
　　制造费用 16 000
　　管理费用 12 340
　贷：原材料——甲材料 135 700
　　　原材料——乙材料 100 640

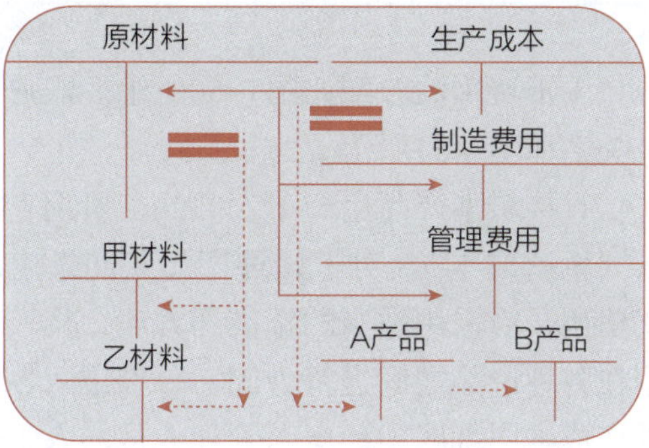

图7–49 材料费用的核算

表7–4 发出材料汇总表

2024年5月31日　　　　单位：元

项目	甲材料（4.6元/千克）		乙材料（6.8元/千克）		合计
	数量	金额	数量	金额	
生产A产品领用	12 000	55 200	6 000	40 800	96 000
生产B产品领用	14 000	64 400	7 000	47 600	112 000
车间一般耗用	2 000	9 200	1 000	6 800	16 000
行政管理部门耗用	1 500	6 900	800	5 440	12 340
合计	29 500	135 700	14 800	100 640	236 340

②人工费用的归集。人工费用是企业承担的职工薪酬，是企业为获得职工服务而给予职工的各种形式的报酬及其他相关支出，包括职工的工资、奖金、津贴和补贴、福利费、

社会保险费、住房公积金、工会经费、职工教育经费、非货币性福利等。

人工费用是产品成本和期间费用的重要组成部分，应按发生的地点和用途进行归集，分配记入产品生产成本和期间费用。通常在月底编制“工资费用分配汇总表”进行分配，其内容如表7-5所示。

表7-5　工资费用分配汇总表

2024年5月31日　　单位：元

车间、部门		应分配金额
车间生产人员	A产品	81 000
	B产品	85 000
	小计	166 000
车间管理人员		26 000
厂部管理人员		88 000
销售机构人员		68 000
合计		348 000

人工费用的分配如图7-50所示。账户的对应关系如图7-51所示。

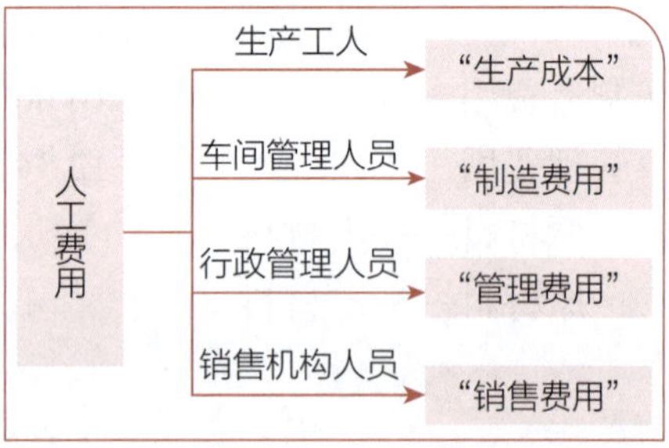

图7-50　人工费用的分配

直接从事产品生产工人的人工费用直接计入“生产成本”。对于几种产品共同发生的人工费用，应采用适当的标准和方法，将人工费用在各种产品之间进行分配，分别记入各产品生产成本明细账中；车间管理人员的人工费用记入“制造费用”；企业行政管理部门人员的人工费用，记入“管理费用”；销售机构人员的人工费用，记入“销售费用”。

【案例7-3】上海中侨食品有限公司5月份“工资费用分配汇总表”如表7-5所示。根据“汇总表”，编制会计分录：

借：生产成本——A产品　　81 000
　　　　　　——B产品　　85 000
　　制造费用　　26 000
　　管理费用　　88 000
　　销售费用　　68 000
　贷：应付职工薪酬　　348 000

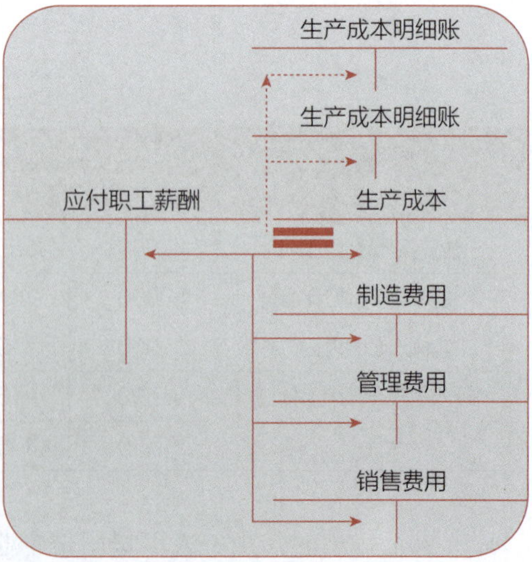

图7-51　人工费用的核算

③ 制造费用的归集、分配与结转。制造费用是企业为生产产品发生的间接费用，是生产多种产品或提供多种劳务的共同耗费，不能直接计入某成本核算对象，应先在“制造费用”账户进行归集，期末将汇总的金额采用恰当的分配标准和方法，分配记入相关的成本计算对象中。只生产单一品种产品的企业，发生的间接费用直接记入该产品成本中。

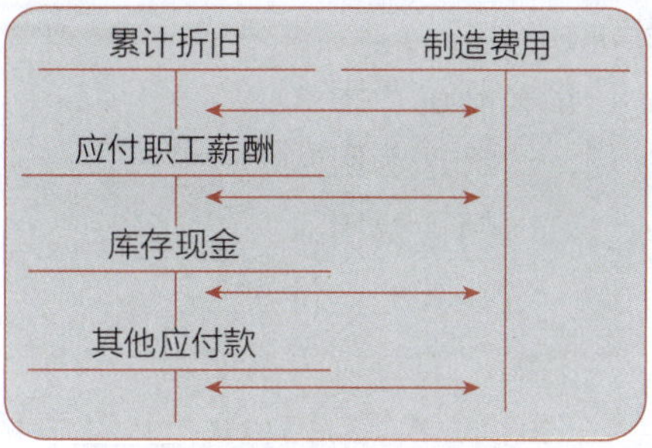

图7-52 制造费用的归集

制造费用一般包括车间用固定资产的折旧费、水电费、保险费、办公用品费、车间管理人员的工资等费用。制造费用的归集如图7-52所示。

对于固定资产的折旧费，月末根据固定资产的使用部门，编制固定资产折旧费用计算表，将固定资产折旧费用记入不同的费用账户中，其中车间生产用固定资产折旧费，记入“制造费用”、厂部管理部门用固定资产折旧费记入“管理费用”、销售机构用固定资产折旧费记入“销售费用”账户的借方，同时贷记“累计折旧”。

【案例7-4】2024年5月31日，上海中侨食品有限公司编制固定资产折旧费用分配表，如表7-6所示。共计提固定资产折旧费用20 000元，其中车间用固定资产折旧费10 000元，厂部办公楼折旧费8 000元，销售机构门市房折旧费2 000元。

表7-6 折旧费用分配表

2024年5月31日 单位：元

会计科目	使用部门	资产类别	提取金额
制造费用	生产车间	生产设备	4 000
		厂房	6 000
管理费用	厂部	办公楼	8 000
销售费用	销售机构	房屋	2 000
合计			20 000

根据折旧费用计算分配表，编制会计分录：

借：制造费用 10 000
　　管理费用 8 000
　　销售费用 2 000
　贷：累计折旧 20 000

其账户的对应关系如图7-53所示。

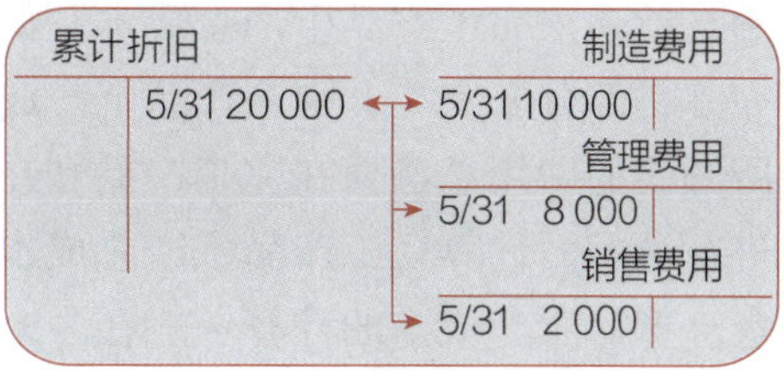

图7-53 折旧费用的提取

【案例7-5】2024年5月31日，上海中侨食品有限公司收到水电费账单，应付本月水电费5 800元，其中生产车间用水电费4 800元，厂部用水电费800元，销售部门用水电费200元，上述款项尚未支付。根据费用账单凭证编制会计分录：

借：制造费用　　4 800

　　管理费用　　800

　　销售费用　　200

　贷：其他应付款　　5 800

其账户的对应关系如图7-54所示。

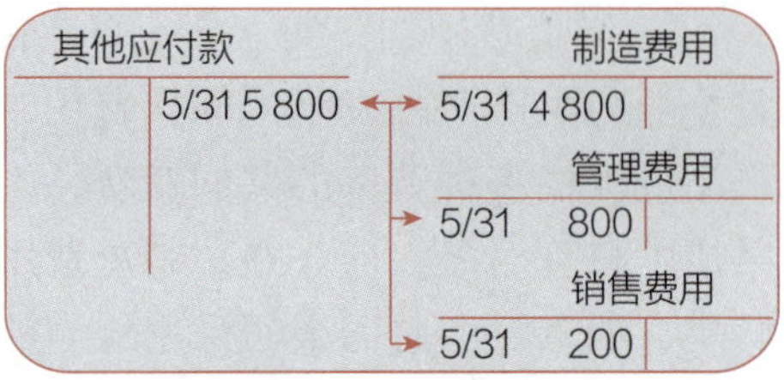

图7-54　水电费的支付

【案例7-6】5月31日，上海中侨食品有限公司编制“制造费用分配表”分配生产A、B两种产品共同负担的制造费用。“制造费用分配表”如表7-7所示。

表7-7　制造费用分配表

2024年5月31日

应借科目		分配标准/工时	分配率	分配金额/元
总分类账	明细分类账			
生产成本	A产品	1 600	20	32 000
	B产品	1 240	20	24 800
合计		2 840		56 800

根据制造费用分配表，编制会计分录：

借：生产成本——A产品　　32 000

　　　　　　——B产品　　24 800

　贷：制造费用　　56 800

制造费用的结转如图7-55所示。

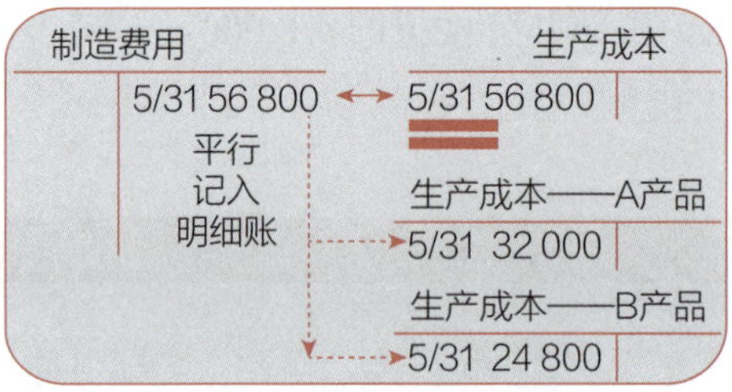

图7-55　制造费用的结转

④完工产品成本的计算与结转。通过上述直接材料费、直接人工费和制造费用的归集和分配后，与产品生产相关的费用已归集到“生产成本”账户借方。月末，如果某种产品全部完工，该产品生产成本明细账所归集的费用总额，就是该完工产品生产总成本。如果有部分完工，部分未完工，则该产品生产成本明细账所归集的费用总额要在完工产品和在产品之间进行分配，计算完工产品生产总成本和单位成本。产品生产成本的计算一般在月末通过编制产品成本汇总计算表来进行。完工产品成本计算公式如下：

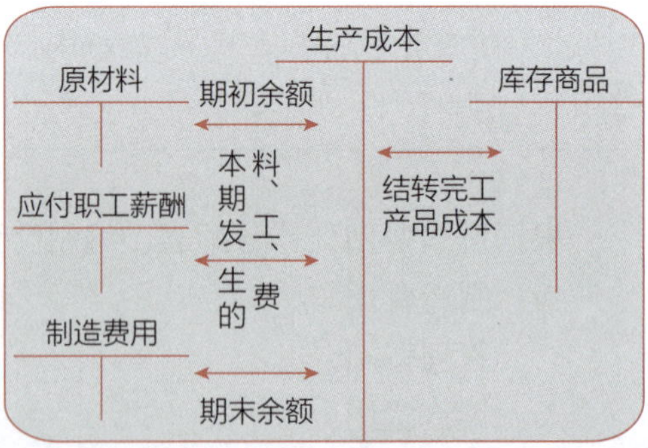

图7-56　生产成本的核算

完工产品成本=期初在产品成本+本期发生的生产费用-期末在产品成本

完工产品成本的结转如图7-56所示。

【案例7-7】上海中侨食品有限公司2024年5月投入生产A产品20 000千克、B产品18 000千克，生产成本明细账如表7-8和表7-9所示，产品成本汇总计算表如表7-10所示。

表7-8 生产成本明细账

产品名称：A产品　　　　单位：元

2024年		摘要	借方（成本项目）				贷方	余额
月	日		直接材料	直接人工	制造费用	合计		
5	1	月初在产品成本	0	0	0	0		0
	31	领用材料	96 000			96 000		96 000
	31	分配职工薪酬		81 000		81 000		177 000
	31	分配制造费用			32 000	32 000		209 000
	31	结转完工产品成本					209 000	0
	31	合计	96 000	81 000	32 000	209 000	209 000	0

表7-9 生产成本明细账

产品名称：B产品　　　　单位：元

2024年		摘 要	借方（成本项目）				贷方	余额
月	日		直接材料	直接人工	制造费用	合计		
5	1	月初在产品成本	0	0	0	0		0
	31	领用材料	112 000			112 000		112 000
	31	分配职工薪酬		85 000		85 000		197 000
	31	分配制造费用			24 800	24 800		221 800
	31	结转完工产品成本					221 800	0
	31	合计	112 000	85 000	24 800	221 800	221 800	0

表7-10 完工产品成本计算汇总表

2024年5月31日　　　　单位：元

成本项目	A产品（20 000千克）					B产品（18 000千克）				
	期初结存	本期投入	期末结存	完工成本	单位成本	期初结存	本期投入	期末结存	完工成本	单位成本
直接材料	—	96 000	—	96 000		—	112 000	—	112 000	
直接人工	—	81 000	—	81 000		—	85 000	—	85 000	
制造费用	—	32 000	—	32 000		—	24 800	—	24 800	
合计	—	209 000	—	209 000	10.45	—	221 800	—	221 800	12.32

根据产品成本汇总计算表结转完工产品成本，编制会计分录：

借：库存商品——A产品　　209 000
　　　　　　——B产品　　221 800
　贷：生产成本——A产品　　209 000
　　　　　　　——B产品　　221 800

账户的对应关系如图7–57所示。

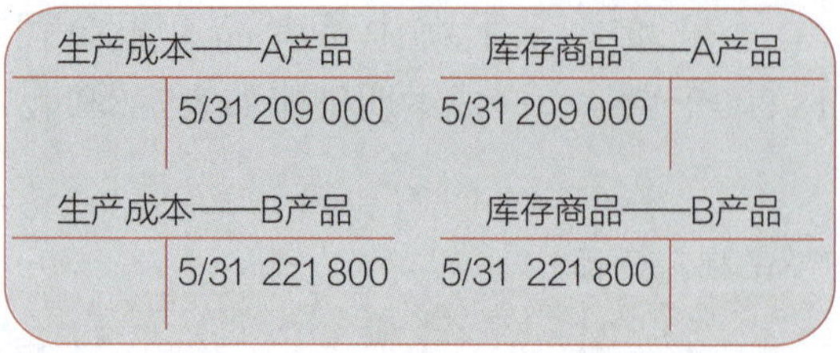

图7–57　完工产品成本结转

知识拓展

存货发出成本的计算方法

存货是企业在日常活动中持有以备出售的产成品或商品、处在生产过程中的在产品、在生产过程或提供劳务过程中耗用的材料或物料等，包括在途的、加工中的、库存的各类材料、商品、在产品、产成品、包装物、低值易耗物等。

企业为生产购入的原材料由于购入的批次不同，其实际采购成本也会存在一定差异，不同批次购入的原材料的单位成本也会存在差异。为便于计量和计算发出存货的单价和成本，实务工作中一般会根据不同的存货流转假设来确定发出存货的成本，常用的假设主要包括先购进的存货先发出、均匀发出假设和个别发出可辨认等假设，从而产生了存货计价的先进先出法、加权平均法和个别计价法等方法。

（1）先进先出法。先进先出法是假定先购进入库的存货先发出，按照入库存货先后顺序的数量和单价，确定发出存货成本的一种方法。

优点：采用这种方法的优点是发出存货的计价和成本计算分散在平时进行，随时可以确定发出存货的成本，保证产品成本和销售成本计算的及时性，有利于存货管理，并可减轻月末计算的工作量。

缺点：在物价上涨时，由于期末存货成本为后购进的批次，因此会高估期末存货价值，低估本期销货成本，致使本期利润偏高。反之，则会低估期末存货成本，高估本期销货成本，致使当期利润偏低。

【案例7–8】上海中侨食品有限公司2024年6月1日，结存甲材料3 000千克，实际成本为8.0元/千克，6月5日、15日和25日分别购入该材料8 000千克，9 000千克和7 000千克，每千克实际采购成本分别为8.2元、8.0元和8.3元；6月6日、16日和26日，分别发出甲材料9 000千克、8 500千克和8 000千克。按先进先出法，发出和结存材料的成本如表7–11所示。

表7–11　甲材料明细分类账（先进先出法）

2024年		摘要	收入			发出			结存		
月	日		数量	单价	金额	数量	单价	金额	数量	单价	金额
6	1	期初结存							3 000	8.0	24 000
	5	购入	8 000	8.2	65 600				3 000 8 000	8.0 8.2	89 600

续表

2024年		摘要	收入			发出			结存		
月	日		数量	单价	金额	数量	单价	金额	数量	单价	金额
	6	发出				3 000 6 000	8 8.2	73 200	2 000	8.2	16 400
	15	购入	9 000	8	72 000				2 000 9 000	8.2 8.0	88 400
	16	发出				2 000 6 500	8.2 8.0	68 400	2 500	8.0	20 000
	25	购入	7 000	8.3	58 100				2 500 7 000	8.0 8.3	78 100
	26	发出				2 500 5 500	8.0 8.3	65 650	1 500	8.3	12 450
	30	合计	24 000	—	195 700	25 500	—	207 250	1 500	8.3	12 450

其发出材料和结存材料的成本计算如下：

6月6日发出材料的成本=3 000×8.0+6 000×8.2=73 200（元）

6月16日发出材料的成本=2 000×8.2+6 500×8.0=68 400（元）

6月26日发出材料的成本=2 500×8.0+5 500×8.3=65 650（元）

6月30日结存材料的成本=1 500×8.3=12 450（元）

（2）加权平均法。加权平均法是假设存货均匀发出，发出存货的总成本平均分配给所有可供发出的存货数量。一般月末一次性计算加权平均单位成本，本期发出存货和期末结存存货的成本按照以数量为权数计算的加权平均成本来计算，并在月末结转发出存货成本。日常核算中存货明细账中只登记存货增加的数量和金额，存货减少和结存栏只登记数量，不登记金额，月末根据计算的月末加权平均单价和实际发出和结存的数量再登记金额。

优点：平时不对发出存货计价，日常核算工作量小，简便易行，适用于存货收发比较频繁的企业。

缺点：存货计价集中在月末进行，加大了月末核算的工作量，平时无法及时提供发出存货和结存存货的单价及金额，不利于存货的管理。加权平均法的计算公式：

$$加权平均单位成本=\frac{月初结存存货成本+本月收入存货成本}{月初结存存货数量+本月收入存货数量}$$

本月发出存货成本=加权平均单位成本×本月发出存货的数量

月末结存存货成本=加权平均单位成本×本月结存存货的数量

加权平均单位成本在计算时，如遇除不尽的情况，一般可以先按加权平均单位成本计算月末结存存货成本，然后倒轧出本月发出存货成本，将尾差计入发出存货成本中。即，

本月发出存货成本=（月初结存存货成本+本月收入存货成本）–月末结存存货成本

采用加权平均法计算存货的平均成本时，如果是在月末一次性计算的，称为月末一次加权平均法，如果是在月中随着存货购进批次的增加分次计算加权平均单价，并以此计算发出存货成本的，称为移动加权平均法。

【案例7-9】以【案例7-8】的资料为例，采用月末一次加权平均法计算甲材料成本时，甲材料发出和结存的成本计算如下，其明细账如表7-12所示。

表7-12 甲材料明细分类账（加权平均法）

2024年		摘要	收入			发出			结存		
月	日		数量	单价	金额	数量	单价	金额	数量	单价	金额
6	1	期初结存							3 000	8.0	24 000
	5	购入	8 000	8.2	65 600				11 000		89 600
	6	发出				9 000			2 000		—
	15	购入	9 000	8	72 000				11 000		—
	16	发出				8 500			2 500		—
	25	购入	7 000	8.3	58 100				9 500		—
	26	发出				8 000			1 500		
	30	合 计	24 000	—	195 700	25 500	8.137	207 494.5	1 500	8.137	12 205.5

甲材料加权平均单位成本=（24 000+195 700）÷（3 000+24 000）=8.137（元/件）

月末结存存货成本=8.137×1 500=12 205.5（元）

本月发出存货成本=（24 000+195 700）−12 205.5=207 494.5（元）

（3）个别计价法。亦称个别辨认法或具体辨认法。假定能够辨识出发出存货和结存存货是哪一批次购入的，并按照相应批次购入的单价进行计价并计算成本的一种方法。

优点：存货实物的流转和成本的流转完全一致，能够准确反映本期发出和期末结存存货的成本。

缺点：日常核算烦琐，需要对每一类存货的品种、规格、入账时间和单位成本、存放地点等做详细记录。

一般适用于不能替代使用、为特定项目专门购入或制造的存货计价，以及品种不多，价值较高或体积较大，容易辨识的存货，如房产、船舶、飞机、重型机器设备，以及珠宝、名画等。

任务实施

在记账凭证上记录企业生产过程的经济业务

要求：根据上海中侨食品有限公司2024年5月发生的经济业务，填制记账凭证，并在

T形账户中登记。

【业务1】2024年5月31日，上海中侨食品有限公司汇总分配本月材料费用，编制的发料凭证汇总表如表7-3所示。

根据发出材料汇总表编制转账凭证，将涉及的总账及明细分类账户登记如下。

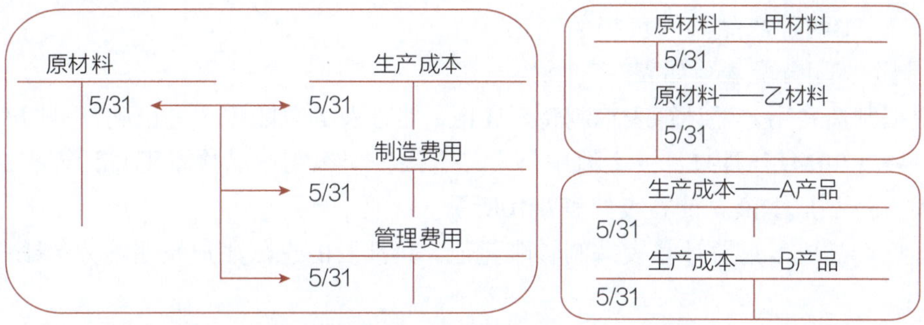

【业务2】2024年5月31日，上海中侨食品有限公司分配结转本月工资费用，根据考勤记录和工资标准编制的工资费用分配表如表7-5所示。

根据工资费用分配汇总表应编制转账凭证，将涉及的总账及明细分类账户登记如下。

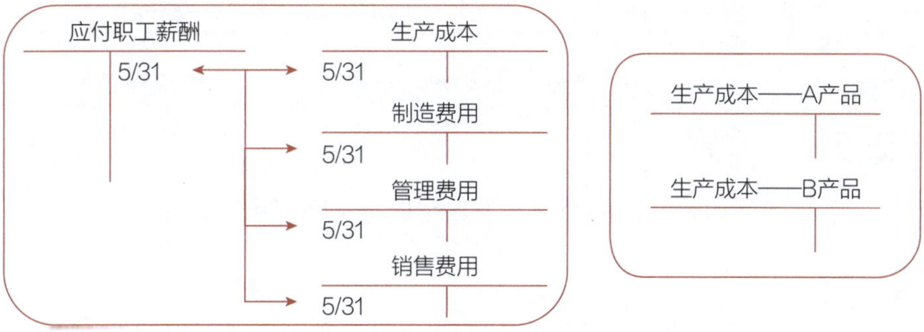

【业务3】2024年5月31日，上海中侨食品有限公司计提本月固定资产折旧费，分配结转折旧费用，折旧费用分配表如表7-6所示。

根据折旧费用分配计算表编制转账凭证，将涉及的总账账户登记到T形账户：

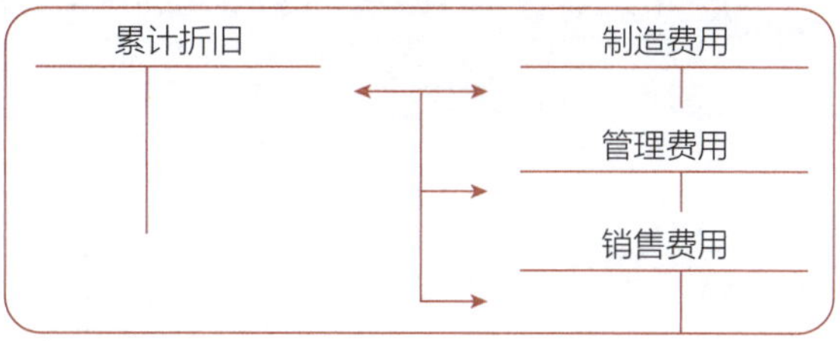

【业务4】2024年5月31日，上海中侨食品有限公司根据水电费账单，将本月发生水电费5 800元计入当期，其中生产车间用水电费4 800元，厂部管理部门用水电费800元，销售部门用水电费200元。

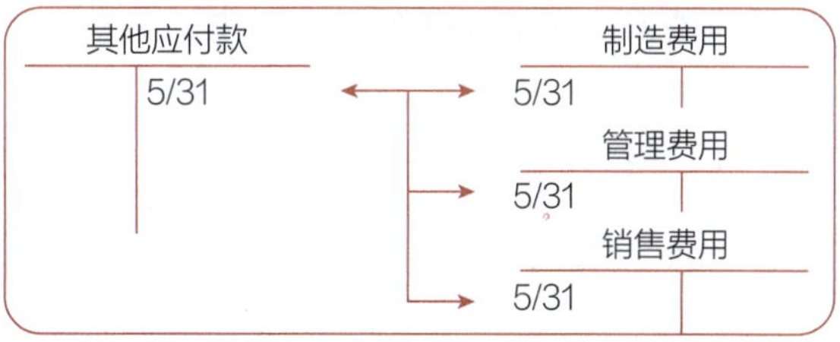

水电费尚未支付，根据水费和电费账单编制转账凭证，将涉及的总账账户登记到T形账户：

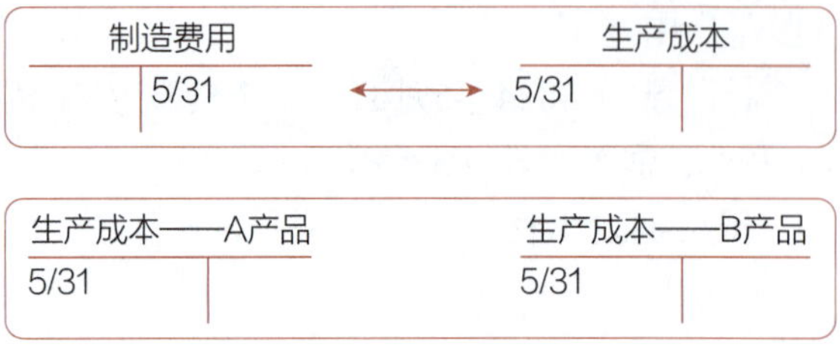

【业务5】2024年5月31日，上海中侨食品有限公司编制“制造费用分配表”分配生产A、B两种产品共同负担的制造费用。“制造费用分配表”如表7-7所示。

根据制造费用分配计算表编制转账凭证，将涉及的总账账户登记到T形账户：

【业务6】2024年5月31日，上海中侨食品有限公司编制产品成本汇总计算表结转完工产品成本，产品成本汇总计算表如表7-10所示。

根据产品成本汇总计算表编制转账凭证，将涉及的总账账户及明细分类账户登记到T形账户：

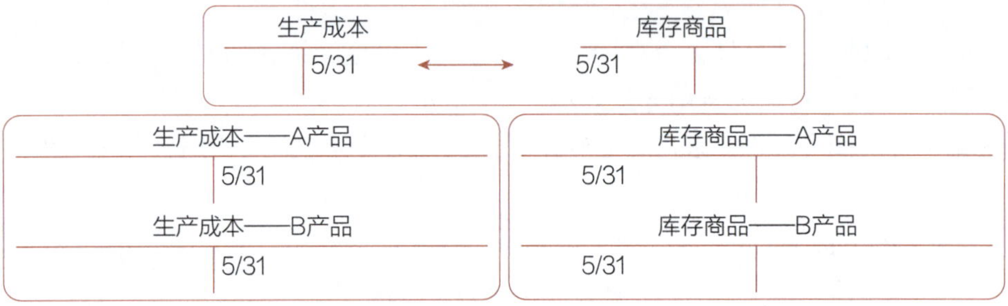

问题研讨

生产单一品种产品的企业，是否需要设置制造费用明细账，为什么？

任务4　记录销售过程经济业务

任务描述

认知企业销售过程的主要经济业务，指出销售过程涉及的主要账户并记录销售收入的取得和销售成本的结转等销售业务。

知识准备

7.4.1　销售过程主要经济业务内容

销售过程是产品制造企业从产品验收入库开始到销售给购买方为止的销售活动过程，

是企业生产经营的最后阶段。销售过程如图7–58所示。

通过销售过程，企业将产品销售给客户，并与客户结算货款，占用在库存商品上的成品资金转化为货币资金，实现了产品的销售收入。当销售收入大于销售成本时，一部分资金补偿了占用在已售库存商品上的成品资金，也就是销售成本，在重复再生产过程中用于重新购买原材料，进行新一轮的产品生产活动；超出销售成本的部分实现了增值，形成了产品的销售毛利。

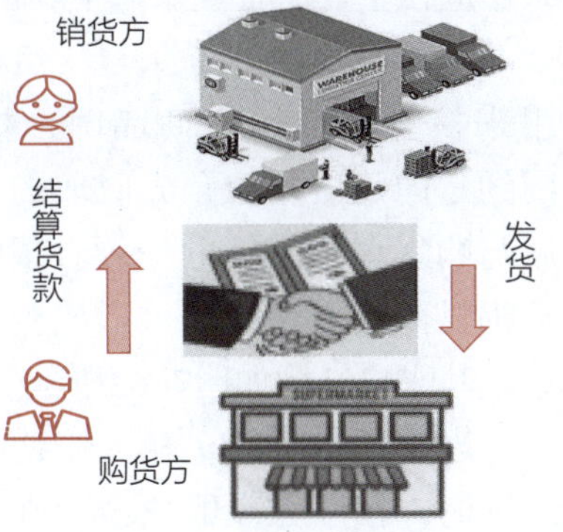

图7–58 销售过程

销售过程中的主要经济业务包括：①按售价结算货款，实现销售收入，计算增值税销项税额；②确认已售产品的销售成本；③按国家税法规定缴纳各项销项税金；④确认销售过程中发生的包装费、运输费、广告费等销售费用。

7.4.2 销售成本的构成和计算

企业为取得商品销售收入，需要向客户提供商品，占用在已售商品上的费用，就是产品的销售成本，也称主营业务成本。按照配比的原则，产品销售收入，即主营业务收入取得的同期，应结转已售产品的销售成本，即主营业务成本。企业生产完工验收入库的全部库存商品成本并不都是主营业务成本，只有已经售出的那部分才构成主营业务成本。

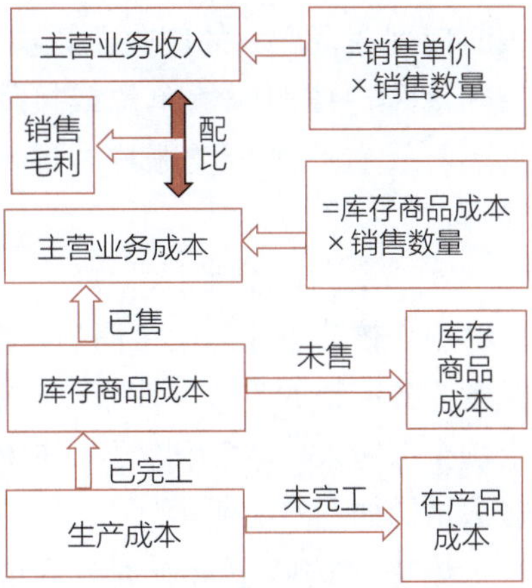

图7–59 销售成本的构成

销售成本的构成如图7–59所示 。

主营业务成本=本期销售商品的数量×单位商品生产成本

7.4.3 销售过程涉及的主要账户及其核算

（1）销售过程的账户设置

①“应收账款”账户。资产类账户，用来核算企业因销售商品、提供劳务等经营活动应向购货单位或接受劳务单位收取的款项，其账户结构如图7–60所示。

该账户按照购货单位或接受劳务单位设置明细分类账户，进行明细分类核算。

借方　　应收账款	贷方
期初余额： 应收取的款项	收回的应收款项
期末余额： 应收未收的款项	

图7–60 “应收账款”账户结构

②“应收票据”账户。资产类账户，用来核算企业因赊销而收到的商业汇票，包括银行承兑汇票和商业承兑汇票，其账户结构如图7–61所示。

该账户按照开出承兑商业汇票的单位设置明细账户，进行明细分类核算。商业承兑汇票还应在企业的备查账簿中登记。

③“预收账款”账户。负债类账户，用来核算企业销售商品时，根据销售合同约定向购货单位预先收取的货款及发货后与购货单位结算的货款。预收货款在尚未提供商品或劳务前，形成企业的一项债务，其账户结构如图7-62所示。

当实际发货的金额大于购货方预付的款项时，预收账款账户会存在借方余额，为应向购货单位收取的款项，此时该账户的性质为资产类账户，期末编制资产负债表时应列在资产方的应收账款项目。

该账户按照购货单位或接受劳务单位的名称设置明细分类账户，进行明细分类核算。

④“主营业务收入”账户。损益类账户，用来核算企业因销售商品、提供劳务等主营业务取得的收入。该账户期末无余额，余额全部转入“本年利润”账户的贷方，其账户结构如图7-63所示。

该账户按照主营业务收入的种类设置明细分类账，进行明细分类核算。

⑤“其他业务收入”账户。损益类账户，用来核算企业除主营业务活动外，从其他经营活动取得的收入，包括固定资产出租、无形资产出租、包装物出租取得的租金收入、销售材料取得的销售收入等。该账户期末余额全部转入“本年利润”账户的借方，期末无余额，其账户结构如图7-64所示。

该账户按照其他业务收入的种类设置明细分类账，进行明细分类核算。

⑥“主营业务成本”账户。损益类账户，用来核算企业为取得主营业务收入而结转的对应成本。期末该账户余额全部转入“本年利润”账户的借方，期末无余额，其账户结构如图7-65所示。

借方　　应收票据	贷方
期初余额： 收到的商业汇票款项	收回的商业汇票款项
期末余额： 尚未到期汇票款项	

图7-61 “应收票据”账户结构

借方　　预收账款	贷方
①发货后与购货方结算的款项 ②多收退还的款项	期初余额： ①预收的款项 ②补付的货款
（应收的款项）	期末余额： 已预收尚未偿付款项

图7-62 “预收账款”账户结构

借方　　主营业务收入	贷方
①销售退回及折让的金额 ②转入“本年利润”的主营业务收入净额	实现的主营业务收入

图7-63 “主营业务收入”账户结构

借方　　其他业务收入	贷方
转入“本年利润”的其他业务收入	实现的其他业务收入

图7-64 “其他业务收入”账户结构

借方　　主营业务成本	贷方
实现发生的主营业务成本	转入“本年利润”的主营业务成本

图7-65 “主营业务成本”账户结构

该账户按照主营业务支出的种类设置明细分类账，进行明细分类核算。

⑦“其他业务成本”账户。损益类账户，用来核算企业除主要经营活动外，为取得其他业务收入发生的支出，包括出租的固定资产的折旧额、出租的无形资产摊销额、出租的包装物的摊销额，以及销售材料的成本。期末，该账户余额全部转入“本年利润”账户的借方，期末无余额，其账户结构如图7–66所示。

借方　其他业务成本	贷方
实现发生的其他业务成本	转入“本年利润”的其他业务成本

图7–66 “主营业务成本”账户结构

该账户按照其他业务支出的种类设置明细分类账，进行明细分类核算。

⑧“销售费用”账户。损益类账户，用来核算企业为销售商品、提供劳务而发生的与销售相关的费用，包括运输费、装卸费、包装费、保险费、展览费和广告费，以及专设的销售机构的经费等。期末，该账户余额全部转入“本年利润”账户的借方，期末无余额，其账户结构如图7–67所示。

借方　销售费用	贷方
实现发生的销售费用	转入“本年利润”的销售费用金额

图7–67 “销售费用”账户结构

⑨“税金及附加”账户。损益类账户。用来核算企业发生的消费税、城市维护建设税、资源税、教育费附加、房产税、车船使用税、印花税等相关税费。期末，该账户余额全部转入“本年利润”账户的借方，期末无余额，其账户结构如图7–68所示。

借方　税金及附加	贷方
实现发生应交的销售税金及附加	转入“本年利润”的金额

图7–68 “销售税金及附加”账户结构

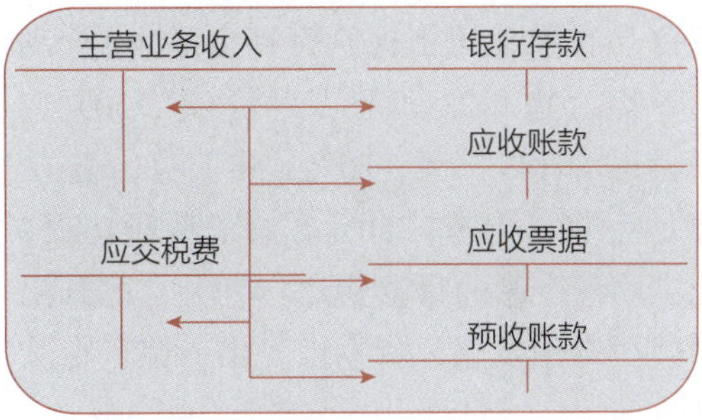

图7–69 主营业务收入的核算

该账户按照税种及附加项目设置明细分类账，进行明细分类核算。

（2）销售过程的核算

①主营业务收入的核算。主营业务收入是制造业取得收入的主要来源，包括销售商品、自制半成品、代制品、代修品、提供工业性劳务等实现的收入。

主营业务收入应根据已销货物应收的合同或协议价款确认，记入“主营业务收入”账户的贷方；根据销售额和适用税率向购货方收取的增值税应记入“应交税金——应交增值税（销项税额）”账户贷方；已收取或应收取的价税合计货款的金额应记入“银行存款”或“应收账款”账户借方，购货方以商业票据支付款项的，应记入“应收票据”账户借方，购货方以预付方式支付货款的，记入“预收账款”账户借方。主营业务收入确认涉及的总账账户及其对应关系如图7–69所示。

【案例7–10】2024年5月10日，上海中侨食品有限公司销售给润发超市A产品200千克，售价22.50元/千克，价款4 500元，增值税额585元；B产品150千克，售价24.60元/千克，价款3 690元，增值税额479.70元，上述货款合计9 254.70元，已开出增值税专用发票，货物已发出，货款尚未收到。

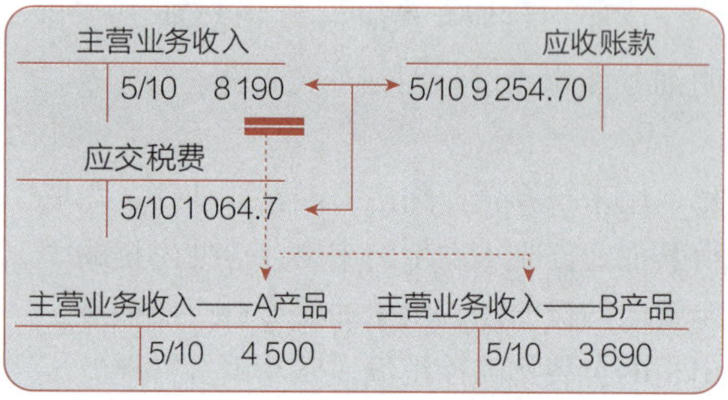

图7-70 赊销业务的核算

这项业务实现了产品的销售，但尚未收到货款，体现为“主营业务收入”和“应收账款”的增加，“主营业务收入”增加记贷方，同时分别记入A、B两种产品主营业务收入的明细账户中；应收账款增加记借方，同时记入润发超市的应收账款明细账中，其账户对应关系如图7-70所示。

根据销售发票及购销合同，编制会计分录：

借：应收账款——润发超市　　9 254.70

　贷：主营业务收入——A产品　　4 500

　　　　　　　　　——B产品　　3 690

　　应交税费——应交增值税（销项税额）　　1 064.70

【案例7-11】2024年5月11日，上海中侨食品有限公司销售给百姓食品店A产品50千克，售价23元/千克，价款1 150元，增值税额149.50元；B产品50千克，售价25元/千克，价款1 250元，增值税额162.50元，两种产品的货款共计4 174元，已开出增值税专用发票，货物已发出，银行存款已收到。

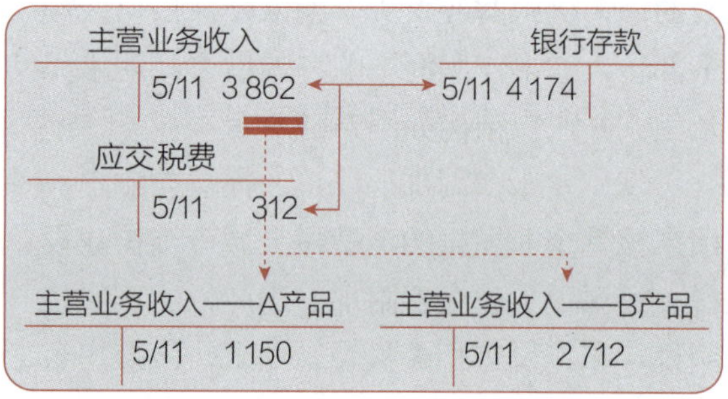

图7-71 现销业务的核算

这项业务在实现收入的同时收到了银行存款，体现为“主营业务收入”和“银行存款”的同时增加，其账户对应关系如图7-71所示。

根据销售发票和收款凭证编制会计分录：

借：银行存款　　4 174

　贷：主营业务收入——A产品　　1 150

　　　　　　　　　——B产品　　2 712

　　应交税费——应交增值税（销项税额）　　312

【案例7-12】2024年5月15日，上海中侨食品有限公司销售给一站式采购批发中心A产品5 000千克，售价18.5元/千克，价款92 500元，增值税额12 025元；B产品4 500千克，售价19.5元/千克，价款87 750元，增值税额11 407.5元，货款合计203 682.5元，已开出增值税专用发票，并收到该采购批发中心开出的承兑期为2个月的无息商业承兑汇票支付货款。货已发出，根据购货合同，上述货物由上海中侨食品有限公司负责运输到一站式采购批发中心仓库。

这项业务在实现收入的同时收到了商业承兑汇票，收到的商业承兑汇票到期可以收到票据款，未收到票据款之前为应收的票据款，因此，体现为“主营业务收入”和“应收票据”的同时增加，其账户对应关系如图7–72所示。

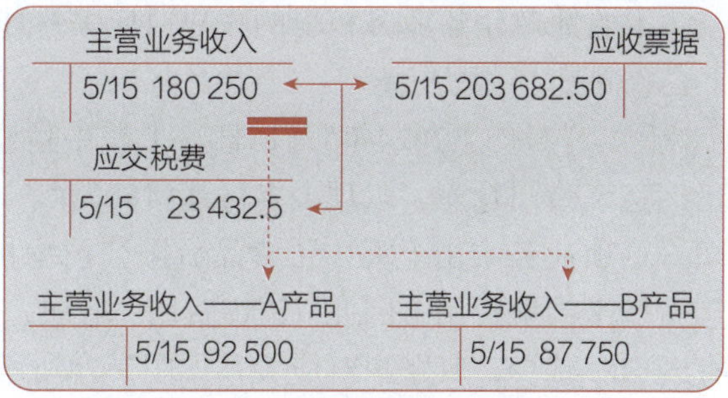

图7–72 商业汇票销售的核算

根据销售发票和商业承兑汇票的复印件编制会计分录：

借：应收票据　　203 682.50

　贷：主营业务收入——A产品　　92 500

　　　　　　　　——B产品　　87 750

　　应交税费——应交增值税（销项税额）　　23 432.50

【案例7–13】2024年5月16日，上海中侨食品有限公司与兴旺食品店签订购销协议，每隔5天以优惠价向兴旺食品店运送A产品50千克，售价18.5元/千克；B产品40千克，售价19.5元/千克。兴旺食品公司需预付一个月的购货款，5月17日，上海中侨食品有限公司收到兴旺食品店预付的款项8 000元存入银行。

这项业务涉及的预收账款是企业的一项债务，企业应按合同约定发货给兴旺食品店以偿付所欠债务，收到预付的账款时，上海中侨食品有限公司银行存款增加，但并未实现销售收入，因此体现为“预收账款”和“银行存款”的增加，其账户对应关系如图7–73所示。根据购销合同和银行存款进账单，编制会计分录：

借：银行存款　　8 000

　贷：预收账款——兴旺食品店　　8 000

【案例7–14】2024年5月17日，上海中侨食品有限公司发货给兴旺食品店A产品50千克，售价18.5元/千克，价款925元，增值税额120.25元；B产品40千克，售价19.5元/千克，价款780元，增值税额101.40元，上述货款共计1 926.65元，已开出增值税发票给兴旺食品店。

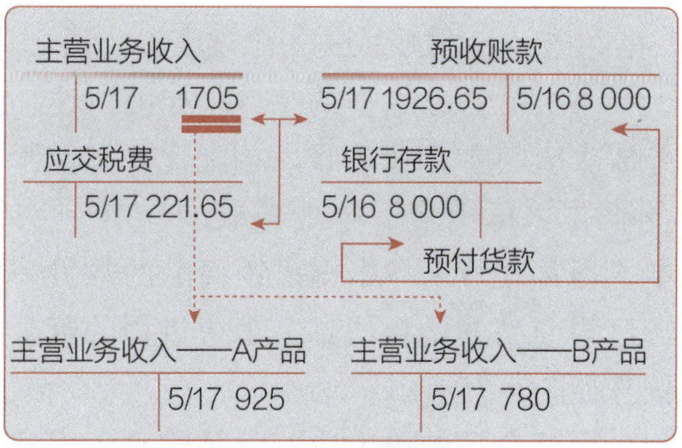

图7–73 预收货款销售的核算

这项业务使“预收账款”因销货方履约按合同给购货方发货而减少，记借方；销售收入得以实现，“主营业务收入”增加记贷方。根据销售发票编制会计分录：

借：预收账款——兴旺食品店　　1 926.65

　贷：主营业务收入——A产品　　925

　　　　　　　　——B产品　　780

　　应交税费——应交增值税（销项税额）　　221.65

预收账款销售业务核算的账户对应关系如图7-73所示。

②销售费用的核算。

【案例7-15】2024年5月16日，上海中侨食品有限公司销售给一站式采购中心的货物已运达该公司仓库，以现金支付运费800元。

这项业务中由上海中侨食品有限公司承担的运费属于销售费用，因此“销售费用”增加，“库存现金”减少，其账户对应关系如图7-74所示。

根据支付运费时运货方的收款收条编制会计分录：

借：销售费用　　800

　贷：库存现金　　800

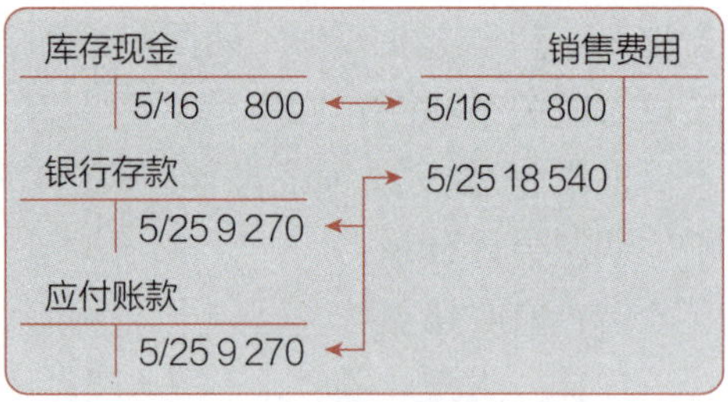

图7-74　销售费用的核算

【案例7-16】2024年5月25日，上海中侨食品有限公司委托德鑫广告公司印制产品宣传广告，定制广告牌，共计费用18 000元。德鑫公司开来增值税普通发票，增值税率按3%计算，税额540元，价税合计数为18 540元，以银行存款支付一半，余额暂欠。

这项业务中发生的广告宣传费增加了“销售费用”记入该账户的借方，以银行存款支付的部分记入“银行存款”账户的贷方，赊欠的部分增加了企业的负债，属于购买劳务应付的款项，记在“应付账款”账户的贷方。由于企业收到的是小规模纳税人开具的增值税普通发票，不能用于进项税额的抵扣，价税的全部金额都应计入“销售费用”，其账户的对应关系如图7-74所示。

根据对方开具的销售发票和银行存款的付款凭证，编制会计分录：

借：销售费用　　18 540

　贷：银行存款　　9 270

　　　应付账款——德鑫广告公司　　9 270

③主营业务成本的结转。如前所述，主营业务成本应与主营业务收入相配比，为便于核算，企业并非每销售一笔业务就要结转一次销售成本，通常在月末，根据已销商品的数量一次性结转已售商品的销售成本。销售过程的资金运动及核算如图7-75所示。

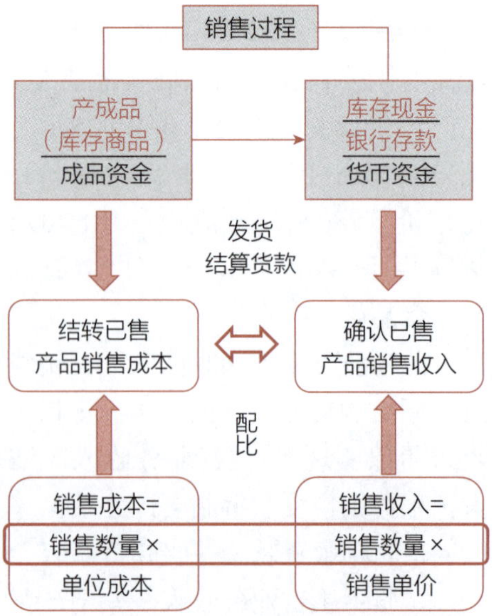

图7-75　销售过程资金运动及核算

库存商品的单位成本就是验收入库商品的单位生产成本，由于各批次验收入库产品的生产成本不同，因此，已销商品成本的计算同库存材料的计价方法一样，可以采用月末加权平均法、先进先出法和个别计价法等方法计价。

已销商品成本的计算公式如下：

本期应结转的主营业务成本=本期已销商品的数量×单位商品的生产成本

为确保期末的账实相符，一些企业也有采用先盘点期末库存存货的数量，然后倒轧出本期发出存货数量的做法，将日常收发计量上的误差全部记入当期的销货成本中，其计算公式如下：

本期应结转的主营业务成本=期初库存商品成本+本期入库库存商品成本-期末结存库存商品成本

库存商品成本=库存商品数量×单位库存商品生产成本

【案例7-17】2024年5月31日，上海中侨食品有限公司计算并结转本月已售商品生产成本。本月生产产品已全部售出，其中A产品20 000千克，单位成本10.45元/千克，合计209 000元；B产品18 000千克，单位成本12.32元/千克，合计221 760元。

产品销售成本的计算一般将产品出库单作为原始凭证，按品种、规格、销量、成本单价、成本金额等编制"产品销售成本计算汇总表"，根据汇总表金额编制记账凭证。随着商品的售出，"库存商品"减少，同时销售成本，即"主营业务成本"增加，应编制会计分录：

借：主营业务成本——A产品　　209 000
　　　　　　　　——B产品　　221 760
　贷：库存商品——A产品　　209 000
　　　　　　　——B产品　　221 760

销售成本的结转如图7-76所示。

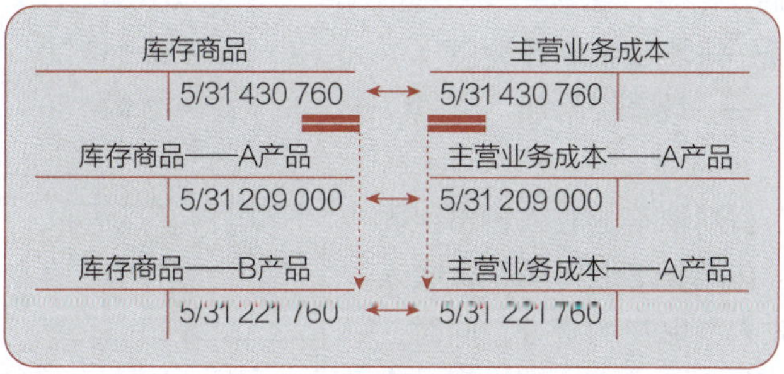

图7-76 销售成本的结转

④税金及附加的核算。企业在销售环节除应按销售金额计算并代征代缴增值税外，对于销售应税的消费品，如烟酒、成品油、奢侈品等还需要计算缴纳消费税。此外，一些特定的销售或行为还应缴纳资源税、房产税、城市土地使用税、车船税、印花税等。还有根据流转税计算的城市维护建设税和教育费附加等。这些税金与附加与增值税不同，属于价内税，企业发生应税的销售行为应按规定的税率计算并缴纳相关税金，作为企业的一项费用支出从而减少企业的营业利润，税金及附加与营业利润的关系如图7-77所示。

税金及附加一般在当月计算，下月缴纳，计算时一般编制"税金及附加计算明细表"据以作为记账的依据。当月计算的销售税金及附加一方面作为"税金及附加"增加当期的费用，记入该账户的借方；另一方面在尚未缴纳之前形成了企业的"应交税费"，记入该账户的贷方，其账户对应关系如图7-78所示。

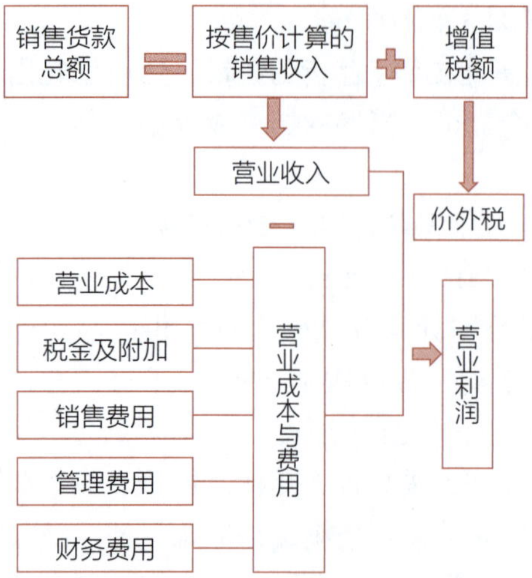

图7-77 税金及附加与营业利润关系

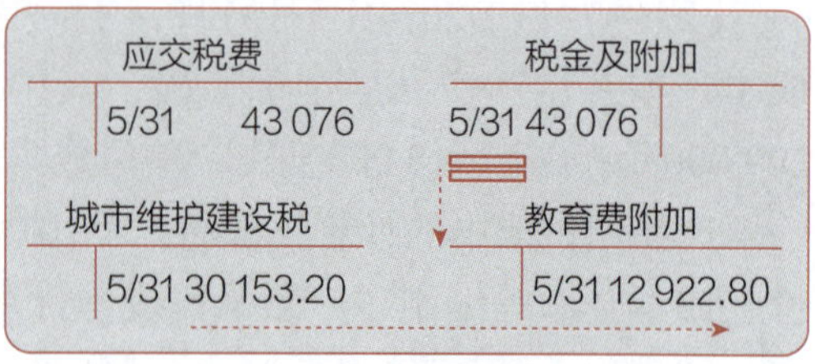

图7-78 税金及附加的核算

【案例7-18】2024年5月31日，上海中侨食品有限公司根据当期的流转税额计算缴纳城市维护建设税及教育费附加，其中城市维护建设税30 153.20元，教育费附加12 922.80元，合计43 076元，上述税费尚未缴纳。

根据“税金及附件计算明细表”，编制会计分录：

借：税金及附加　　43 076

　贷：应交税费——城市维护建设税　　30 153.20

　　　　　　——教育费附加　　12 922.80

⑤ 其他业务收入与其他业务支出的核算。制造企业因销售材料取得的收入，出租固定资产、无形资产、包装物等取得的租金收入应记入“其他业务收入”账户的贷方，同时，按照配比原则，这些收入的成本应记入同一会计期间的“其他业务成本”账户的借方。其他业务收入和其他业务支出的构成及配比如图7-79所示。

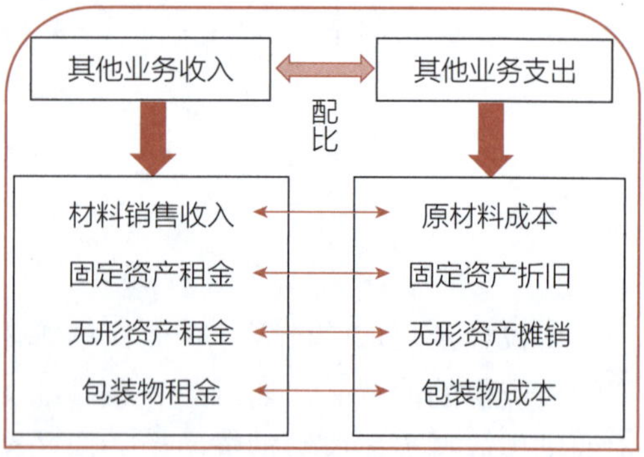

图7-79 其他业务收支的构成

【案例7-19】2024年5月20日，上海中侨食品有限公司以优惠价格出售给职工优质面粉一批，共计800千克，售价5元/千克，价款4 000元，增值税率为9%，增值税额360元。该批面粉的进货价为4.34元/千克，出售价款已收到现金。

企业出售生产用原材料，取得的收入属于其他业务收入，根据现金收款凭证编制以下会计分录反映销售收入的实现：

借：库存现金　　4 360
　贷：其他业务收入——材料销售　　4 000
　　　应交税费——应交增值税（销项税额）　　360

实现收入的同时结转已售材料的销售成本，即该批材料的实际成本，记入“其他业务成本”账户的借方，同时减少“原材料”的金额。根据原材料出库单，编制会计分录：

借：其他业务支出——材料销售　　3 472
　贷：原材料——面粉　　3 472

其他业务收支账务处理的账户对应关系如图7-80所示。

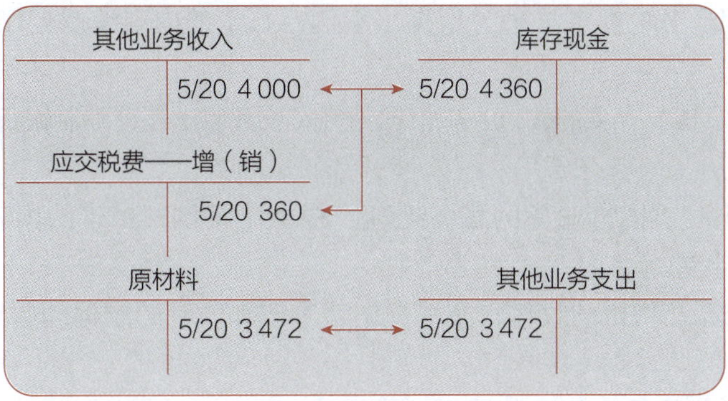

图7-80　其他业务收支的核算

知识拓展

包装物及其租金的核算

包装物是指用于产品包装的物品，如木箱、铁桶、塑料筐等。作为存货核算的包装物具有价值较高、可多次使用、可回收和退还的特点。企业应设置“周转材料——包装物”账户进行单独核算。包装物取得的核算同原材料取得的核算方法，包装物的使用应分不同情况采用不同的核算方法：①对于生产部门直接领用包装产品的包装物；可作为制造费用计入产品的生产成本中；借记“制造费用”，贷记“周转材料——包装物”；②对于随产品出售、单独计价的包装物，账务处理方法同原材料的出售，借记“其他业务成本”，贷记“周转材料——包装物”；③对于随产品出售、不单独计价的包装物，包装物的成本作为销售费用处理，借记“销售费用”，贷记“周转材料——包装物”；④对于出借包装物，包装物的成本计入“销售费用”，收取的包装物押金计入“其他应付款”账户；⑤对于出租的包装物，其成本计入“其他业务支出”账户。

任务实施

记录销售过程经济业务

要求：根据上海中侨食品有限公司2024年5月发生的销售业务，填制记账凭证，并在T形账户中登记。

【业务1】赊销业务的账务处理。根据【案例7–10】的内容编制记账凭证，并在相关T形账户上进行登记。

该项业务未涉及货币资金的支付，应根据销售发票和购销合同编制转账凭证。

【业务2】现销业务的账务处理。根据【案例7–11】的内容编制记账凭证，并在相关T形账户上进行登记。

该项业务涉及银行存款的收付，应根据销售发票和收款凭证编制银行存款的收款凭证。

【业务3】商业汇票销售业务的账务处理。根据【案例7–12】的内容编制记账凭证，并在相关T形账户上进行登记。

该项业务未涉及货币的收付，应根据销售发票和收到的票据编制转账凭证。

【业务4】预收账款销售的账务处理。根据【案例7–13】【案例7–14】的内容编制记账凭证，并在相关T形账户上进行登记。

【案例7–13】业务涉及银行存款的收付，应根据购销合同和收款凭证编制银行存款的收款凭证。

【案例7–14】业务不涉及银行存款的收付，应根据销货发票填制转账凭证。

【业务5】销售费用的账务处理。根据【案例7–15】【案例7–16】的内容编制记账凭证，并在相关T形账户上进行登记。

【案例7–15】业务涉及库存现金的支付，应根据现金的收款收据编制付款凭证。

【案例7–16】业务不涉及货币资金的支付，应根据发票和劳务合同编制转账凭证。

【业务6】销售成本结转的账务处理。根据【案例7–17】结转已售产品的销售成本，并在对应的总账账户和明细账户中登记金额。

这项业务应根据“产品销售成本计算汇总表”编制转账凭证。

【业务7】税金及附加的账务处理。根据【案例7–18】的内容在记账凭证中记录税金及附加的确认，并在对应的总账账户和明细账户中登记金额。

这项业务应根据“税金及附加计算明细表”编制转账凭证。

【业务8】其他业务收支的账务处理。根据【案例7–19】的内容在记账凭证中记录其他业务收入的确认和其他业务支出的结转，并在对应的总账账户和明细账户中登记金额。

这项业务应根据材料销售的收款记录编制收款凭证反映其他业务收入的实现。同时根据原材料的出库单编制转账凭证。

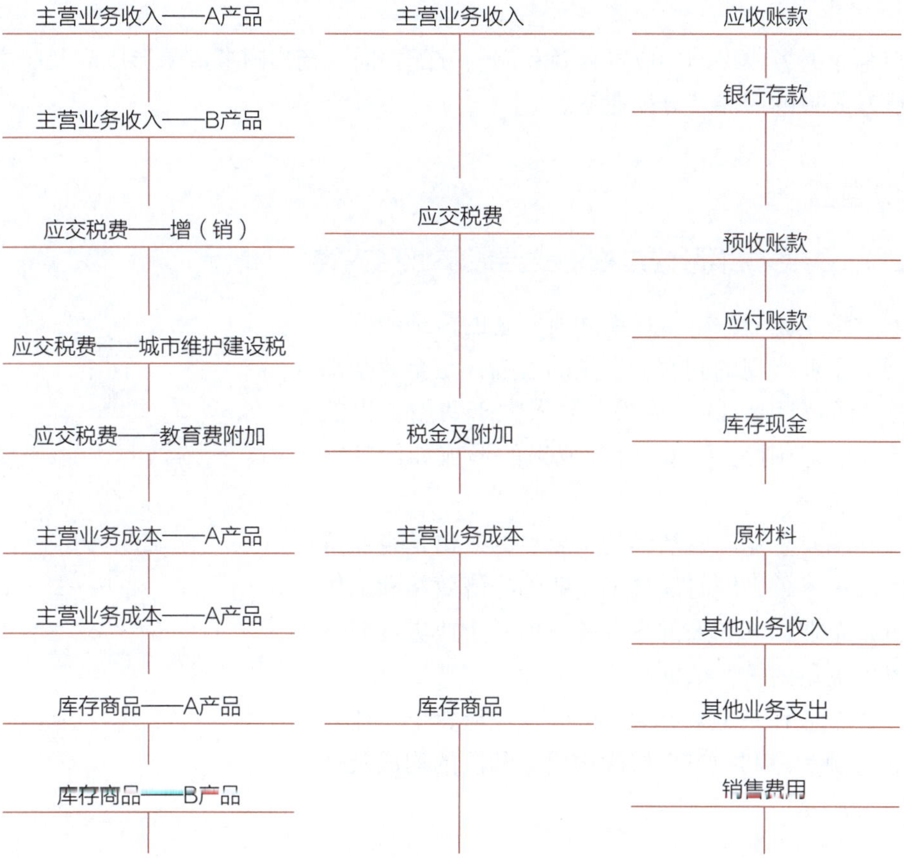

问题研讨

出售原材料时购入该材料的进项税额是否应该转出？

任务5 记录财务成果的形成及其分配

任务描述

认知企业财务成果的形成过程及利润的分配去向，指出财务成果形成涉及的主要账户并记录财务成果的形成及分配业务。

知识准备

7.5.1 财务成果形成过程的主要经济业务内容

财务成果是企业一定会计期间所实现的最终经营成果，表现为企业实现的利润或发生的亏损，是企业全部收入减去全部费用后的总成果。收入大于费用支出的差额为利润，否则为亏损。财务成果的形成如图7–81所示。

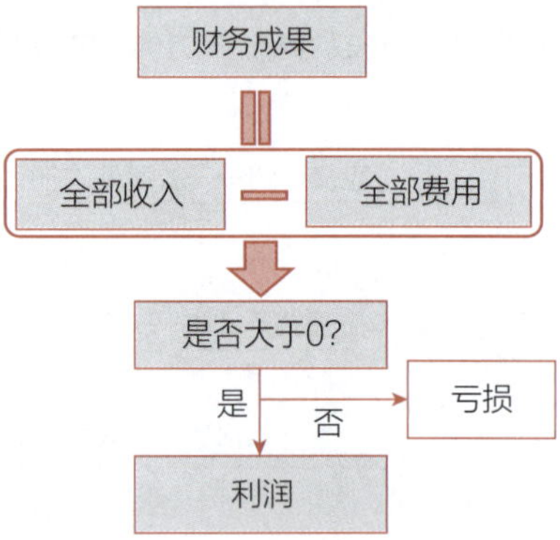

图7–81 财务成果的形成

获取利润是企业经营活动的主要目的，也是企业持续经营的前提条件，同时反映了企业的经济效益和工作效果，也是企业内部和外部各有关方面对企业进行财务预测和投资决策的重要依据。

利润是企业在一定会计期间的经营成果，由营业利润、利润总额和净利润三个层次构成。利润的构成及计算如图7–82所示。

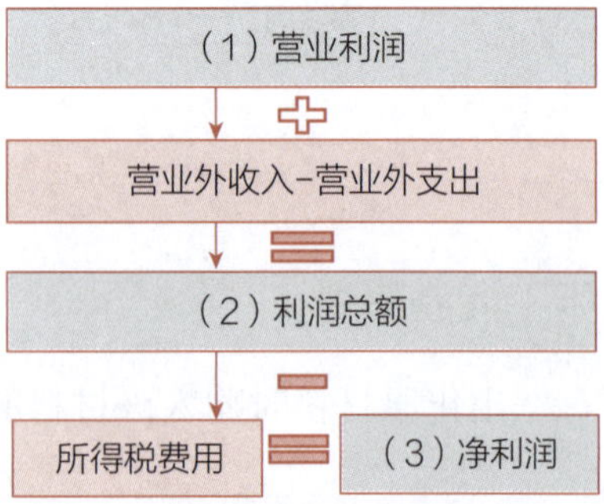

图7–82 利润的构成

（1）营业利润

营业利润是企业利润的主要来源，是企业在其业务范围内经营获得的利润。营业利润由营业收入、营业成本、期间费用等主要内容构成。营业收入与营业成本配比，扣除期间费用后得到营业利润的主要组成部分。营业收入包括主营业务收入和其他业务收入；营业成本包括主营业务成本和其他业务成本，并与营业收入相配比确定；期间费用是企业发生不能记入产品成本，直接记入当期损益的各项费用，包括销售费用、管理费用和财务费用。

其他与企业经营相关的费用包括税金及附加、研发费用、投资损益、资产减值损失、信用减值损失、资产处置损益等也是营业利润的组成部分。营业利润的形成如图7–83所示。

营业利润的计算公式如下：

营业利润=营业收入-营业成本-税金及附加-销售费用-管理费用-财务费用-研发费用-资产减值损失-信用减值损失±公允价值变动损益±投资损益±资产处置损益

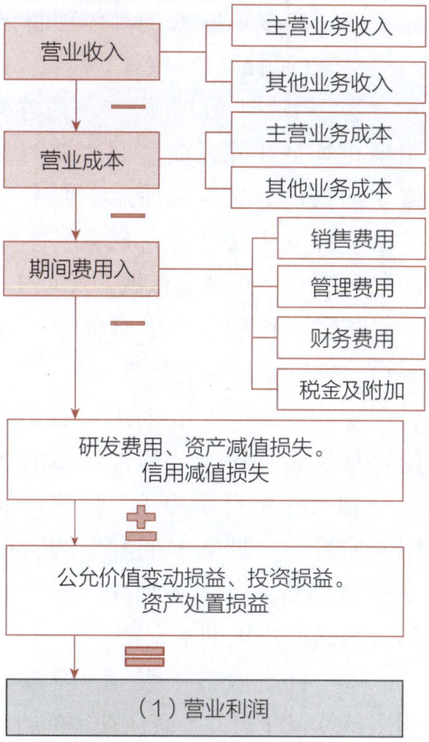

图7-83 营业利润的形成

（2）利润总额

利润总额是企业税前的会计利润。企业除在其业务范围内经营获得营业利润外，在其业务范围外也会发生一些利得和损失，这些利得和损失也称为营业外收入和营业外支出，与企业营业利润合并计算后就形成了企业的利润总额，其计算公式如下：

利润总额=营业利润+营业外收入-营业外支出

营业外收入包括接受捐赠的利得、资产盘盈利得、罚款收入、政府补助、债务重组利得等。这些收入是企业的经济利益的净流入，不需要耗费任何资金，因此不需要与任何费用进行配比。

营业外支出包括公益捐赠支出、固定资产盘亏及报废损失、非常损失、债务重组损失、罚款支出等。这些支出是与企业日常经营活动无直接关系的各项损失，不能为企业带来任何经济利益的流入。

（3）净利润

净利润是利润总额扣除所得税费用后的金额，是企业经营的最终所得，其计算公式如下：

净利润=利润总额-所得税费用

所得税费用=利润总额×企业所得税税率

财务成果形成核算的主要内容包括：①营业外收支的核算；②投资收益的核算；③损益类账户结转与利润的计算；④所得税费用的核算与结转。

7.5.2 利润形成涉及的主要账户及其核算

（1）账户设置

①“本年利润”账户。所有者权益类账户，用来核算企业实现的净利润或发生的净亏损。年度内，该账户可能为借方余额，也可能为贷方余额。贷方余额表示企业本年度累计实现的净利润；借方余额表示企业本年度发生的净亏损。无论其余额在借方还是在贷方，年度终了，其余额都应转入“利润分配”账户，年末结转后，该账户无余额。本年利润的账户结构如图7-84所示，与其他损益类账户的对应关系如图7-92所示。

②“营业外收入”账户。损益类账户，用来核算企业获得的除营业利润之外的利得。该账户的结构如图7-85所示。期末本期实现的营业外收入金额全部转入“本年利润”账户的贷方，结转后该账户无期末余额。

该账户按照收入的具体项目设置明细账户，进行明细分类核算。

③“营业外支出”账户。损益类账户，用来核算企业除营业利润之外的支出。该账户的结构如图7-86所示。期末本期发生的营业外支出金额全部转入“本年利润”账户的借方，结转后该账户无期末余额。

该账户按照支出的具体项目设置明细账户，进行明细分类核算。

④“所得税费用”账户。损益类账户，用来核算企业按税法规定计算的在当期损益中扣除的所得税费用。该账户的结构如图7-87所示。期末本期发生的所得税费用金额全部转入“本年利润”账户的借方，结转后该账户无期末余额。

⑤“投资收益”账户。损益类账户，用来核算企业对外投资所获得的收益或发生的损失。该账户的结构如图7-88所示。期末本期实现的投资收益金额全部转入“本年利润”账户的贷方，若为亏损则转入“本年利润”账户的借方，结转后该账户无期末余额。

投资收益是企业正常生产经营活动过程中，利用多余的货币资金、实物资产等对外投资获取的投资收益，投资的方式可以购买债券或股票，也可以是购买基金或其他资产等。

该账户按照投资种类设置明细分类账，进行明细分类核算。

借方 本年利润	贷方
从损益类账户中转入利润减少项目的金额	从损益类账户转入利润增加项目的金额
（当年累计净亏损）年末转至“利润分配”的累计利润	累计实现净利润（年末转至“利润分配”的累计亏损）

图7-84 “本年利润”账户结构

借方 营业外收入	贷方
转入“本年利润”账户的金额	实现的营业外收入

图7-85 “营业外收入”账户结构

借方 营业外支出	贷方
发生的营业外支出	转入“本年利润”账户的金额

图7-86 “营业外支出”账户结构

借方 所得税费用	贷方
按应纳税所得额计算的所得税费用额	转入“本年利润”账户的金额

图7-87 “所得税费用”账户结构

借方 投资收益	贷方
（发生的投资损失） 转“本年利润”账户的投资收益金额	（实现的投资收益） 转“本年利润”账户的投资损失金额

图7-88 “投资收益”账户结构

（2）利润形成的核算

①营业外收支的核算。

【案例7-20】2024年5月18日，上海中侨食品有限公司收到工人吴旺交来的违规罚款200元。

企业收到职工缴纳的违规罚款属于营业外收入，其增加记入“营业外收入”账户的贷方，收到的现金借记“库存现金”账户。

根据收款收据和罚款单编制会计分录：

借：库存现金 200

　贷：营业外收入——罚款收入 200

其总账账户对应关系如图7-89所示。

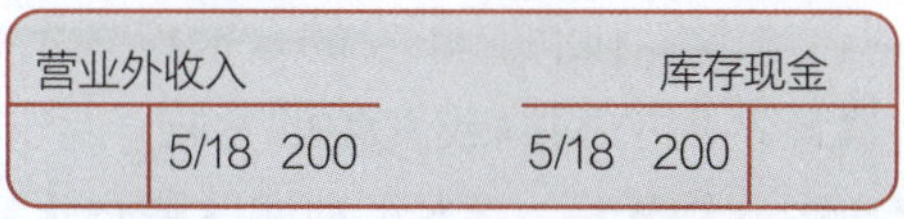

图7-89 营业外收入的核算

【案例7-21】2024年5月28日，上海中侨食品有限公司开出转账支票向上海市儿童基金会捐款20 000元。

企业支付的公益性捐赠属于营业外支出，增加记入“营业外支出”账户的借方，银行存款的减少记入“银行存款”账户的贷方。

根据支票存根及捐赠票据编制会计分录：

借：营业外支出——捐赠支出　　20 000

　贷：银行存款　　20 000

其总账账户的对应关系如图7-90所示。

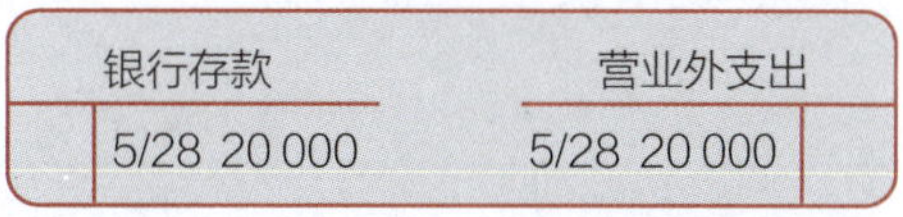

图7-90 营业外支出的核算

②投资收益的核算。

【案例7-22】2024年12月31日，上海中侨食品有限公司计算本年度应获得的国库券利息收入2 500元。

企业购买国库券所获得的利息属于投资收益，应记入“投资收益”账户的贷方，尚未收到前形成了应收利息，记入“应收利息”账户的借方。

根据国库券利息计算表，编制会计分录：

借：应收利息　　2 500

　贷：投资收益——利息收入　　2 500

其总账账户的对应关系如图7-91所示。

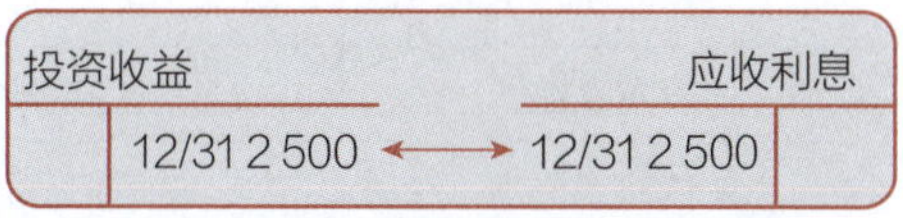

图7-91 投资收益的核算

③损益类账户结转与利润的计算。损益类账户为临时账户或虚账户，设置的目的是用来归集企业当期实现的收入和为实现收入所发生的费用、成本，期末这些账户的余额需要结转至“本年利润”账户中，以便计算当期实现的利润，下一会计期间从0开始。损益类账户的期末结转需要编制两笔会计分录：一笔结转收入账户至“本年利润”账户的贷方；一笔结转费用、成本账户至“本年利润”账户的借方。

根据企业会计制度的要求，企业一般按月计算利润，按月计算有困难的，经批准也可按季或按年计算利润。按月计算利润的企业，每月应根据各损益账户的本期发生额计算当月利润，根据当月实现利润计算计提当月应交所得税费用并登记入账，“所得税费用”计提后也应转入“本年利润”账户的借方。本年利润与其他损益类账户的关系如图7-92所示。

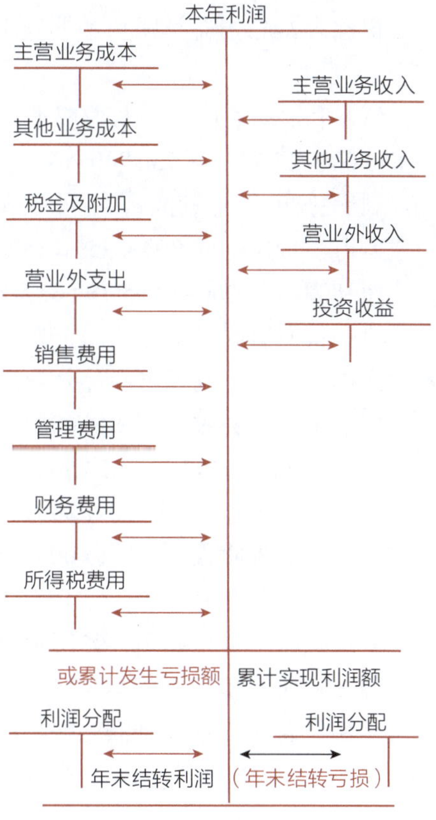

图7-92 “本年利润”与其他账户对应关系

“本年利润”账户的余额应列示在资产负债表中的所有者权益一方，反映企业本年度累计实现的利润或发生的亏损。年末，“本年利润”账户的余额还应转入“利润分配”账户中，结转后，“本年利润”账户无余额。

【案例7–23】上海中侨食品有限公司，2024年5月各损益类账户的本期发生额如表7–13所示，期末根据各损益账户计算5月份实现的利润，并将各账户余额转入本年利润账户。

表7–13　5月份损益类账户发生额合计　单位：元

主营业务收入	1 646 000	税金及附加	63 076
其他业务收入	24 508	销售费用	14 000
营业外收入	15 000	管理费用	89 000
投资收益	1 300	财务费用	6 500
主营业务成本	730 760	营业外支出	20 000
其他业务成本	13 472		

根据表7–13损益类账户本期发生额合计数，上海中侨食品有限公司5月份的利润计算如下：

营业利润=营业收入–营业成本–税金及附加–销售费用–管理费用–财务费用+投资收益=（1 646 000+24 508）–（730 760+13 472）–63 076–14 000–89 000–6 500+1 300=755 000（元）

利润总额=营业利润+营业外收入–营业外支出=755 000+15 000–20 000=750 000（元）

所得税费用=750 000 × 25%=187 500（元）

净利润=750 000–187 500=562 500（元）

（1）将所有收入类账户的贷方发生额结转至“本年利润”账户的贷方，结转时应借记各收入类账户。编制如下会计分录：

借：主营业务收入　1 646 000
　　其他业务收入　　24 508
　　投资收益　　　　1 300
　　营业外收入　　　15 000
　贷：本年利润　　　　1 686 808

其总账账户关系如图7–93所示。

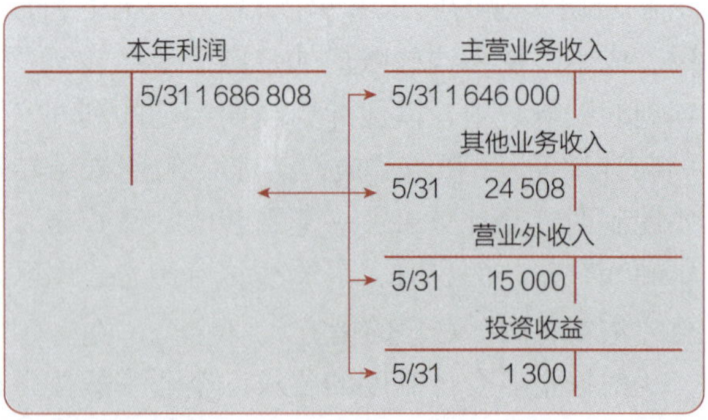

图7–93　收入类账户的结转

（2）将所有费用、成本类账户的借方发生额结转至“本年利润”账户的借方，结转时应贷记各费用、成本类账户，编制如下会计分录：

借：本年利润　　　　　　　　　　936 808
　贷：主营业务成本　　　　　　　　730 760
　　　其他业务成本　　　　　　　　13 472
　　　营业外支出　　　　　　　　　20 000
　　　税金及附加　　　　　　　　　63 076
　　　销售费用　　　　　　　　　　14 000
　　　管理费用　　　　　　　　　　89 000
　　　财务费用　　　　　　　　　　6 500

其总账账户关系如图7–94所示。

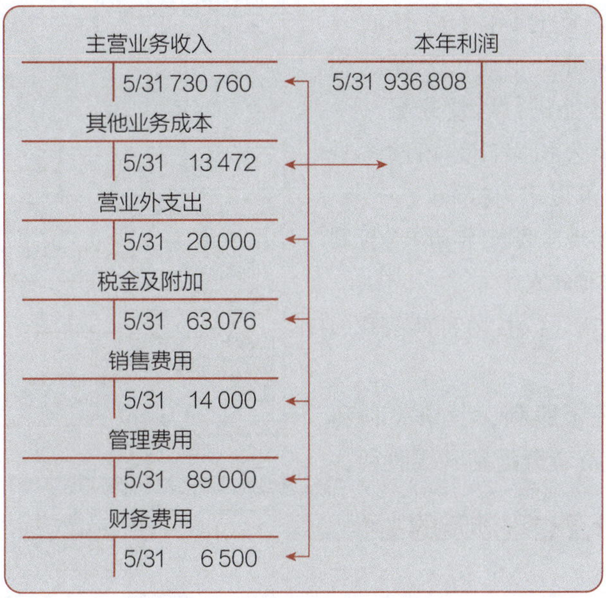

图7–94　费用类账户的结转

（3）将所得税费用登记入账。所得税费用的发生，减少了企业利润，应记入“所得税费用”账户的借方，在尚未缴纳前，形成了企业的负债，贷记“应交税费——应交所得税”账户。

根据所得税纳税申报表，编制会计分录：

借：所得税费用　　　　　　　　187 500
　贷：应交税费——应交所得税　　　187 500

其总账账户的对应关系如图7–95所示。

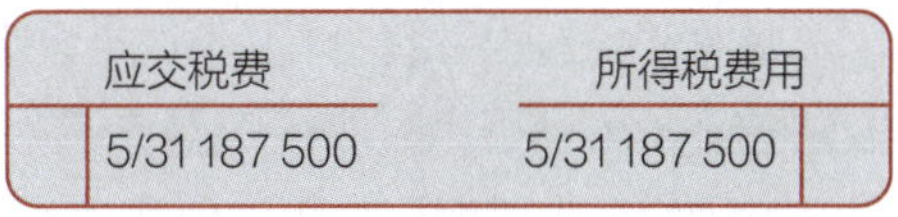

图7–95　所得税费用的核算

将所得税费用转入“本年利润”账户的借方，编制会计分录：

借：本年利润　　　　　　　　　187 500
　贷：所得税费用　　　　　　　　187 500

结转后本年利润账户的发生额及余额如图7–96所示。

借方		本年利润	贷方
5/31	936 808	期初余额	1 405 300
	187 500	5/31	1 686 808
本期发生额合计	1 124 308	本期发生额合计	1 686 808
		期末余额	1 967 800

图7–96　本年利润账户余额

7.5.3　利润分配顺序

利润分配是企业将实现的净利润根据国家有关规定和企业章程、投资协议等的约定进行分配的过程。按照我国《公司法》等有关法规的规定，企业当年实现的净利润分配的顺序如图7–97所示。

企业可以连续5年用当年实现的净利润弥补以前年度亏损，超过5年未弥补的亏损，用税后净利润弥补。企业可分配的利润大于零0时，企业才能进行后续分配。

提取的法定盈余公积累计额超过注册资本的50%以上的，可以不再提取。

可供分配的利润=当期实现净利润+年初未分配利润（或未弥补亏损）+其他转入

可供投资者分配的利润=可供分配的利润–提取的盈余公积

企业可以采取现金股利、股票股利和财产股利等形式向投资者分配利润或股利。

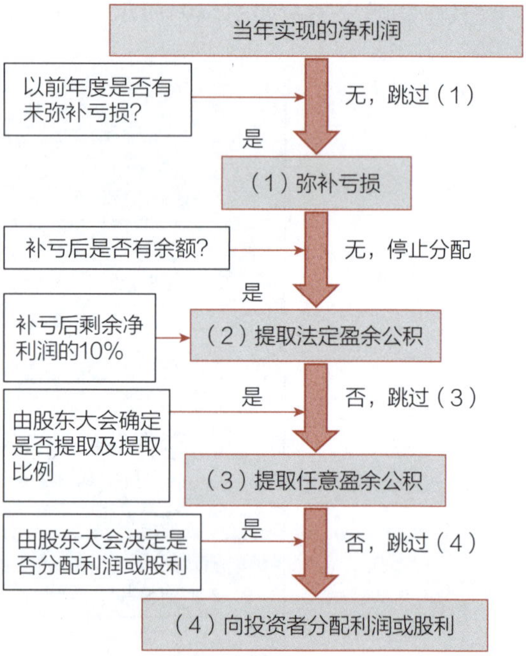

图7–97　利润分配的顺序

7.5.4　利润分配过程涉及的主要账户及其核算

（1）利润分配涉及的主要账户

①“利润分配”账户。所有者权益类账户，用来核算企业利润的分配（或亏损的弥补）和历年利润分配（亏损弥补）后的余额，其账户结构如图7–98所示。

该账户按照利润分配的去向设置“提取法定盈余公积”“提取任意盈余公积”“应付现金股利或利润”“盈余公积补亏”“未分配利润”等明细分类账，进行明细分类核算。

借方　　　利润分配	贷方
（期初余额：） ①年末从“本年利润”转入的全年净亏损额 ②实际分配的利润额	期初余额： ①年末从“本年利润”转入的全年净利润额 ②用盈余公积补亏的数额及其他转入额
（历年累计未弥补的亏损额）	历年累计未分配的利润

图7–98　“利润分配”账户结构

②“盈余公积”账户。所有者权益类账户，用来核算企业从净利润中提取的盈余公积，其账户的结构如图7–99所示。

该账户按照盈余公积的种类设置明细分类账户，进行明细分类核算。

③“应付股利”账户。负债类账户，用来核算企业按照股东大会决议分配给投资者的现金股利或利润，其账户结构如图7-100所示。

借方	盈余公积　　　　贷方
①弥补亏损的盈余公积 ②转增资本的盈余公积	期初余额： 提取的盈余公积
	期末余额： 盈余公积结存数额

图7-99　“盈余公积”账户结构

借方	应付股利　　　　贷方
实际支付的现金股利或利润	期初余额： 应支付的现金股利或利润
	期末余额： 应付未付的现金股利或利润

图7-100　“应付股利”账户结构

（2）利润分配的核算

①年末将本年实现的净利润转入“利润分配”账户。结转时，如为净利润，则转入“利润分配”账户的贷方，同时借记“本年利润”账户，反之，如为亏损则做相反分录。

【案例7-24】2024年12月31日，上海中侨食品有限公司将本年度实现的净利润6 283 460元转入“利润分配”账户。

将本年度净利润转至“利润分配”账户时，同时还应记入“未分配利润”明细分类账户中，编制会计分录：

借：本年利润　　　　　　　　　　6 283 460

　贷：利润分配——未分配利润　　　6 283 460

其账户的对应关系如图7-101所示。

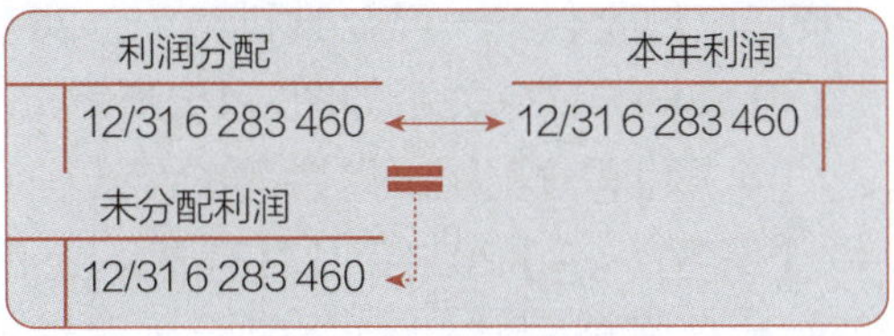

图7-101　本年利润结转的核算

②提取盈余公积。提取盈余公积是对企业利润的分配，一方面反映利润分配的增加，记在“利润分配”账户的借方，同时按照利润分配的去向在“利润分配”所属明细账上平行登记，另一方面反映盈余公积的增加，记在“盈余公积”账户的贷方，同时按照提取盈余公积的种类在其明细账上进行登记。

注意：利润分配会减少所有者权益，盈余公积的提取会增加所有者权益，所以，提取盈余公积时所有者权益总额保持不变。

【案例7-25】2024年12月31日，上海中侨食品有限公司按照本年度实现净利润的10%提取法定盈余公积，经股东会讨论，本年度按照净利润的5%提取任意盈余公积。

公司当年实现的净利润为6 283 460元，提取的盈余公积计算如下：

法定盈余公积=6 283 460 × 10%=628 346（元）

任意盈余公积=6 283 460 × 5%=314 173（元）

根据盈余公积计算表编制会计分录：

借：利润分配——提取法定盈余公积　　　628 346

　　　　　——提取任意盈余公积　　　314 173

　贷：盈余公积——法定盈余公积　　　　628 346

　　　　　　——任意盈余公积　　　　314 173

其账户的对应关系如图7-102所示。

（3）向投资者分配现金股利或利润

【案例7-26】2024年12月31日，根据股东大会决定，按2024年度剩余净利的5%计算向投资者分派现金股利。

本年度可供投资者分配的本年净利= 6 283 460-628 346-314 173=5 340 941（元）

向所有者分派的现金股利=267 047.05（元）

向投资者分派股利减少企业的所有者权益，应借记“利润分配”账户，在尚未支付给所有者之前，形成了企业的负债，应贷记“应付股利”账户。随着股利的支付，这部分资金退出企业。

计算应分配现金股利时，编制以下会计分录：

借：利润分配——应付现金股利　267 047.05

　贷：应付股利——现金股利　267 047.05

其账户的对应关系如图7-103所示。

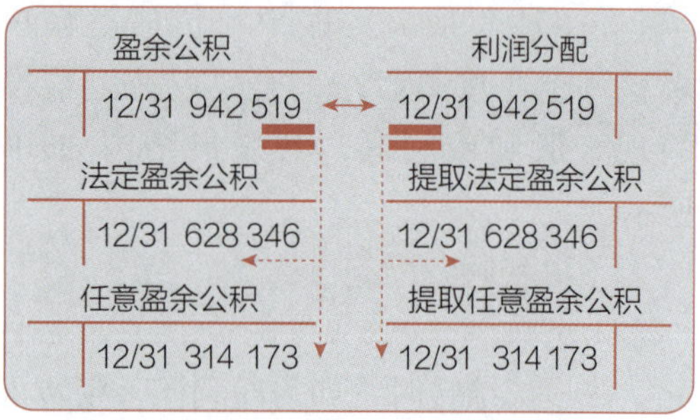

图7-102　提取盈余公积的核算

图7-103　分配现金股利的核算

（4）利润分配明细账余额的结转

【案例7-27】2024年12月31日，上海中侨食品有限公司将利润分配所属明细账户“提取法定盈余公积”余额628 346元、“提取任意盈余公积”余额314 173元、“应付现金股利”余额267 047.05元转入“利润分配——未分配利润”明细账户中。

结转后“利润分配”所属明细账只有“未分配利润”账户有余额。

根据“利润分配”所属明细账余额，编制会计分录：

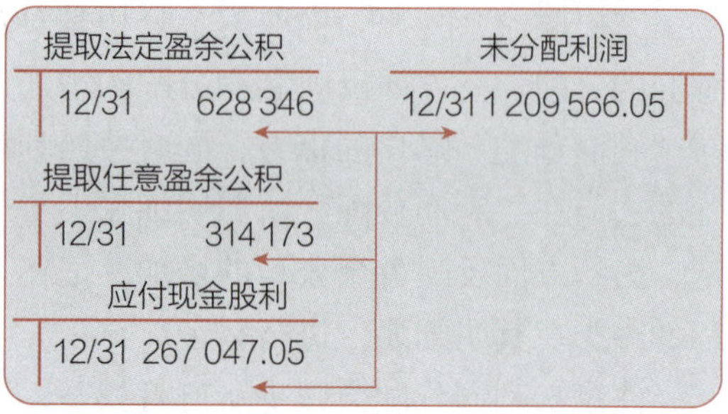

图7-104　利润分配明细账的结转

借：利润分配——未分配利润　1 209 566.05

　贷：利润分配——提取法定盈余公积　628 346

　　　　　　——提取任意盈余公积　314 173

　　　　　　——应付现金股利　267 047.05

利润分配所属明细分类账户的对应关系如图7-104所示。

利润分配过程中各总账账户及所属明细分类账户的对应关系如图7-105所示。

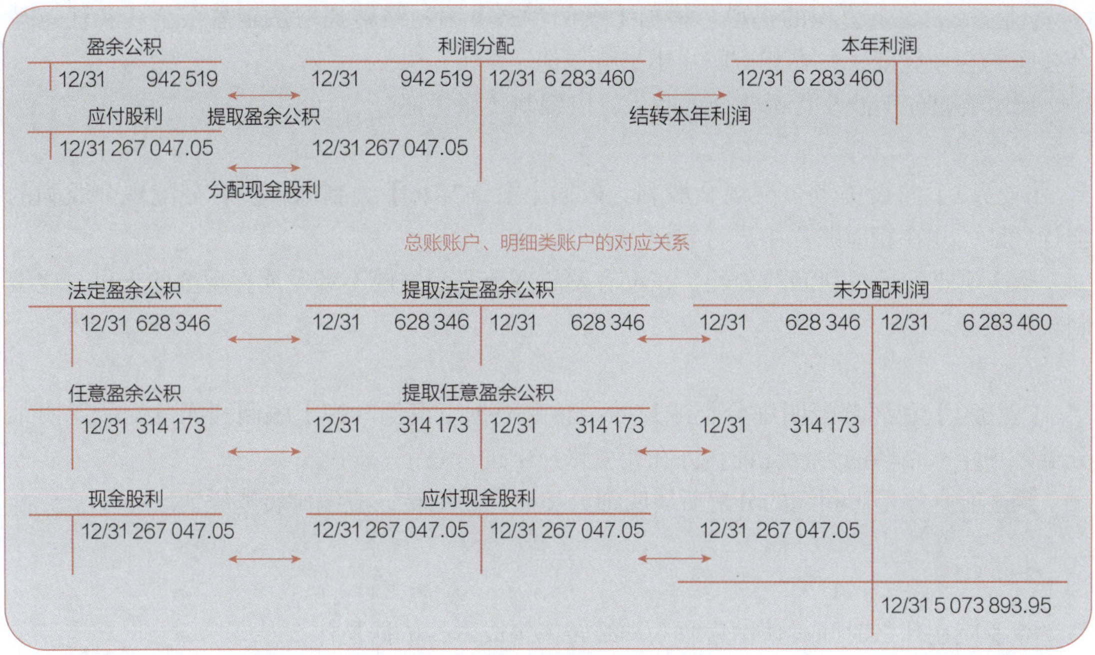

图7-105 利润分配的核算

知识拓展

企业所得税

企业所得税是企业按照税法规定就其应纳税所得缴纳的一项税金。依照《企业所得税法》的规定，在中华人民共和国境内，企业和其他取得收入的组织（以下统称企业）为企业所得税的纳税人。

企业所得税的纳税人包括各类企业、事业单位、社会团体、民办非企业单位和从事经营活动的其他组织。个人独资企业、合伙企业不属于企业所得税纳税义务人。

目前我国企业所得税基本税率为25%。

优惠税率分20%、15%、10%三个档次，适用不同情形的优惠条件。

具体规定可从国家税务总局网站查阅《中华人民共和国企业所得税法》《中华人民共和国企业所得税法实施条例》及相关的优惠政策。

任务实施

利润结转及利润分配

【业务1】本年利润的结转。根据【案例7-24】编制结转本年利润的会计凭证，并在相应账户中进行登记。

这项业务不涉及货币资金的收入，应编制转账凭证。

【业务2】盈余公积的提取。根据【案例7–25】编制结转提取法定盈余公积和任意盈余公积的会计凭证，并在相应账户中进行登记。

这项业务不涉及货币资金的收入，应编制转账凭证。

【业务3】向投资者分配现金股利。根据【案例7–26】编制向投资者分配现金股利的会计凭证，并在相应账户中进行登记。

这项业务是对利润的分配，在没有发放现金股利之前不涉及库存现金的支付，应编制转账凭证。

【业务4】利润分配明细分类账户的结转。根据【案例7–27】编制利润分配所属明细分类账户年末结转的会计凭证，并在相应账户中进行登记。

这项业务是对利润的分配所属明细分类账户的结转，应编制转账凭证。

问题研讨

企业应在什么时间确认销售收入和结转销售成本，依据是什么？

思政课堂

税收是国家财政收入的主要来源，是国家经济法律体系的重要组成部分，依法治税是依法治国基本方针在税收领域的集中表现。合规经营，依法纳税不仅是法律的底线，更是企业稳健发展的基石。企业应自觉遵守国家的税收法律制度，当企业日常经营活动涉及国家税法中规定的各种税种时，企业必须处理好各项税务问题并及时向国家税务部门缴纳税款。

案例

国家税务总局税案通报

2025年7月4日，国家税务总局德阳市税务局稽查局根据相关部门转来的涉税线索，依法查处了××科技有限公司骗享小微企业所得税优惠偷税案件。

经查，该公司借用他人身份证设立4户个体工商户，通过上述4户个体工商户虚开增值税普通发票、虚列工资薪金支出等手段进行虚假纳税申报，违规享受小型微利企业所得税优惠，少缴纳企业所得税123.35万元。国家税务总局德阳市税务局稽查局依据《中华人民共和国企业所得税法》《中华人民共和国税收征收管理法》《中华人民共和国行政处罚法》等相关法律法规规定，对该公司作出追缴税款、加收滞纳金并处罚款共计221.30万元的处理处罚决定。目前，涉案税款、滞纳金及罚款均已追缴入库。同时，税务部门已将该公司涉嫌虚开发票有关线索移送公安机关进一步侦查。

知识测试和能力训练

一、单项选择题

❶ 下列成本中（　　）不计入材料的采购成本。

A. 运杂费　　B. 运输途中的合理损耗

C. 采购人员的差旅费　　D. 入库前挑选整理费

❷ 生产产品发生的间接费用，先归集到（　　）账户，月末分配计入产品成本中。

A. 间接费用　　B. 直接费用　　C. 制造费用　　D. 管理费用

❸ 一般纳税人企业采购过程中设置的“在途物资”账户，其借方归集的采购成本不包括（　　）。

A. 买价　　B. 运输费用

C. 增值税进项税额　　D. 入库前挑选整理费

❹ 下列费用中，不属于销售费用的是（　　）。

A. 广告费　　B. 销售佣金

C. 主管销售副厂长工资　　D. 销货方负担的运费

❺ 企业在销售过程中发生的费用是（　　）。

A. 广告费　　B. 管理费用　　C. 销售费用　　D. 财务费用

❻ 车间生产用固定资产的折旧费用应记入（　　）账户的借方，“累计折旧”账户的贷方。

A. 生产成本　　B. 管理费用　　C. 制造费用　　D. 销售费用

❼ 下列收入中，不应作为其他业务收入的是（　　）。

A. 原材料销售收入　　B. 无形资产出租收入

C. 产品销售收入　　D. 包装物出租收入

❽ 下列项目中不计入营业利润的是（　　）。

A. 管理费用　　B. 财务费用

C. 营业外收支净额　　D. 销售费用

❾ 年终结转后，“利润分配”账户的贷方余额表示（　　）。

A. 未弥补的亏损　　B. 本年度发生的亏损

C. 未分配的利润　　D. 本年度实现的利润

❿ 下列项目中，不属于期间费用的是（　　）。

A. 广告费用　　B. 董事会人员工资

C. 制造费用　　D. 支付的利息费用

二、多项选择题

1. 产品的生产成本包括（　　）。

A. 直接材料费　B. 直接人工费　C. 制造费用　D. 采购费用

2. 材料的采购成本包括（　　）。

A. 材料的买价　B. 运输费用

C. 运输途中的保险费用　D. 入库前的挑选整理费用

3. 制造费用的内容包括（　　）。

A. 车间水电费　B. 车间管理人员工资

C. 生产设备折旧费　D. 主管生产厂长工资

4. 下列项目中，应记入“销售费用”账户的有（　　）。

A. 销售人员的工资　B. 广告费

C. 主管销售厂长工资　D. 已售产品运输费

5. 期间费用一般包括（　　）。

A. 管理费用　B. 财务费用　C. 销售费用　D. 制造费用

6. 下列费用，应记入“管理费用”的是（　　）。

A. 业务招待费　B. 产部办公楼折旧费用

C. 董事会会费　D. 广告费用

7. 计提固定资产累计折旧时，可借记“（　　）”账户，贷记“累计折旧”账户。

A. 制造费用　B. 管理费用　C. 销售费用　D. 生产成本

8. “税金及附加”账户核算的企业应缴纳的税金包括（　　）。

A. 消费税　B. 房产税　C. 城市维护建设税　D. 增值税

9. 期末，（　　）账户的本期发生额应转入“本年利润”账户的贷方。

A. 主营业务收入　B. 其他业务收入　C. 主营业务成本　D. 其他业务成本

10. 期末，（　　）账户的本期发生额应转入“本年利润”账户的借方。

A. 主营业务收入　B. 其他业务收入　C. 主营业务成本　D. 其他业务成本

三、判断题

1. 企业采购材料时，已经支付货款取得材料所有权，但尚未到达企业的原材料不属于企业的存货。（　）

2. 构成产品制造成本的项目包括直接材料费、直接人工费和制造费用。（　）

3. “制造费用”和“生产成本”账户期末都无余额。（　）

4. “利润分配”账户属于所有者权益账户，期末分配后可能有余额，也可能无余额。（　）

5. 利润分配的正确顺序是：提取任意盈余公积、提取法定盈余公积、分配股利或利润。（　）

6. “累计折旧”账户是资产类账户，当折旧增加时，应记入该账户的借方。（　）

❼“营业外收入”账户是用来核算企业发生的与主营业务收入没有关系的各项收入。（ ）

❽ 企业用支票支付采购货款时，应通过“应付票据”账户核算。（ ）

❾ 企业采用预收账款方式销售时，收到预收账款的同时应增加企业的主营业务收入。（ ）

❿ 计提的银行借款利息在尚未支付前应记入“其他应付款”账户。（ ）

四、业务题

❶ 大华公司为一家以生产儿童玩具为主营业务的产品制造企业，增值税一般纳税人，2024年2月公司发生以下经济业务：

（1）经股东大会通过，决定接受王刚投入企业的货币资金500 000元，全新固定资产一台，发票价格400 000元，增值税额52 000元。上述投资款已存入银行，固定资产已验收入库。

（2）月初从银行借入一笔生产经营用借款200 000元，借款期为6个月，年利率6%，款项已存入银行。

（3）月末，计提上述从银行借入款项本月应负担的利息费用1 000元。

（4）归还3个月前的一笔短期借款，金额100 000元，年利率6%，前两个月已预提借款利息1 000元，本金和利息已通过银行支付。

（5）经股东大会决议通过，决定向银行取得长期借款3 000 000元，用于扩建厂房，该借款年利率12%，已获得银行批准，借款金额已存入本企业银行存款账户。

要求：根据上述资料编制会计分录。

❷ 大华公司2024年3月发生以下采购业务：

（1）从向阳厂购入生产用原材料4 000千克，其中甲材料3 000千克，单价18元/千克，价款54 000元，增值税额7 020元；乙材料1 000千克，单价25元/千克，价款25 000元，增值税额3 250元。上述款项合计89 270元，已通过银行存款支付，材料已发出，尚未运达企业。

（2）上述材料已运达企业，用现金支付运费800元，以采购材料的重量为标准分配甲、乙材料应负担的运费。

（3）结转上述入库材料的采购成本。

（4）从新风公司采购不需要安装固定资产一台，买价253 000元，增值税额32 890元，由卖方垫付的运杂费2 200元，增值税额198元，上述货款共计288 288元尚未支付，固定资产已运达企业交付使用。

（5）开出转账支票预付凌风化学公司采购丙材料价款339 000元。

（6）收到凌风化学公司发来的丙材料2 000千克，价款300 000元，增值税额39 000元，材料已运达企业并验收入库。以库存现金支付丙材料的装卸费850元。

（7）采购员张明出差预借差旅费5 000元，以现金支付。

（8）张明出差回来，报销差旅费4 800元，余款200元交回现金。

要求：根据上述资料计算相应的采购成本，编制会计分录。

❸ 大华公司2024年3月发生以下生产业务：

（1）本月发料凭证汇总表如表7-14所示。

表7-14 发出材料汇总表

2024年3月31日

项 目	甲材料（18.2元/千克）		乙材料（25.2元/千克）		丙材料（150.425元/千克）		合计/元
	数量	金额	数量	金额	数量	金额	
生产A产品领用	12 000	218 400	300	7 560	—	—	225 960
生产B产品领用	14 000	254 800	650	16 380	—	—	271 180
生产C产品领用	—	—	—	—	2 000	300 850	300 850
车间一般耗用	2 000	36 400	—	—	—	—	36 400
行政管理部门耗用	1 500	27 300	—	—	—	—	27 300
合计	29 500	536 900	950	23 940	2 000	300 850	861 690

（2）本月发生工资费用共计645 000元，其中生产A产品工人工资125 000元，B产品工人工资188 000元，C产品工人工资150 000元，车间管理人员工资26 000元，厂部管理人员工资88 000元，销售机构人员工资68 000元。分配并记录上述工资费用。

（3）本月发生折旧费用30 000元，其中车间厂房及设备折旧费用14 000元，厂部办公楼折旧费用12 000元，销售部门用房屋折旧费用4 000元。分配并记录本月发生折旧费用。

（4）计算分配本月耗用电费1 560元，其中：车间生产用电费980元，厂部发生电费220元，销售部门电费360元，增值税额202.8元，共计1 762.80元，上述费用尚未支付。

（5）按照产品的生产工时将本月发生制造费用在所生产的产品之间进行分配，如表7-15所示。

表7-15 制造费用分配表

2024年3月31日

应借科目		分配标准（工时）	分配率	分配金额/元
总分类账	明细分类账			
生产成本	A产品	1 600	19.345	30 952
	B产品	1 240	19.345	23 987.80
	C产品	1 160	19.345	22 440.20
合计		4 000		77 380

（6）本月生产A产品8 000件，B产品10 000件，C产品10 000件，当月投产并全部完工入库，期初期末均无在产品，根据当月发生的生产费用计算A产品总成本381 912元，B产品总成本483 167.80元，C产品总成本473 290.20元，结转本月完工产品生产成本。

要求：根据上述资料编制会计分录，计算A、B、C三种产品的总成本和单位成本。

❹ 大华公司2024年3月发生以下销售业务：

（1）以均价89.90元/件的价格将产品销售给百灵玩具批发店，其中A产品3 000件，B产品3 000件，C产品4 000件，上述产品销售价款共计899 000元，增值税额116 870元。货物已运抵百灵玩具店，货款尚未收到。

（2）以银行存款2 180元支付上述产品的运输费用，其中，运费2 000元，增值税额180元。

（3）发货给风华公司A产品3 000件，B产品4 000件，C产品3 000件，售价按均价88元/件计算，共计价款880 000元，增值税额114 400元，风华公司已预付货款100 000元，余款以转账支票支付。

（4）发货给大发批发店A产品1 800件，B产品3 000件，C产品3 000件，售价分别为85.9元/件，83元/件和88元/件，价款共计667 620元，增值税额86 790.60元，总计货款754 410.60元，大发批发店开出期限为3个月利率为6%的商业承兑汇票支付上述货款。

（5）以银行存款支付广告费8 000元。

（6）结转已售产品成本，其中A产品7 800件，单位成本47.739元/件；B产品10 000件，单位成本43.32元/件；C产品10 000件，单位成本47.33元/件。

要求：根据上述资料编制会计分录，计算A、B、C三种产品的销售成本。

❺ 大华公司2024年12月损益类账户的本期发生额如表7-16所示。

表7-16 大华公司12月份损益类账户本期发生额 单位：元

账户名称	借方发生额	贷方发生额	账户名称	借方发生额	贷方发生额
主营业务成本	2 980 700		主营业务收入		5 602 000
其他业务成本	320 000		其他业务收入		580 200
营业外支出	350 000		营业外收入		180 000
税金及附加	80 368.60		投资收益		65 000
销售费用	150 000				
管理费用	250 000				
财务费用	35 000				
合计	4 166 068.60				6 427 000

（1）将收入类账户本期发生额结转至本年利润账户。

（2）将费用成本类账户本期发生额结转至本年利润账户。

（3）按本月利润总额的25%计算并结转本月所得税费用。

（4）将所得税费用账户结转至本年利润账户。

（5）将本年利润账户余额（1～11月份累计余额为6 680 700元）结转至利润分配账户。

（6）按当年实现净利润的10%提取法定盈余公积，按当年实现净利润的5%提取任意盈余公积。

（7）按当年实现净利润的10%向投资者分配利润。

（8）将利润分配其他明细账户的余额转至“未分配利润”明细分类账。

要求：根据上述资料编制会计分录，计算12月实现净利润的金额。

项目 8 建账与登账

学习目标

- 知识目标：明确会计账簿的作用和种类、掌握账簿的设置、格式和登记规则
- 技能目标：能正确设置、登记各种账簿、掌握错账的更正方法
- 素质目标：通过建账登账培养职业意识，提高职业素质，形成职业价值观

引导案例

鑫达公司是一家小型加工企业，2024年9月公司决定聘用某高职院校大数据与会计专业毕业的李刚做会计工作，公司老板将企业的情况向李刚进行了如下介绍。

1. 企业为一般纳税人，注册资本为100万元，2023年12月追加了投资50万元。公司管理人员5人，合同制生产人员30人。开户银行为工商银行××支行，账号为02345678，库存现金限额为5 000元。

2. 企业生产A、B两种产品，要求单独计算A、B产品成本。

3. 企业的购销活动，经常有往来账项。

4. 原材料、库存商品分品种按照实际成本核算。

问题

1. 公司老板提出，企业要进行会计核算，以便全面、系统、连续地记录各项经济业务，并为企业的经济管理提供系统的会计核算资料，计算成本、缴纳税金，根据企业的实际情况，该企业应该设置哪些账簿？

2. 什么是总分类账簿？其用途、内容和格式是怎样的？

3. 什么是明细分类账簿？其用途、内容和格式是怎样的？

4. 总分类账簿和明细分类账簿有何关系？如何登记？

5. 什么是日记账？都有哪些日记账？其用途、内容和格式是怎样的？日记账如何登记？

6. 账簿登记中如果发现错误，如何更正？

任务1　建账

任务描述

掌握建账的基本方法和技巧。

知识准备

8.1.1　会计账簿的概念和种类

（1）会计账簿的概念

会计账簿是由一定格式的账页组成的，以经过审核的会计凭证为依据，全面、系统、连续地记录各项经济业务的簿籍。设置和登记账簿是会计核算的基本方法之一。

会计账簿的作用：账簿是编制财务报表的基础，是连接会计凭证和财务报表的中间环节。账簿具有记载、储存会计信息，分类、汇总会计信息，检查、校正会计信息，编报、输出会计信息等功能。会计账簿登记顺序如图8-1所示。

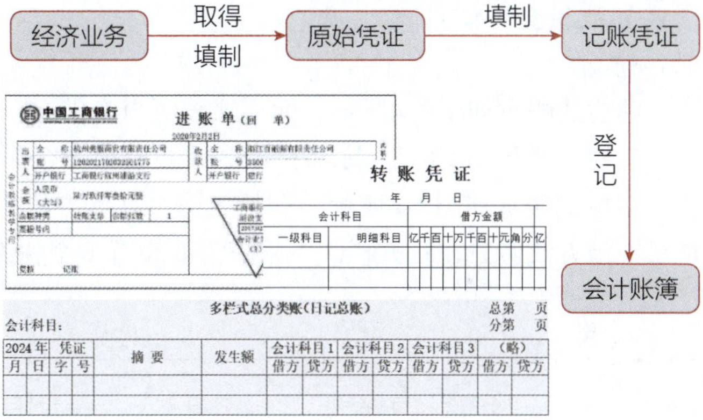

图8-1　会计账簿登记顺序

（2）会计账簿的种类

①按性质和用途分类：可分为序时账簿、分类账簿和备查账簿三种，如图8-2所示。

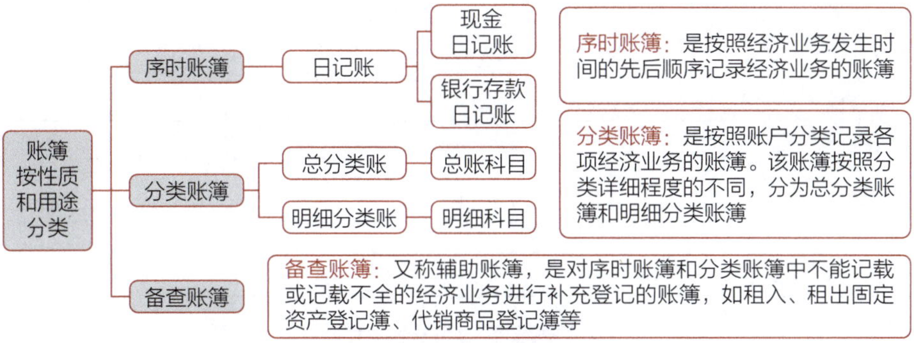

图8-2　账簿按用途的分类

总分类账簿：简称总账，是根据一级会计科目设立的总分类账户，从总括角度分类记录全部经济业务的增减变动及余额的账簿。可以提供各种资产、负债、费用、成本、收入等总括核算资料。

明细分类账簿：简称明细账，是按照二级或明细会计科目设立分类账户的账簿，是对总分类账户的详细反映。

②按账页格式不同分类：可分为两栏式、三栏式、多栏式和数量金额式账簿，如图8-3所示。

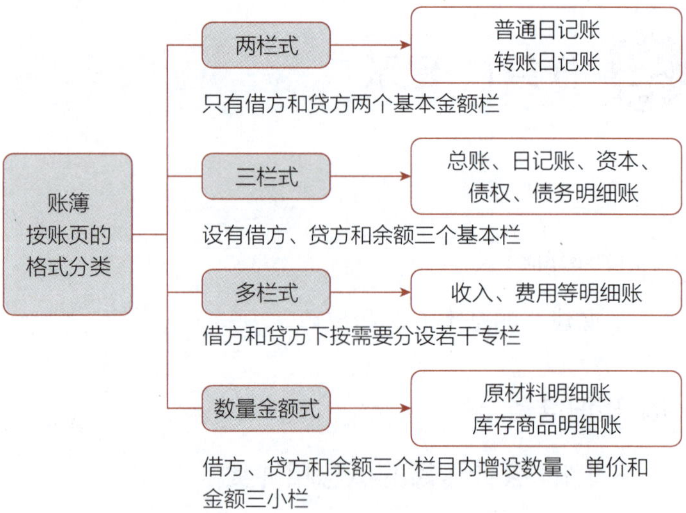

图8-3 账簿按账页格式分类

两栏式账页如图8-4所示。两栏式账页只有借方金额和贷方金额栏，没有余额栏。

三栏式账页如图8-5所示。三栏式账页有借方金额、贷方金额和余额三个栏次。

多栏式账页如图8-6所示。多栏式账页在借方栏次和贷方栏次下设多个栏次，也可以是只在借方或者只在贷方栏次下根据需要设置多个栏次。

日记账

2024年		业务号	原始凭证	摘要	会计科目	借方	贷方	分类账页数
月	日							
5	6	1	略	偿还应付账款	应付账款	30 000		略
					银行存款		30 000	
	10	2	略	计提折旧费用	制造费用	20 000		略
					累计折旧		20 000	

图8-4 两栏式账页

总分类账

会计科目：应交税费　　　　第　　页

2024年		凭证		摘要	借方	贷方	借或贷	余额
月	日	字	号					
5	1			期初余额				2 805 000

图8-5 三栏式账页

明细分类账

会计科目：应交税费——应交增值税　　　　分第　　页

2024年		凭证		摘要	借方			贷方			借或贷	余额
月	日	字	号		进项税额	已交税金	—	销项税额	进项税额转出	—		
5	1			期初余额								

图8-6　多栏式账页

数量金额式账页如图8-7所示。数量金额式账页在借方、贷方和余额栏下设有数量、单价和金额小栏，从数量和金额两方面反映经济业务的增减变化，适合于财产物资类明细账。

明细分类账　　　　本账页数

编号　　规格　　　　单位：　　名称：

2024年		凭证		摘要	收入			发出			结存		
月	日	字	号		数量	单价	金额	数量	单价	金额	数量	单价	金额
5	1			期初余额									

图8-7　数量金额式账页

③按外表形式不同分类：可分为订本账、活页账和卡片账，如图8-8所示。

订本账：将账页固定装订成册，并按顺序进行编号的账簿。该类账簿的优点是不易散失；缺点是预留账页容易过多或过少，且不便于分工记账。

活页账：使用前和使用时不装订账页，也不按顺序编号，将账页装置在账夹中，可随用随取，年末将本年所登记的账页装订成册，并连续编号的账簿。该类账簿的优点是不需要预留账页，根据需要取用，便于分工记账。

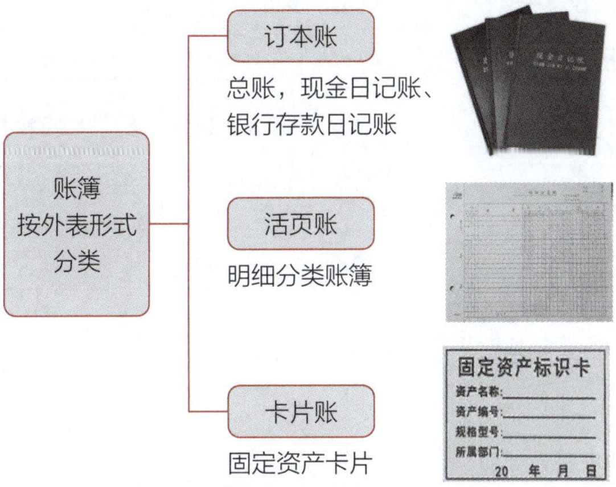

图8-8　账簿按外表形式分类

卡片账：将账卡装在账卡箱中的账簿，如固定资产卡片。该类账簿的优点是不需要每年更换，可以随取随放。

8.1.2 总账的设置

总账的设置主要涉及总分类账簿的建立和管理，包括账簿的形式、格式以及相关的设置步骤。

现行制度规定，单位必须建立总分类账簿。总分类账簿是总分类账户的集合体，用于登记全部经济业务，进行总分类核算，提供总括核算资料，账簿中应按照总分类科目的编码顺序分设账户。

总分类账簿的外表形式一般采用订本式。在启用总分类账簿时，应结合单位经济业务的特点，根据各科目发生业务的多少事先估计每一总账科目预留的页数，确保每一账户有充足的账页，连续、完整地记录经济业务内容，并避免账页预留过多而产生浪费。

总分类账的账页格式一般采用借方、贷方、余额三栏式，也可根据实际需要在三栏式账页的基础上增设一栏“对应科目”，以便从总账账页上的对应关系直接反映账户的来龙去脉，其格式如图8–9所示。

业务不多的企业，总分类账簿也可以采用多栏式账页，把全部总分类账户集中在一张账页上，其格式如图8–10所示。这种形式的账簿是序时账与分类账结合的联合账簿，也称为日记总账。记账时，所有经济业务根据记账凭证序时、分类地直接登记入账。

总分类账

会计科目：固定资产　　第　页

2024年		凭证		摘要	对应科目	借方	贷方	借或贷	余额
月	日	字	号						
5	1			期初余额					2 805 000

图8–9　设“对应科目”的三栏式总账账页

多栏式总分类账（日记总账）

第　页

2024年		凭证		摘要	发生额	会计科目1		会计科目2		会计科目3		（略）	
月	日	字	号			借方	贷方	借方	贷方	借方	贷方	借方	贷方

图8–10　多栏式总分类账（日记总账）账页

8.1.3 明细账的设置

明细账应根据各单位的实际需要，按照总分类科目的二级科目或三级科目分类设置，其设置如图8–11所示。

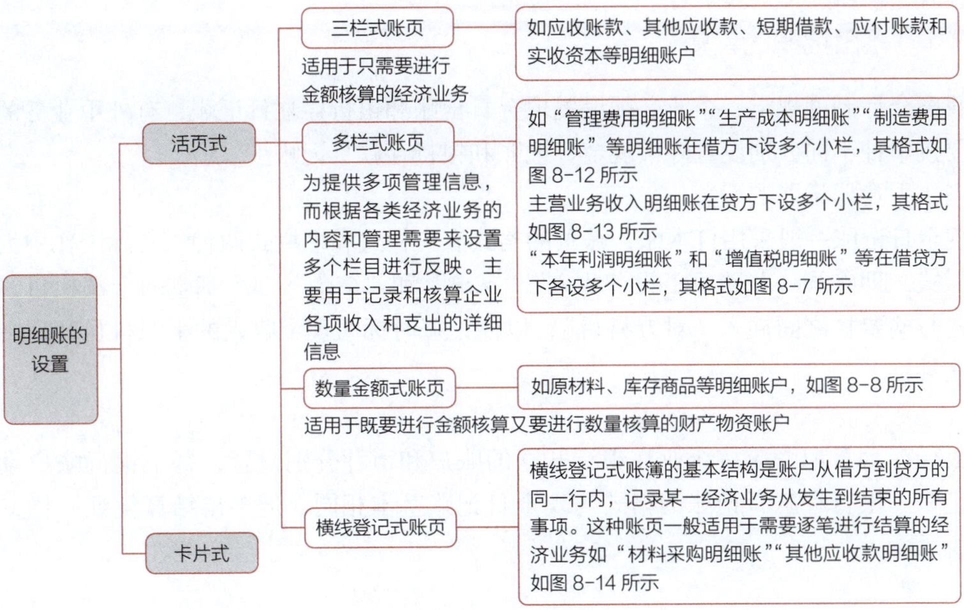

图8-11 明细分类账的设置

管理费用明细分类账　　总第　页

会计科目：管理费用　　第　页

年		凭证		摘要	借方					贷方	余额
月	日	字	号		办公费	水电费	工资	……	合计		

图8-12 借方多栏式明细账账页

主营业务收入明细分类账　　总第　页

会计科目：主营业务收入　　第　页

年		凭证		摘要	借方	贷方					余额
月	日	字	号			A产品	B产品	C产品	……	合计	

图8-13 贷方多栏式明细账账页

其他应收款明细分类账　　总第　页

会计科目：其他应收款　　第　页

年		凭证		摘要	借方			年		凭证		摘要	贷方			余额
月	日	字	号		借款	补付	合计	月	日	字	号		报销	退回	合计	
5	15	付	3	李明	5 000		5 000	5	25	收	3	报销	4 800	200	5 000	0

图8-14 横线登记式明细账账页

8.1.4 日记账的设置

我国会计制度规定，企业必须设置现金日记账和银行存款日记账，有外币业务的单位还需要按币种不同分别设置外币现金日记账和银行存款日记账。

（1）现金日记账的设置

现金日记账一般采用订本账，账页的格式有三栏式和多栏式两种，实际工作中大多采用三栏式，即在同一张账页上设“收入”“支出”和“结余”三个基本的金额栏目，并在金额栏与摘要栏之间插入“对方科目”，以便记账时标明现金收入的来源科目和现金支出的用途科目。

（2）银行存款日记账的设置

银行存款日记账应按企业在银行开立的账户和币种分别设置，每个银行账户设置一本日记账。银行存款日记账的格式与现金日记账基本相同，但多出结算凭证一栏，如图8-15所示。

银行存款日记账　　　　第　页

2024年		凭证		摘要	结算凭证		对方科目	借方	贷方	借或贷	余额
月	日	字	号		种类	号数					

图8-15　银行存款日记账

知识拓展

新设立公司财务软件应该如何建账

任务实施

为企业建账

要求：根据企业的经营业务内容和需要为企业建账。

资料：上海中侨食品有限公司为食品制造企业，其主要经济业务内容如项目7中所描述，请结合公司的业务类型，建立账户体系。

问题研讨

会计建账的基本要求有哪些？请查阅《会计法》，找到相关法律条文并讨论。

任务2 登账

任务描述

掌握登记账簿的基本操作流程。

知识准备

8.2.1 账簿的启用

（1）会计账簿的基本要素

封面：主要表明账簿的名称。如总分类账、各种明细分类账、现金日记账、银行存款日记账等。

扉页：列明科目索引、账簿启用和经管人员一览表。

账页：账簿是用来记录经济业务的载体，其格式因记录经济业务的内容不同而有所不同，但基本内容包括账户的名称、登记账户的日期栏、凭证种类和号数栏、摘要栏、金额栏、总页次和分户页次等。账簿的封面、扉页及账页如图8-16所示。

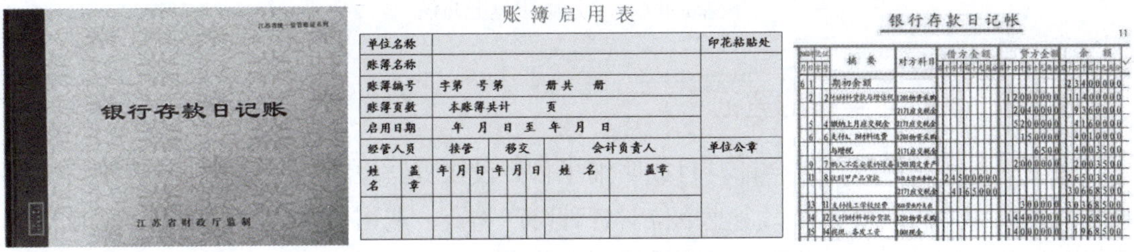

图8-16 账簿的基本要素

（2）会计账簿的启用

新创立的企业及其他经济单位，应依法建账，并启用账簿。持续经营的单位，在每个新的会计年度开始时，除固定资产明细账等少数明细分类账簿和备查账簿可以连续使用旧账外，其他的分类账簿和日记账均要在新的年度开始时启用新账，不能跨年度使用。会计人员启用新账簿时，应在账簿封面上写明账簿名称，扉页上填写“账簿启用和经管人员一览表”，总账还应填列“科目索引”。会计人员如有变动，应办理交接手续，注明接管日期和移交人、接管人姓名，并由双方签名盖章。

启用订本式账簿应当从第一页到最后一页顺序编定页数，不得跳页、缺号。使用活页式账簿应当按账户的顺序编号，并须定期装订成册，装订后再按实际使用的账页顺序编定页码，另加目录，记明每个账户的名称和页次。

8.2.2 总账的登记

账簿登记简称登账或过账。总分类账的记账依据和登记方法取决于企业采用的账务处理程序。一般由会计人员根据记账凭证逐笔登记，也可根据经过汇总的科目汇总表或汇总记账凭证登记。总账账页中各基本栏目的登记方法如图8-17所示。

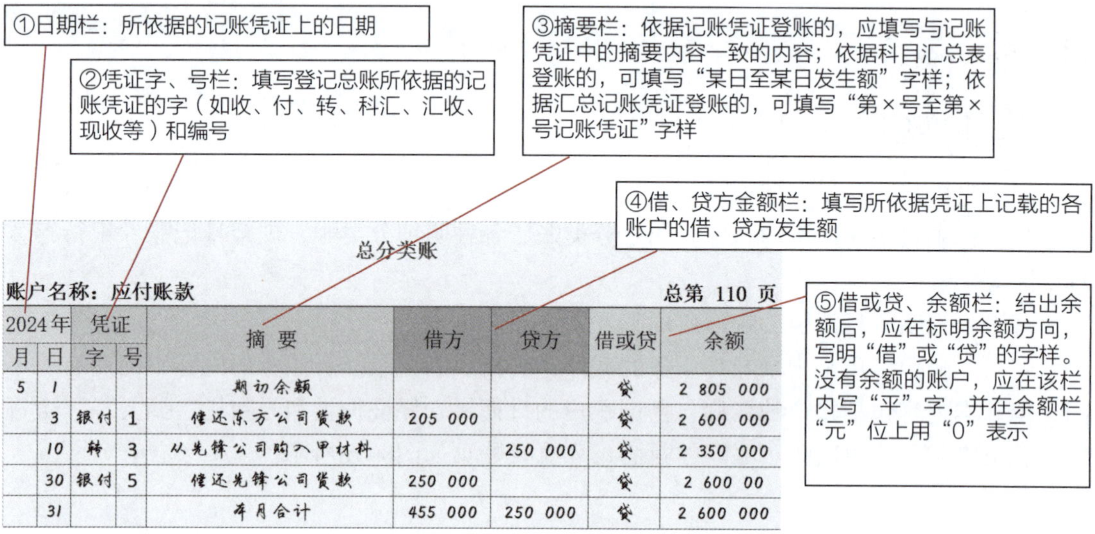

2024年		凭证		摘要	借方	贷方	借或贷	余额
月	日	字	号					
5	1			期初余额			贷	2 805 000
	3	银付	1	偿还东方公司贷款	205 000		贷	2 600 000
	10	转	3	从先锋公司购入甲材料		250 000	贷	2 350 000
	30	银付	5	偿还先锋公司贷款	250 000		贷	2 600 00
	31			本月合计	455 000	250 000	贷	2 600 000

图8-17 总分类账登记方法

8.2.3 明细分类账的登记

明细分类账是根据二级会计科目或明细子目开设账页、反映某一总账账户详细情况的账簿，也被称为明细分类账。企业单位对各种财产物资、费用成本和收入成果、债权债务等往来款项，都应在有关总账科目下设置明细分类账，进行明细分类核算。

明细分类账簿的外表形式一般采用活页式账页，也有采用卡片式账页的，如固定资产。

各种明细分类账，由会计人员依据记账凭证、原始凭证或汇总原始凭证逐日逐笔或定期汇总登记。

明细分类账的登记方法与总账的登记方法类似。一般来说，债权债务明细账和财产物资明细账应每天登记，以便随时了解债权债务的结算情况，核对财产物资的库存结余情

库存商品明细分类账　　　　第 10 页

编号 256　规格 38码　　　　单位：双　名称：女鞋

2024年		凭证		摘要	收入			发出			结存		
月	日	字	号		数量	单价	金额	数量	单价	金额	数量	单价	金额
5	1			期初余额							150	98	14 700
	8	出	11	销售出库				100			50		
	10	转	3	完工入库	200	95	19 000				250		
	15	出	12	销售出库				150			100		
	20	转	9	完工入库	150	96	14 400				250		
	25	出	13	销售出库				200			50		
	31	转	20	结转销售成本					96.2	43 290	50	96.2	4 810
	31			本月合计	350		33 400	450	96.2	43 290	50	96.2	4 810

注：库存商品明细账平时只登记收入数量和金额，发出只登记数量不登记金额，到月末计算发出单价及金额时，发出数量的凭证为出库单

图8-18 “库存商品”明细分类账的登记

况。数量金额式明细账还应根据所附原始凭证记录财产物资数量上的增减变化及余额。如库存商品明细分类账的登记，如图8-18所示。

为确保总分类账与其所属明细分类账记录一致，使总分类账起到统驭作用，明细分类账起到补充说明作用，明细分类账的登记应采用与总分类账户平行登记的方法，平行登记的要点如图8-19所示。原材料总账及明细账的平行登记如图8-20所示。

图8-19 总账与明细账平行登记要点

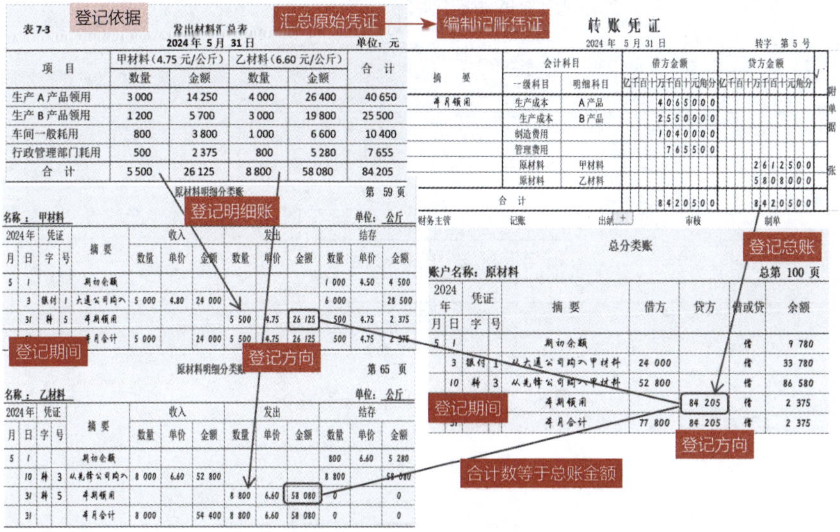

图8-20 总账与明细账的平行登记

8.2.4 日记账的登记

日记账可以分为普通日记账和特种日记账，如图8–21所示。

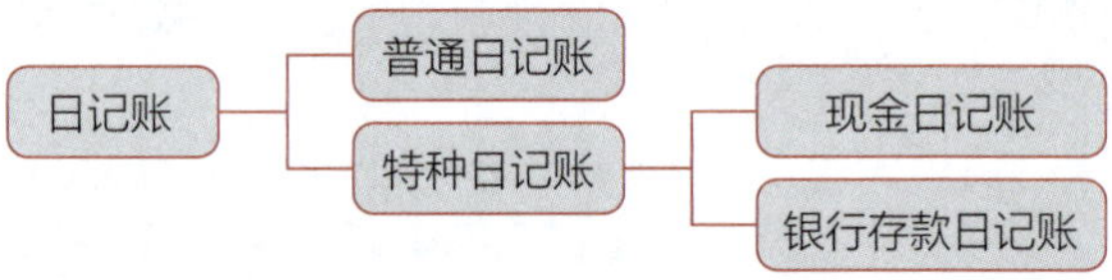

图8–21 日记账的种类

普通日记账：按日、序时、逐笔记录每一笔经济业务的借、贷方及金额的账簿，也称分录登记簿。我国企业将会计分录记录在记账凭证上，很少使用普通日记账。

特种日记账：具有特定用途的序时登记账簿，包括现金日记账和银行存款日记账。特种日记账由出纳人员根据现金和银行存款的收付款凭证按日、序时、逐笔登记，以确保其所掌管的现金和银行存款的安全完整。

现金日记账的登记如图8–22所示。

银行存款日记账的登记如图8–23所示。

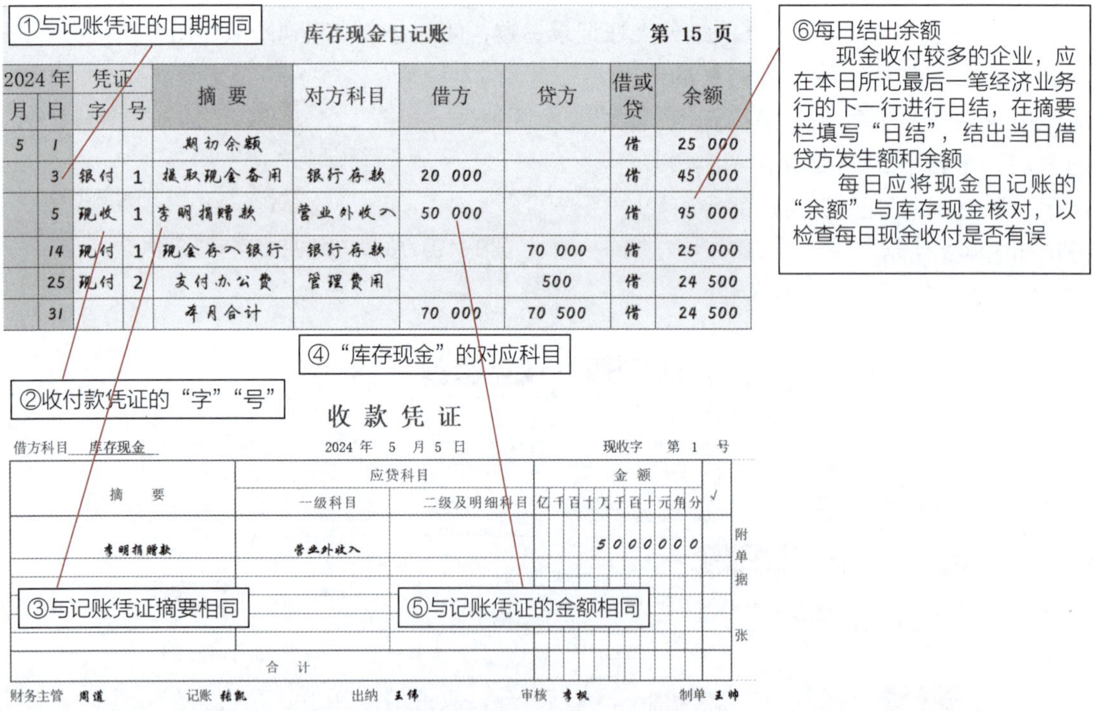

库存现金日记账　　第 15 页

2024年 月	日	凭证 字	号	摘要	对方科目	借方	贷方	借或贷	余额
5	1			期初余额				借	25 000
	3	银付	1	提取现金备用	银行存款	20 000		借	45 000
	5	现收	1	李明捐赠款	营业外收入	50 000		借	95 000
	14	现付	1	现金存入银行	银行存款		70 000	借	25 000
	25	现付	2	支付办公费	管理费用		500	借	24 500
	31			本月合计		70 000	70 500	借	24 500

收款凭证

借方科目 库存现金　　2024 年 5 月 5 日　　现收字 第 1 号

摘要	应贷科目 一级科目	二级及明细科目	金额（亿千百十万千百十元角分）	√
李明捐赠款	营业外收入		5000000	
合计				

附单据　张

财务主管 周道　记账 张凯　出纳 王伟　审核 李枫　制单 王帅

图8–22 现金日记账的登记

填写银行存款收支的凭据名称和编号

银行存款日记账　　第　页

2024年		凭证		摘要	结算凭证		对方科目	借方	贷方	借或贷	余额
月	日	字	号		种类	号数					
5	1			期初余额						借	805 000
	3	银付	1	提取现金	支票	206	库存现金		20 000	借	785 000
	9	银收	1	收回欠款			应收账款	25 000		借	810 000
	14	现付	1	存入现金			库存现金	98 000		借	908 000
	25	银付	2	支付货款	支票	207	应付账款		158 000	借	750 000
	31			本月合计				123 000	178 000	借	750 000

图8-23　银行存款日记账的登记

注：①对于现金和银行存款相互转化的业务，只填写一张付款凭证，因此，应根据付款凭证同时登记现金日记账和银行存款日记账。

②企业应定期将银行存款日记账的“余额”与银行送达的“对账单”核对。

知识拓展

登账的基本规则

（1）登记账簿的依据

为了保证账簿记录的真实、正确，必须根据审核无误的会计凭证登账。各单位每天发生的各种经济业务都要记账，记账的依据是会计凭证。

（2）登记账簿的时间

各种账簿应当每隔多长时间登记一次，没有统一规定。但是，一般的原则是：总分类账要按照单位所采用的会计核算形式及时登账；各种明细分类账，要根据原始凭证、原始凭证汇总表和记账凭证每天进行登记，也可以定期（三天或五天）登记。但是现金日记账和银行存款日记账，应当根据办理完毕的收付款凭证，随时逐笔顺序进行登记，最少每天登记一次。

（3）登记账簿的规范要求

①登记账簿时，应当将会计凭证日期、编号、业务内容摘要、金额和其他有关资料逐项记入账内，同时记账人员要在记账凭证上签名或者盖章，并注明已经登账的符号（如打“√”），防止漏记、重记和错记情况的发生。

②各种账簿要按账页顺序连续登记，不得跳行、隔页。如发生跳行、隔页，应将空行、空页划线注销，或注明“此行空白”或“此页空白”字样，并由记账人员签名或盖章。

③登记账簿时，要用蓝黑墨水或者碳素墨水书写。不得用圆珠笔（银行的复写账簿除外）或者铅笔书写。红色墨水只能用于制度规定的用红字冲账的记账凭证、在不设减少金额栏的多栏式账页中，登记减少数，在三栏式账户的余额栏前，如未印明余额方向的，在余额栏内登记负数金额等情况。

④记账要保持清晰、整洁，记账文字和数字要端正、清楚、书写规范，一般应占账簿格距的二分之一，以便留有改错的空间。

⑤凡需结出余额的账户，应当定期结出余额。现金日记账和银行存款日记账必须每天结出余额。结出余额后，应在“借或贷”栏内写明“借”或“贷”的字样。没有余额的账户，应在该栏内写“平”字并在余额栏“元”位上用“0”表示。

⑥每登记满一张账页结转下页时，应当结出本页合计数和余额，写在本页最后一行和下页第一行有关栏内，并在本页的摘要栏内注明“转次页”字样，在次页的摘要栏内注明“承前页”字样。

任务实施

登记现金日记账

要求：根据以下资料编制会计分录并登记现金日记账。

资料：上海中侨食品有限公司于2024年5月末库存现金期末余额为5 000元，6月发生如下业务：

1. 6月4日，出售废旧物资，收入现金300元。（凭证：现收字第1号）
2. 6月8日，业务员王清借支差旅费900元，付给现金。（凭证：现付字第1号）
3. 6月8日，车间管理人员报销费用480元，付给现金。（凭证：现付字第2号）
4. 6月16日，从银行提取现金1 000元备用。（凭证：银付字第1号）
5. 6月20日，办公室购买文具300元报销，付给现金。（凭证：现付字第3号）
6. 6月23日，以现金支付职工子女教育费800元。（凭证：现付字第4号）
7. 6月23日，业务员王清出差归来，报销差旅费800元，余款交回现金。（凭证：现收字第2号，转字第1号）
8. 6月26日，销售产品一批，收到2 000元现金货款。（不考虑增值税）（凭证：现收字第3号）
9. 6月27日，销售多余材料一批，收到现金1 500元。（不考虑增值税）（凭证：现收字第4号）
10. 6月30日，从银行提取现金20 000元备发工资。（银付字第2号。现付字第5号）

库存现金日记账

2024年		凭证		摘要	对方科目	借方	贷方	借或贷	余额
月	日	字	号						
6	1			期初余额				借	5 000

问题研讨

登记账簿时需要注意哪些要点？

任务3　对账与错账更正

任务描述

掌握对账的概念和方法。

知识准备

8.3.1　对账

对账就是核对账目。按照《会计基础工作规范》的要求，各单位应当定期将会计账簿记录的有关数字与库存实物、货币资金、有价证券往来单位或个人等进行相互核对，保证账证相符、账账相符、账实相符。对账的主要内容如图8-24所示。

对账工作一般在月末、季末、年末结账之前进行。有关人员办理调动或发生非常事件时，应随时进行对账。账实核对一般在年终财产清查时进行，平时也可以通过盘点进行。

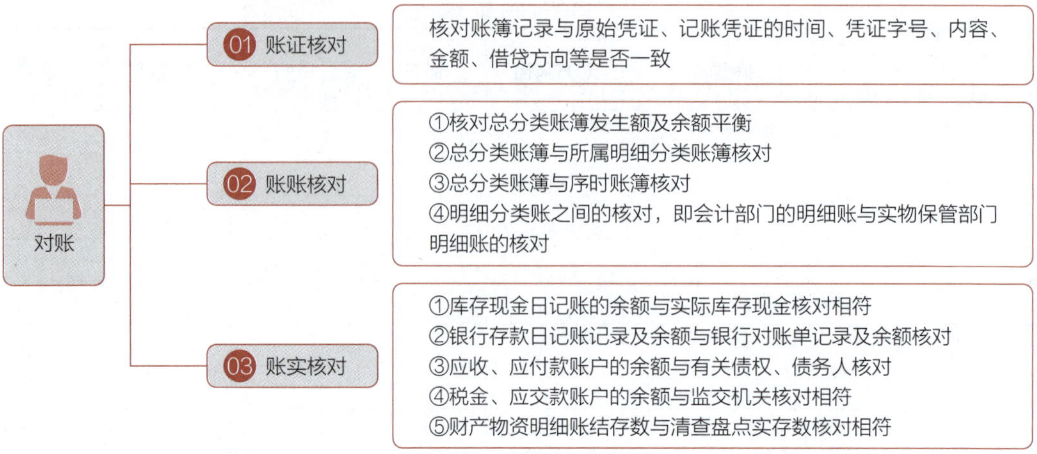

图8-24 对账的主要内容

8.3.2 错账更正的方法

在对账过程中可能会发现账证、账账、账实不符的情况，这些差错可能是由重记、漏记、数字颠倒、数字错位、数字记错、科目记错、借贷方向记反等情况引起的，从而会影响会计信息的准确性。因此，发现后应采取正确的方法予以更正。

错账的更正方法有划线更正法、红字更正法和补充登记法，如图8-25所示。账实不符时还要调整账簿记录，调整方法将在财产清查中讲述。

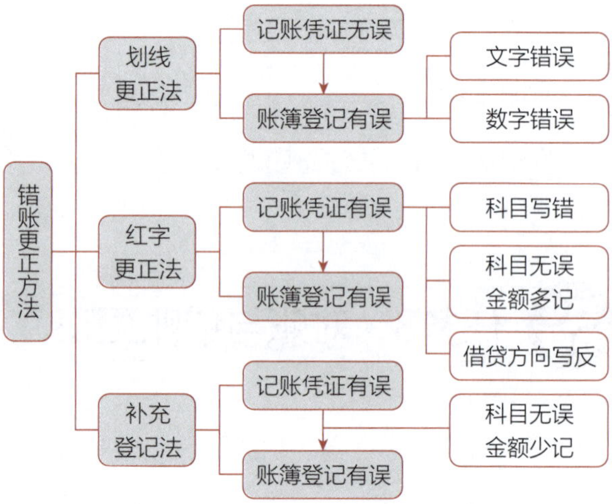

图8-25 错账的更正方法

（1）划线更正法

在结账前发现账簿记录有文字或数字错误，而记账凭证没有错误，可以采用划线更正法。

更正时，可在错误的文字或数字上划一条单红线，在红线的上方用蓝字填写正确的文字或数字，并由记账及相关人员在更正处盖章，以明确责任。但应注意的是更正时不得只划销错误数字，应将全部数字划销，并保持原有数字清晰可辨，如图8-26所示。

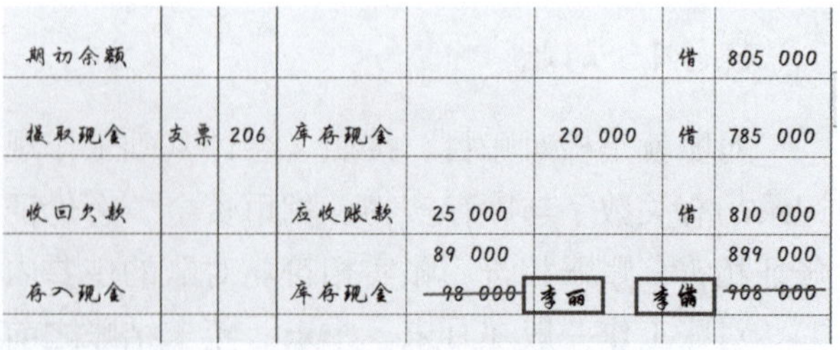

期初余额						借	805 000
提取现金	支票	206	库存现金		20 000	借	785 000
收回欠款			应收账款	25 000		借	810 000
存入现金			库存现金	89 000 ~~98 000~~ 李丽		李倩	899 000 ~~908 000~~

图8-26 划线更正方法

（2）红字更正法

红字更正法有两种情况：

①过入账簿后，发现原记账凭证中的应借、应贷会计科目有错误，或科目无误，但借贷方向记反，从而引起账簿记录错误时，应用红字填写一张与原记账凭证完全相同的记账凭证，并过入账簿，以冲销原记账凭证产生的错误，然后用蓝字填写一张正确的记账凭证，并过入账簿中。

②过入账簿后，发现记账凭证和账簿记录中应借、应贷会计科目无误，但所记金额大于应记金额时，应按多记金额用红字编制一张与原记账凭证应借、应贷科目完全相同的记账凭证，并过入账簿，以冲销多记金额。红字更正法如图8-27所示。

转账凭证

2024 年 5 月 31 日　　转字 第 36 号

摘要	会计科目：一级科目	会计科目：明细科目	借方金额（亿千百十万千百十元角分）	贷方金额（亿千百十万千百十元角分）	√
冲销2024年5月10转字第9号错误凭证	财务费用		135000		
	应付利息			135000	
合计			135000	135000	

附单据　张

财务主管　记账　出纳　审核　制单

转账凭证

2024 年 5 月 31 日　　转字 第 37 号

摘要	会计科目：一级科目	会计科目：明细科目	借方金额（亿千百十万千百十元角分）	贷方金额（亿千百十万千百十元角分）	√
补记5月10转字第9号错误凭证	在建工程		135000		
	应付利息			135000	
合计			135000	135000	

附单据　张

财务主管　记账　出纳　审核　制单

图8-27 红字更正法

（3）补充登记法

补充登记法又称补充更正法。过账后发现账簿记录中应借、应贷会计科目无误，只是所记金额小于应记金额时，应按少记的金额用蓝字编制一张与原记账凭证应借、应贷科目完全相同的记账凭证，然后过入账簿，以补充登记少记的金额。

知识拓展

财务对账的技巧和步骤

任务实施

对账并采用正确方法更正错账

要求：根据给出资料进行账证核对，并采用正确的方法更正差错。

1．请根据项目8任务2“任务实施”中的资料及现金日记账的内容逐笔实施账证核对，如发现错误请采用正确方法予以更正。

2. 上海中侨食品有限公司在2024年6月底进行期末对账时，发现一笔购买固定资产的经济业务金额少记，原始凭证上的金额为8 700元，记账凭证误记为7 800元，并已根据错误的记账凭证过入账簿。请采用正确的方法予以更正。

原记账凭证如下：

更正凭证：

转 账 凭 证

2024 年 6 月 3 日　　　　转字 第 3 号

摘要	会计科目		借方金额											贷方金额											✓
	一级科目	明细科目	亿	千	百	十	万	千	百	十	元	角	分	亿	千	百	十	万	千	百	十	元	角	分	
从红星厂购买设备	固定资产	设备						7	8	0	0	0	0												
	应付账款	红星厂																	7	8	0	0	0	0	
合计								7	8	0	0	0	0						7	8	0	0	0	0	

附单据　张

财务主管　　记账　　审核　　制单

转 账 凭 证

2024 年 6 月 3 日　　　　转字 第 号

摘要	会计科目		借方金额											贷方金额											✓
	一级科目	明细科目	亿	千	百	十	万	千	百	十	元	角	分	亿	千	百	十	万	千	百	十	元	角	分	
合计																									

附单据　张

财务主管　　记账　　审核　　制单

问题研讨

对账无误一定说明企业的账簿记录没有错误吗？为什么？

任务4　结账的程序和方法

任务描述

掌握月结、季结、年结的内容和方法。

知识准备

8.4.1　结账的内容和程序

结账：会计期末将本期发生的所有经济业务全部登记入账后，加计各账户的本期发生额及期末余额，并将期末余额结转下期或转入新账的会计程序和方法。结账是通过在金额下划线来进行的。

结账的时间：分为月结、季结、半年结和年结。企业应根据有关法律规定在各结账期的最后一天进行结账。损益类账户结账后无余额，资产负债表账户的余额结账后应转入下一会计期间，成为下一会计期间的期初余额。

结账工作程序如图8-28所示。

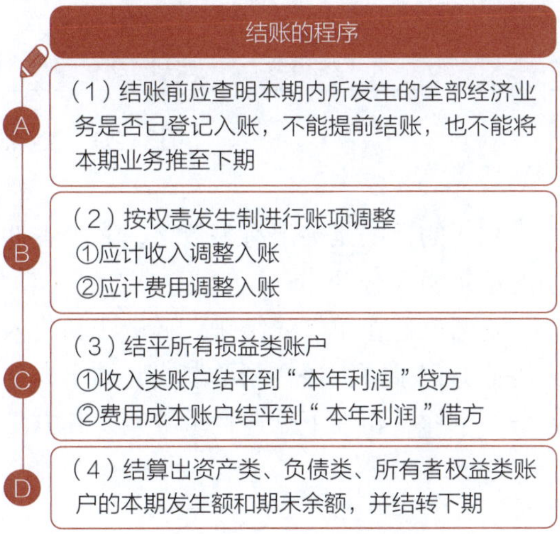

图8-28　结账的程序

应计收入：归属于本期但款项收取不在本期的收入。如先服务后收款的业务，已经为客户提供服务，但尚未开出账单，顾客尚未付款的收入；再如先收款后提供劳务的业务，收款时记为预收账款，月末根据为客户提供的劳务，调整确认为收入。

应计费用：归属于本期但款项付出不在本期的费用。如按季支付的借款的利息费用，先预提记为费用，后期支付；再如预付的房屋租金，先支付记为待摊费用，后期随着房屋的使用再分期确认为当期费用。

8.4.2　结账的方法

结账分为月结、季节、半年结和年结。

（1）月结的方法

按月计算登记各账户的本期发生额和期末余额，称为月结。月结是在当月最后一笔业务下划通栏单红线来进行的。各账户的特点不同，月结时略有细节上的差异。

①一道通栏单红线结账。债权债务和财产物资明细账和资本类账户，每次记账以后，

都要随时结出余额，每月最后一笔余额即为月末余额。月末结账时，不需要再加计合计数，只需在最后一笔经济业务记录下划通栏单红线（称为“结账线”）即可，如图8-29所示。

应收账款——红星公司

2023年		记账凭证号数	摘要	借方	贷方	借或贷	余额
月	日						
11	1		期初余额			借	4 000.00
	11	收19	收到贷款		4 000.00	平	0.00
	23	转34	销售商品	8 301.50		借	8 301.50
	30	收30	收到贷款		8 301.05	平	0.00
12	08	转2	销售商品	3 563.00		借	3 563.00
	26	收25	收到贷款		3 563.00	平	3 563.00

图8-29 应收账款明细账月结举例

划线的目的是突出有关数字，表示本期的会计记录已经截止或者结束，并将本期与下期的记录明显分开。

②两道通栏单红线结账。日记账和收入、费用明细账，每月末结账时，要在最后一笔经济业务记录下面通栏划单红线，结出本月发生额和余额，同时在摘要栏内注明“本月合计”的字样，再在下划通栏单红线，其方法如图8-30所示。

现金日记账

2023年		记账凭证号数	摘要	借方	贷方	借或贷	余额
月	日						
12	6		承前页		1 454.00	借	2 116.00
	8	收2	报销差旅费退回现金	40.00		借	2 156.00
	10	收5	提现备用	3 500.00		借	5 656.00
	15	付8	付水电费		46.70	借	5 609.30
	31	付20	付办公费		24.50	借	5 584.80
	31		本月合计	3 540.00	71.20	借	5 584.80

图8-30 日记账月结举例

③ 不需划线结账。本月没有发生额的账户，不必进行月结，不划结账红线。

④多道通栏单红线结账。需要结计本年累计发生额的账户，既要进行本月发生额的月结，又要进行年度累计发生额的月结，如“本年利润”“利润分配”总账及所属明细账、采用“表结法”下的损益类账户，每月结账时，先在该月最后一笔经济业务下划通栏单红

线，进行月结；然后再在“月结行”的下一行划通栏单红线，结出自年初始至本月末止的累计发生额和月末余额，在摘要栏内注明“本年累计”字样，并在本年累计行的下一行划通栏单红线，其方法如图8-31所示。

本年利润

2023年		记账凭证号数	摘要	借方	贷方	借或贷	余额
月	日						
11	1	转81	结转转入		109 669.00	贷	109 669.00
	11	转82	结转成本	86 689.00		贷	22 980.00
	23	转83	结转税金	5 616.00		贷	28 596.00
	31		本月合计	92 305.00	109 669	贷	28 596.00
	31		本年累计	1015 355.00	1 206 359.00	贷	191 004.00

图8-31 “本年利润”账户结计本年累计金额

（2）季结的方法

季度结账一般是总账才需要。总账在各月只结余额而不结发生额，为减少年终结账的工作量，总账要进行季结。每季度结束时，应在季末月份月结后，分别结算出本季度借方、贷方本期发生额合计数和期末余额，在“摘要”栏内注明“本季合计”字样，并在该行下面再划一条通栏单红线，其方法如图8-32所示。

现金日记账

2023年		记账凭证号数	摘要	借方	贷方	借或贷	余额
月	日						
12	6		承前页		1 454.00	借	2 116.00
	8	收2	报销差旅费退回现金	40		借	2 156.00
	10	付5	提现备用	3 500.00		借	5 656.00
	15	付8	付水电费		46.70	借	5 609.30
	31	付20	付办公费		24.50	借	5 584.80
	31		本月合计	3 540.00	71.20	借	5 584.80
	31		本季合计	10 620.00	213.60	借	5 584.80

图8-32 “库存现金”账户季结举例

（3）年结的方法

① 年末没有余额的账户划双红线封账。如果总账年末没有余额，在第四季度季结“本季度累计”行下划单红线，在“本年合计”行加计1～4季度的“本季度累计”，填在该行的“借方”“贷方”栏内，并在“借或贷”栏写“平”字，最后在“本年合计”行下通栏

划双红线（称为“封账线”，下同），封账。

如果明细账年末没有余额，对只需结计余额的，在12月最后一笔经济业务记录下通栏划双红线，封账；对于需要按月结计发生额和本年累计发生额的明细账，需在12月末的“本月合计”或“本年累计”行下通栏划双红线，封账。

②年末有余额的账户划双红线封账后余额转下年。年末有余额的账户，除按上述方法进行年结外，结出的余额还应结转到下年。方法是在双红线下的摘要栏注明“结转下年”字样；在下一个会计年度新建账户的第一行余额栏内填写上年结转的余额，并在摘要栏内注明“上年结转”字样，如图8-33所示。

有余额的账户的余额直接计入新账余额栏内，不需要编制记账凭证，也不必将余额再计入本年账户的借方或贷方，使本年有余额的账户的余额变为零。

现金日记账

2023年		记账凭证号数	摘要	借方	贷方	借或贷	余额
月	日						
12	6		承前页		1 454.00	借	2 116.00
	8	收2	报销差旅费退回现金	40.00		借	2 156.00
	10	付5	提现备用	3 500.00		借	5 656.00
	15	付8	付水电费		46.70	借	5 609.30
	31	付20	付办公费		24.50	借	5 584.80
	31		本月合计	3 540.00	71.20	借	5 584.80
	31		本季合计	10 620.00	213.60	借	5 584.80
	31		本年合计	21 240.00	427.20	借	5 584.80
			结转下年				

现金日记账

2024年		记账凭证号数	摘要	借方	贷方	借或贷	余额
月	日						
1	1		上年结转			借	5 584.80

图8-33 年结举例

8.4.3 账簿的更换及保管

新年度开始时，按照《企业会计制度》规定，要更换原有账簿，使用新账簿，其方法是：

①总账、日记账和大部分的明细账，要每年更换一次。年初，将旧账簿中的各账户的余额直接计入新账簿中有关账户新账页的第一行“余额”栏内；同时，在“摘要”栏内注明“上年结转”字样，并将旧账页最后一行数字下的空格划一条斜红线注销，在旧账页最

后一行“摘要”栏内注明“结转下年”字样，如图8-34所示。

②部分明细账，如固定资产明细账，因年度内变动不多，年初不必更换账簿；又如材料明细账和债权债务明细账，由于材料品种、规格和往来单位较多，更换新账工作量较大，因此，可以跨年度使用，不必每年更换新账。但需在“摘要”栏内注明“结转下年”字样，以划分新旧年度之间的记录。

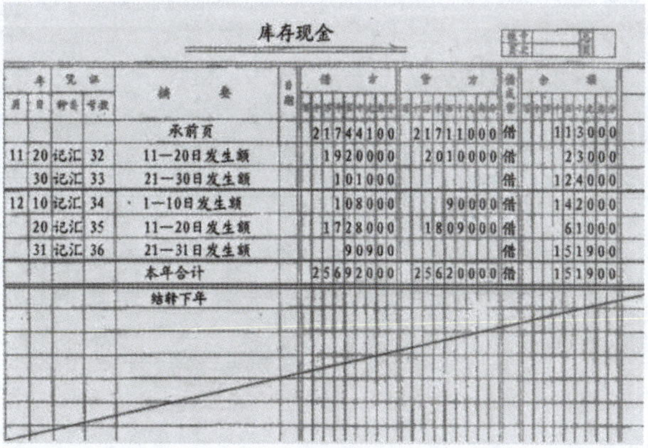

库存现金

年 月	年 日	凭证 种类	凭证 号数	摘要	页数	借方	贷方	借或贷	余额
				承前页		21744100	21711000	借	113000
11	20	记汇	32	11—20日发生额		1920000	2010000	借	23000
	30	记汇	33	21—30日发生额		101000		借	124000
12	10	记汇	34	1—10日发生额		108000	90000	借	142000
	20	记汇	35	11—20日发生额		1728000	1809000	借	61000
	31	记汇	36	21—31日发生额		90900		借	151900
				本年合计		25692000	25620000	借	151900
				结转下年					

图8-34 账簿更换

③年终，会计人员应对更换下来的活页账、卡片账装订成册，顺序编号，加具封面封底，登记存档保管。采用电子计算机进行会计核算的单位，应当保存打印出的纸质会计档案。

④当年形成的会计档案，在会计年度终了后，可暂由会计机构保管一年，期满之后，应当由会计机构编制移交清册，移交本单位档案机构统一保管；未设立档案机构的，应当在会计机构内部指定专人保管。

⑤保管期满，一定要按规定的审批程序，报经批准后方可销毁。

知识拓展

月末结账的步骤

任务实施

结账

对项目8任务2“任务实施”中的日记账账簿进行结账。

问题研讨

智能化时代，结账的流程是怎样的？

思政课堂

社会主义核心价值观提出的24个字是分别从价值目标层面、社会层面、个人行为层面三个层次的高度凝练。在“富强、民主、文明、和谐”的目标下会计人员应提供高质量会计信息，为国家经济发展提供支撑保障；在“自由、平等、公正、法治”的规则下，会计人员应严格践行会计职业道德；在“爱国、敬业、诚信、友善”的要求下，会计人员应真实、准确记录会计信息，不得弄虚作假，损害集体和国家利益。

案例

财务造假背后的“审计帮凶”

2018年11月，W文旅公司的子公司与某传媒公司签订了影视剧播映合同，由于未取得播放许可证，项目收益不能确认为W文旅公司2018年收入。为满足W文旅公司后续发行公司债券的条件，该公司法定代表人宋某等人指使公司人员另找公司签订新合同代替旧合同，虚假确认收入。

于是，W文旅公司找到了某会计师事务所来完成该项任务。该会计师事务所注册会计师朱某、刘某经研究，给出了“专业意见”——签订投资份额合同代替播映合同并倒签日期，他们帮助审核虚假合同、修改审计底稿以符合审计要求。最终，朱某、刘某以会计师事务所的名义出具了标准无保留意见的审计报告，致使W文旅公司2018年年度报告虚增营业收入3.58亿元，虚增利润1.45亿元，分别占当期披露营业收入总额和利润总额的42.5%、53.5%。朱某、刘某所在的会计师事务所获得了W文旅公司支付的审计服务费70万元。

2020年，W文旅公司被曝出财务造假丑闻，全年股价下跌50%。2023年10月26日，北京市公安局以宋某等人涉嫌违规披露重要信息罪提请北京市检三分院批准逮捕。2024年8月16日，北京市检三分院以朱某、刘某涉嫌提供虚假证明文件罪向北京市第三中级人民法院提起公诉。10月18日，北京市第三中级人民法院作出一审判决，判处朱某有期徒刑一年五个月，并处罚金11万元；判处刘某有期徒刑十一个月，并处罚金10万元。一审判决后，被告人朱某提出上诉。2025年1月24日，北京市高级人民法院裁定驳回上诉，维持原判。

知识测试和能力训练

一、单项选择题

❶ 活页式账簿一般用于（　　）。
A. 日记账　B. 总分类账　C. 明细分类账　D. 备查簿

❷ 原材料明细分类账应采用的账页格式为（　　）。
A. 三栏式　B. 数量金额式　C. 专用多栏式　D. 普通多栏式

❸ 登记账簿的依据是（　　）。
A. 经济业务　B. 原始凭证　C. 记账凭证　D. 会计凭证

❹ 应付账款明细分类账一般应采用（　　）格式。
A. 三栏式　B. 数量金额式　C. 专用多栏式　D. 普通多栏式

❺ 租入固定资产登记簿属于（　　）。
A. 订本式　B. 序时账　C. 明细账　D. 备查簿

❻ 生产成本明细账采用（　　）账页。
A. 三栏式　B. 数量金额式　C. 专用多栏式　D. 普通多栏式

❼ 按用途分类，现金日记账属于（　　）。
A. 序时账簿　B. 分类账簿　C. 备查账簿　D. 订本式账簿

❽ 按账簿的外观形式，固定资产明细账应采用（　　）。
A. 活页式账簿　B. 卡片式账簿　C. 序时账簿　D. 分类账簿

❾ 下列账户中，不应采用多栏式账页的是（　　）。
A. 资产账户　B. 成本账户　C. 收入账户　D. 费用账户

❿ 可不根据会计凭证登记的账簿有（　　）。
A. 明细分类账　B. 总分类账　C. 备查簿　D. 卡片账

二、多项选择题

❶ 以下明细分类账户应采用三栏式账页格式的有（　　）。
A. 应收账款　B. 应付利息　C. 生产成本　D. 主营业务收入

❷ 账簿按账页格式不同，可分为（　　）。
A. 三栏式账簿　B. 数量金额式账簿　C. 多栏式账簿　D. 序时账簿

❸ 账簿按用途分类，可分为（　　）。
A. 订本账　B. 备查簿　C. 序时账　D. 分类账

❹ 以下明细分类账应采用数量金额式账页格式的是（　　）。
A. 原材料　B. 固定资产　C. 库存商品　D. 材料采购

❺ 活页账的优点包括（　　）。
A. 防止账页散失和非法抽换　B. 可根据需要增减
C. 可跨年度使用　D. 便于分工记账

❻ 以下账簿可以跨年度使用的是（　　）。

A. 订本账　　B. 活页账　　C. 卡片账　　D. 备查簿

三、判断题

❶ 序时账也称日记账，它是按经济业务发生或完成时间的先后顺序逐日逐笔登记经济业务的账簿。（　　）

❷ 分类账是对各项经济业务按账户进行分类登记的账簿。（　　）

❸ 分类账包括总分类账和明细分类账。（　　）

❹ 现金、银行存款日记账应采用订本式账簿。（　　）

❺ 备查簿是一种非正式的账簿，用于记载总分类账和明细分类账中未能登记或记载不全的事项，以备查考。（　　）

❻ 卡片式账簿的本质是一种活页账，它除了具有活页账的优、缺点外，还可以跨年度使用，不需每年更换。（　　）

❼ 在设置总分类账时，对本企业所涉及的所有账户，不论是否有余额，均应事先预留账页。（　　）

❽ 为防止变造账簿记录，账簿中文字与数字应满格书写，并在小写金额前加上币别符号。（　　）

❾ 除总分类账，现金、银行存款日记账外，其他账簿一律采用活页式账簿。（　　）

❿ 序时账簿就是现金和银行存款日记账。（　　）

四、综合题

大宇公司本月发现下列账务处理错误：

1. 公司计提本月负担的利息600元，编制如下会计凭证并登记入账：

借：财务费用　　600

　贷：预提费用　　600

2. 以银行存款支付办公费6 900元，编制如下会计凭证并登记入账：

借：管理费用　　9 600

　贷：银行存款　　9 600

3. 公司接到银行通知，收回甲企业所欠的货款500 000元，已做会计凭证并入账：

借：银行存款　　50 000

　贷：应收账款　　500 00

要求：判断各种错误性质，说明应采取什么样的更正方法，并予以更正。

项目 9

财产清查

学习目标

- 知识目标：掌握财产清查的概念、种类和存货的盘存制度；了解财产清查过程需要的准备工作及凭证；掌握财产清查的意义。
- 技能目标：掌握货币资金、存货、固定资产和往来款项的清查方法及银行存款余额调节表的编制；掌握财产清查结果的账务处理。
- 素质目标：树立如实报告企业财务状况和经营成果的职业意识；遵守会计法规和职业道德，正确处理财产清查结果。

引导案例

江南制造厂是一家汽车零配件生产企业，为了加强企业财产物资的管理，掌握各项财产物资是否安全完整以及结存和利用情况，保证财务报告的真实可靠，厂里在年终之前对企业财产物资要进行一次全面清查，由主管业务的厂长牵头负责，成立一个财产清查领导小组，成员有资产管理部门人员、财务部门会计人员、仓库保管员等。12月中旬财产清查领导小组开会制订了财产清查计划，确定了财产清查的范围和进度，布置和安排了小组成员工作任务，确定了各类财产物资的清查方法。要求对清查过程中出现的问题提出处理意见，并出具财产清查报告。

问题

1. 会计人员和财产物资保管人员在财产清查前应分别做好哪些准备工作？
2. 库存现金、银行存款、应收应付款项分别采用什么清查方法？
3. 存货、固定资产清查的程序和方法是什么？
4. 对财产清查结果怎样进行财务处理？

任务1 认知财产清查的意义及程序

任务描述

了解财产清查的概念和意义，识别财产清查的种类，熟悉财产清查的程序。

知识准备

9.1.1 财产清查的概念及意义

（1）财产清查的概念

财产清查是指通过对库存现金、银行存款等货币资金，存货、固定资产等实物资产和应收账款等往来款项进行盘点或核对，确定其实存数，查明账存数与实存数是否相符的一种专门方法。财产清查中账存与实存的核对关系如图9-1所示。

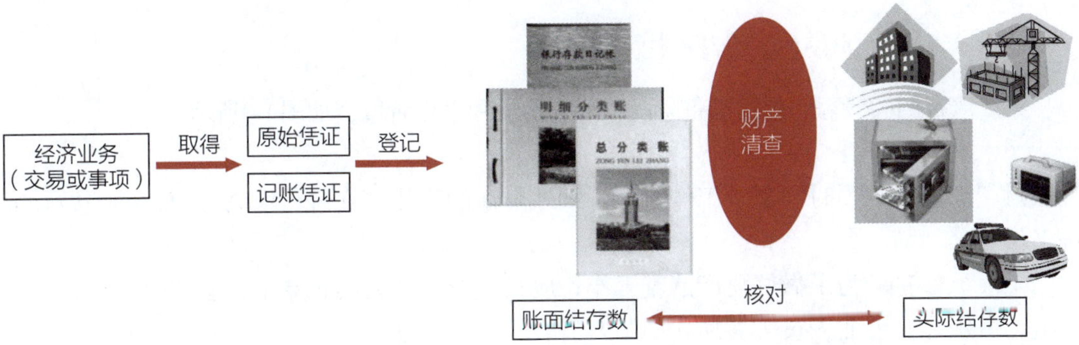

图9-1 财产清查示意图

如果账实不符，应根据实际情况，查明责任进行处理。造成财产物资账实不符的主要原因如图9-2所示。

保证会计核算资料的客观真实性，是会计核算应遵循的基本原则之一。为了保证账簿记录的正确和完整，应定期进行账存数与实存数之间的核对。

（2）财产清查的意义

①确保会计核算真实可靠。通过财产清查，可以查明各项财产物资的账实之间是否存在差异，以及产生差异的原因，并及时调整账簿记录，使其账实相符，从而保证会计核算资料的真实性。

②保护财产物资安全完整。针对管理不善造成的差错、损坏、丢失、霉变、挪用、贪污、盗窃等情况，健全财产物资的管理制度，堵塞漏洞，切实保证财产的安全和完整。

③促进财产物资高效使用。通过财产清查，可以查明各项财产物资的储备和利用情况。对于储备不足的，应予以补充；对于超储、积压的财产物资，应及时处理，从而促进财产物资的高效使用。

④保证财经法规贯彻执行。通过财产清查，可以检查财经法规及有关结算制度的执行情况，对存在违反财经法规的行为，及时处理、纠正，保证各项财经法规的贯彻落实。

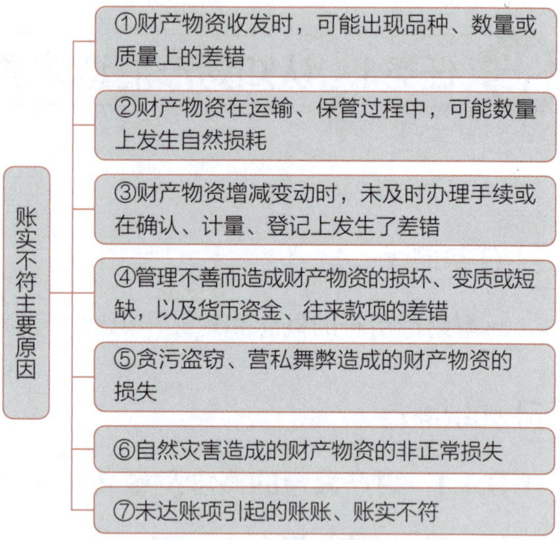

图9-2 账实不符的主要原因

9.1.2 财产清查的种类

财产清查按清查的范围分为全面清查和局部清查；按清查的时间分为定期清查和不定期清查；按财产清查执行的单位分为内部清查和外部清查，其分类及适用情形如图9–3所示。

9.1.3 财产清查的一般程序

财产清查的一般程序包括准备阶段、清查阶段和报告阶段，如图9–4所示。

（1）准备阶段

财产清查是一项时间紧、工作量大、细致复杂的工作，在进行清查之前，必须做好准备工作。

①组织准备。为了做好财产清查工作，应在企业负责人的领导下，组建财产清查工作小组，由领导、专业人员等参加，如图9–5所示。

财产清查小组应制订财产清查的计划，具体确定财产清查的对象和范围、清查工作进度、清查的步骤和方法，以及清查的具体要求。

②业务准备。为了做好财产清查工作，各业务部门，特别是财产物资管理部门和会计部门，应认真做好以下各方面的准备工作。

a. 财产清查之前，会计人员将发生的经济业务在账簿中全部登记完毕，结出余额，保证账证相符、账账相符。

b. 财产物资使用和保管部门的人员应对截至清查日期止的所有经济业务，登记实物账。各项物资排列整齐，标明品种规格和结存数量。

c. 准备好各种必要的度量衡器具和有关清查用的登记表册。

（2）清查阶段

清查时先清查财产物资数量，核对有关账簿记录等，再认定质量。清查工作中要注意核定各种实物、货币资金和往来款项的账实是否相符，关注财产的质量并填制盘存单。

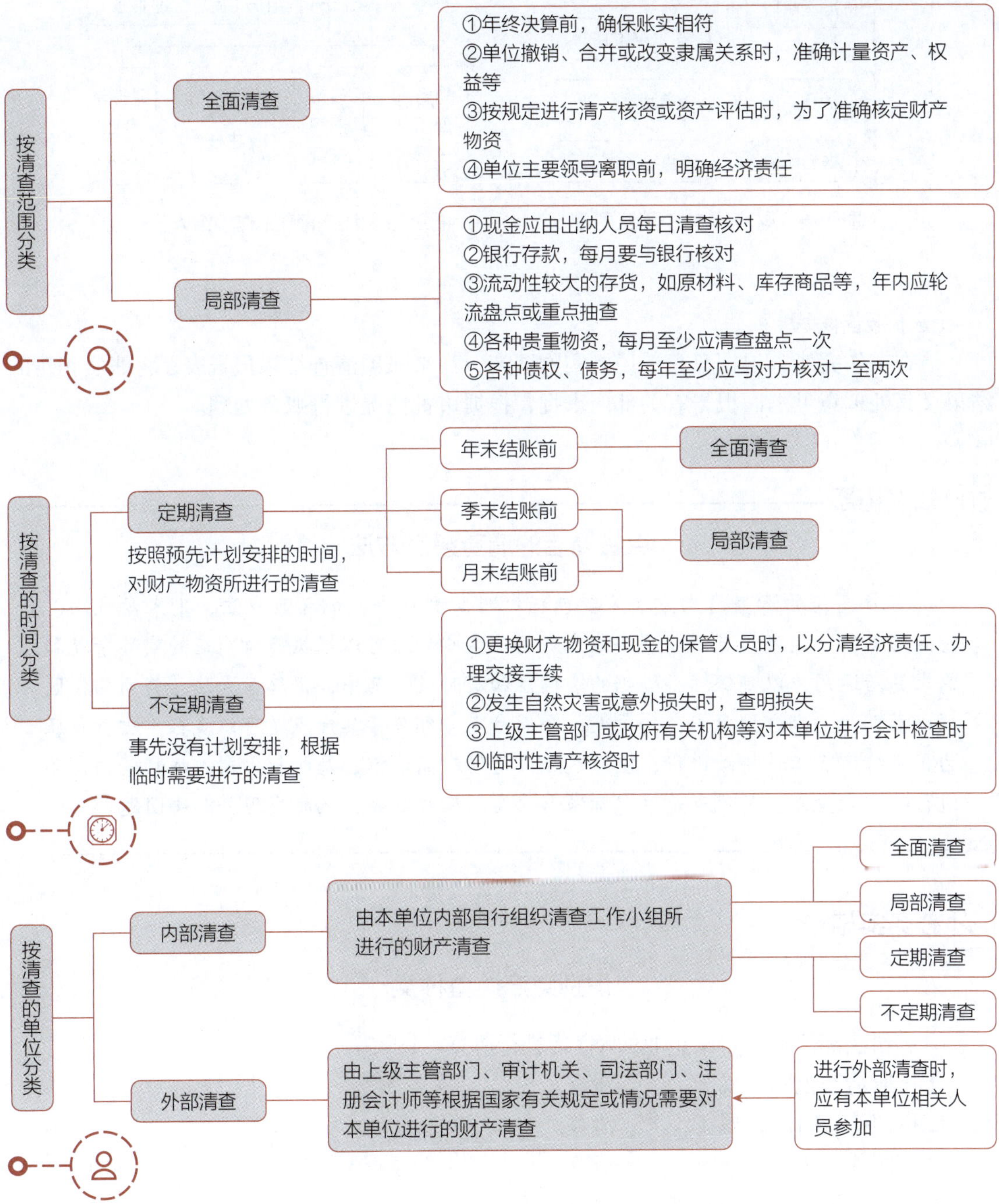
按清查范围分类
全面清查
①年终决算前，确保账实相符
②单位撤销、合并或改变隶属关系时，准确计量资产、权益等
③按规定进行清产核资或资产评估时，为了准确核定财产物资
④单位主要领导离职前，明确经济责任
局部清查
①现金应由出纳人员每日清查核对
②银行存款，每月要与银行核对
③流动性较大的存货，如原材料、库存商品等，年内应轮流盘点或重点抽查
④各种贵重物资，每月至少应清查盘点一次
⑤各种债权、债务，每年至少应与对方核对一至两次
按清查的时间分类
定期清查
按照预先计划安排的时间，对财产物资所进行的清查
年末结账前
全面清查
季末结账前
月末结账前
局部清查
不定期清查
事先没有计划安排，根据临时需要进行的清查
①更换财产物资和现金的保管人员时，以分清经济责任、办理交接手续
②发生自然灾害或意外损失时，查明损失
③上级主管部门或政府有关机构等对本单位进行会计检查时
④临时性清产核资时
按清查的单位分类
内部清查
由本单位内部自行组织清查工作小组所进行的财产清查
全面清查
局部清查
定期清查
不定期清查
外部清查
由上级主管部门、审计机关、司法部门、注册会计师等根据国家有关规定或情况需要对本单位进行的财产清查
进行外部清查时，应有本单位相关人员参加

图9-3 财产清查的分类

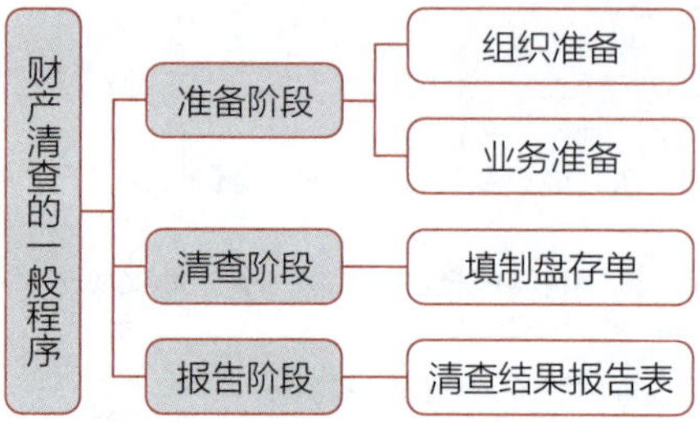

图9-4 财产清查的程序

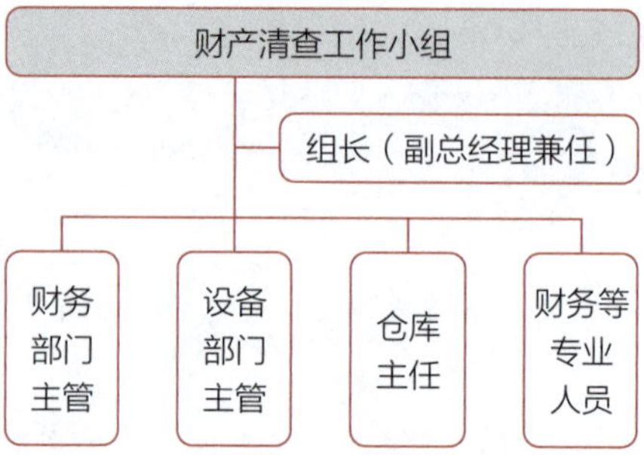

图9-5 财产清查工作小组人员构成

（3）报告阶段

清查工作完毕，根据盘存单填制实物资产、往来账项清查结果报告表，将账实相对的结果及其处理意见书面报告有关部门审批，根据审批情况进行账务处理。

知识拓展

百货商店的清查盘点方法

百货商店的清查盘点方法主要包括：账面盘点法、循环盘点法、期末盘点法、重点盘点法、定期盘点法以及实地盘点法。这些方法可以根据百货商店的实际情况和需求灵活运用，以确保库存数据的准确性和及时性。其中，循环盘点法是将商品按区域或类别，定期分批盘点，如每天、每周盘点一部分，其优点是可以减轻单次盘点压力，保持盘点工作持续进行；重点盘点法是针对高价值、易损耗、出入库频繁的商品进行的重点盘点，其优点是可以确保重要商品库存准确，及时发现并解决问题。

任务实施

识别财产清查种类

（1）司法部门临时对某企业的A存货进行清查。

①按照清查范围，属于______清查。

②按照清查时间，属于______清查。

③按照执行单位，属于______清查。

（2）下面情形中，需要进行全面清查的是（　　）。

A. 企业年终决算前

B. 原材料发生火灾受损时

C. 包装物发生毁损时

D. 出纳人员离职时

（3）单位出纳每月月末，对本单位的银行存款和银行借款与开户银行进行核对。

①按照清查范围，属于______清查。

②按照清查时间，属于______清查。

③按照执行单位，属于______清查。

（4）企业在财产物资遭受自然灾害或意外损失，或对某项核算指标存在疑问时，对相应部分的财产物资进行清查。

①按照清查范围，属于______清查。

②按照清查时间，属于______清查。

③按照执行单位，属于______清查。

（5）判断：对于流动性较强的物资，如存货等，除年度清查外，年内还要轮流盘点或重点抽查。 （ ）

问题研讨

董事长在调离工作岗位前，上级主管部门是否需要对其所管辖的企业的所有资产进行全面盘点与核对？

任务2 现金及银行存款的清查

任务描述

现金及银行存款的清查方法。

知识准备

9.2.1 库存现金的清查方法

现金的清查，是通过实地盘点的方法来确定单位的现金实存数，然后与库存现金日记账的账面结存数进行核对，确定账实是否相符。

现金的清查包括出纳人员每日进行的清查和专门清查小组进行的清查。

出纳人员自查：每日业务终了，出纳人员都应将库存现金日记账的账面余额与现金的实存数进行核对，做到账款相符。

专门清查小组清查：首先，盘点前，出纳人员应先将现金收、付凭证全部登记入账，并结出余额。其次，盘点时，出纳人员必须在场。现金应逐张清点，如发现盘盈、盘亏，必须会同出纳人员核实清楚。盘点中，除查明账实是否相符外，还要查明有无违反现金管理制度的行为，如有无“白条”抵库、现金库存超限额、坐支现金、挪用舞弊等。最后，在盘点结束时，应根据盘点结果，及时填制“现金盘点报告表”，并由盘点人员和出纳人员共同签章。“现金盘点报告表”是反映现金实有数和调整账簿记录的重要原始凭证，如表9-1所示。

表9-1 现金盘点报告表

单位：　　　　　　　　　　　　　　　　　　　　　　　　　　　　　　年　　月　　日

币别	实存金额	账存金额	实存与账存对比结果		备注
			盘盈	盘亏	

盘点人：　　　　　　　　　　　　　　　　　　出纳员：

9.2.2 银行存款的清查方法

银行存款的清查是采用与银行核对账目的方法进行的，即将从银行取得的对账单与单位的银行存款日记账逐笔进行核对，以查明账实是否相符，如图9-6所示。

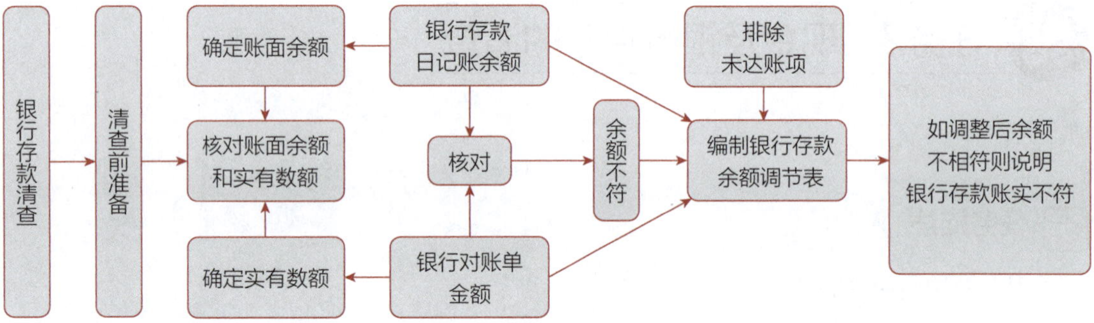

图9-6 银行存款清查示意图

清查之前，企业应将本单位所发生的经济业务登入银行存款日记账，再对账面记录进行检查复核，确定账簿记录是完整、准确的。然后，将银行转来的对账单（即银行账簿记录的复写账页）与银行存款日记账账面记录进行逐笔核对。企业的银行存款日记账和银行的对账单记载的都是账户资金情况，理论上两者应该一致。

如果两者余额相符，通常说明没有错误；如果两者余额不相符，这可能是企业或银行在记账过程当中有错误，或者存在未达账项。

未达账项是指企业和银行之间，由于凭证的传递时间不同，导致双方记账时间不一致。未达账项有两大类：一类是企业已经入账而银行尚未入账的款项；另一类是银行已经入账而企业尚未入账的款项。具体分为以下4种情况，如图9-7所示。

在核对双方账目时，必须首先查明有无未达账项。对于双方账目上都有的记录，可划

银行未达账项

（1）企业收到或已送存银行的款项，企业已入账，作为银行存款的增加，但银行尚未入账

案例 1：企业存入银行转账支票一张计 2 000 元，企业已入账，但银行尚未入账

（2）企业开出各种付款凭证，已记入银行存款日记账，作为企业存款的减少，但银行尚未入账

案例 2：企业开出转账支票一张计 3 000 元，企业已入账，但银行尚未入账

企业账面额	对账单金额
（1）已增加 2 000 元	（1）未记录
（2）已减少 3000 元	（2）未记录
（3）未记录	（3）已增加 5 000 元
（4）未记录	（4）已减少 8 000 元

企业未达账项

（3）银行代企业收进的款项，银行已入账，作为企业银行存款的增加，但企业尚未收到有关凭证，未能登记入账

案例 3：银行代企业收回货款 5 000 元，银行已经入账，企业尚未收到有关凭证，未能登记入账

（4）银行代企业支付的款项，银行已入账，作为企业银行存款的减少，但企业尚未收到有关凭证，未能登记入账

案例 4：银行代企业支付本月水电费共计 8 000 元，银行已经登记入账，而企业因未收到有关凭证，尚未登记入账

图9-7 未达账项

上“√”的标记，无标记的则可能是未达账项。如果存在未达账项，就应当消除未达账项的影响，其调节方法如表9-2所示。并按此原理编制“银行存款余额调节表”，如表9-3所示，消除未达账项的影响。

表9-2 银行存款余额调节方法

情况	调节方法
企业已收款记账，银行未收款记账	调增银行对账单余额
企业已付款记账，银行未付款记账	调减银行对账单余额
银行已收款记账，企业未收款记账	调增企业银行存款日记账余额
银行已付款记账，企业未付款记账	调减企业银行存款日记账余额

表9-3 银行存款余额调节表

××××年××月××日 单位：元

项目	金额	项目	金额
企业银行存款日记账余额		银行对账单余额	
加：银行已收，企业未收 减：银行已付，企业未付		加：企业已收，银行未收 减：企业已付，银行未付	
调节后的存款余额		调节后的存款余额	

银行存款余额调节表的编制方法是以双方账面余额为基础，各自分别加上对方已收款入账而己方未收款入账的数额，减去对方已付款入账而己方未付款入账的数额。调节后的余额如果相等，通常说明企业和银行的账面记录没有错误，该余额通常为企业可以动用的银行存款实有数。

此外，银行存款余额调节表只是一种对账工具，不能作为调整企业银行存款账面记录的记账依据，即不能据以更改账簿记录。对于未达账项，企业应在有关结算凭证到达后，再据以记账；对于长期存在的未达账项，应及时查明原因，予以解决。

知识拓展

库存现金的限额

库存现金限额是指国家规定由开户银行给各单位核定的可保留现金的最高额度，以保证日常零星支付的需要，同时又尽量减少现金的使用。库存现金的限额，由开户行根据开户单位的实际需要和距离银行远近等情况核定，其限额一般按照单位3～5天日常零星开支所需现金确定。边远地区和交通不便地区的开户单位的库存现金限额，可按多于5天、但不得超过15天的日常零星开支的需要确定。

如果单位需要调整库存现金限额，需要向开户银行提出申请，并由银行核定。超过限额的现金应及时送存银行。企业在向银行送存现金时，应在解款单上注明款项的来源；支取现金时，应在现金支票上注明款项的用途。

一个单位在几家银行开户的，由一家开户银行核定开户单位库存现金限额。凡在银行开户的独立核算单位都要核定库存现金限额；独立核算的附属单位，由于没有在银行开户，但需要保留现金，也要核定库存现金限额，其限额可包括在其上级单位库存限额内。

任务实施

银行存款余额调节表的编制

要求：根据下面资料填写银行存款余额调节表中的金额栏。

【业务】上海中侨食品有限公司2023年6月30日银行存款日记账的账面余额为80 000元，银行对账单的账面余额为71 000元。经逐笔查实，发现有以下未达账项：

1. 6月29日，银行代企业收回货款2 000元，企业因尚未收到收款通知而尚未入账。

这项业务属于银行已收企业未收款。

2. 6月29日，银行代企业支付本月水电费共7 000元，企业因尚未收到付款通知而尚未入账。

这项业务属于银行已付企业未付款。

3. 6月30日，企业存入银行转账支票一张计6 000元，银行尚未入账。

这项业务属于企业已收银行未收款。

4．6月30日，企业开出转账支票一张计2 000元，银行尚未入账。

这项业务属于企业已付银行未付款。

填写银行存款余额调节表中的金额栏。

表9-4 银行存款余额调节表

年 月 日

单位：元

项目	金额	项目	金额
企业银行存款日记账余额		银行对账单余额	
加：银行已收，企业未收 减：银行已付，企业未付		加：企业已收，银行未收 减：企业已付，银行未付	
调节后的存款余额		调节后的存款余额	

问题研讨

企业银行存款日记账余额与银行账户对账单余额不相符通常有哪些原因？请举例说明。

任务3 财产物资及往来款项的清查

任务描述

财产物资及往来款项的清查方法。

知识准备

9.3.1 财产物资的盘存制度

财产物资的盘存制度是指对企业单位的财产物资进行定期盘点和核实的一种管理制度。一般来说有两种：永续盘存制和实地盘存制，如图9-8所示。

在永续盘存制下，有时也会由于记录不当或保管不善等原因，使得财产物资的账面期末余额与实际期末结存数不一致。所以，不论采取哪种盘存制度，都需要对各项财产物资进行清查盘点，以查明账实是否相符，以及账实不符的原因，进而完善管理制度。

【案例9-1】上海中侨食品有限公司对A原料采用永续盘存制进行收入、发出和结存核算。A材料2023年8月初结存500千克，计1 500元；6日购进入库1 500千克，实际成本4 500元；8日生产领用1 200千克，计3 600元；10日购进入库1 000千克，实际成本3 000元；20

永续盘存制

定义：又称账面盘存制，是指通过设置各种财产物资的明细账，对财产物资的收入与发出，逐日、逐笔连续登记，并随时结算出账面结存数额的一种核算制度。

计算公式：
账面期末结存数 = 账面期初结存数 + 本期增加数额 − 本期减少数额

优点：可以随时了解财产物资的收入、发出和结存情况，有利于加强财产物资的管理。
缺点：日常的核算工作量较大。

适用范围：实际工作中，除少数特殊情况外，一般都应采用永续盘存制

实地盘存制

定义：是指通过设置各种财产物资明细账，平时只在明细账上登记收入数，不登记发出数，期末结账时根据实际盘点的结存数倒轧出发出数，并据以登记入账的核算制度。

计算公式：
本期减少（发出）数 = 期初结存数 + 本期增加数 − 期末实际结存数

优点：核算较为简单，不会出现账实不符情况。
缺点：由于"以存计耗"或"以存计销"倒轧出耗用成本或销售成本，其所确定的本期耗用量不一定符合实际情况，其中可能包括一部分非正常损失；而且平时在账面上不反映各项财产物资的减少数和结存数，不利于通过账簿记录随时掌握发出存货的成本。

适用范围：只适用于一些价值低、品种杂、交易频繁的财产物资和一些损耗大，数量不稳定的鲜活商品

图9-8　财产物资的盘存制度

日生产领用1 000千克，计3 000元；月末A材料实际盘存700千克，计2 100元。根据上述资料，A材料明细账（永续盘存制）的记录如表9-5所示。

表9-5　原料材料明细账

品名及规格：A材料

2023年		凭证号数	摘要	收入			发出			结存		
月	日			数量	单价	金额	数量	单价	金额	数量	单价	金额
8	01		期初余额							500	3.00	1 500.00
8	06	略	入库	1 500	3.00	4 500.00				2 000	3.00	6 000.00
8	08	略	发出				1 200	3.00	3 600.00	800	3.00	2 400.00
8	10	略	入库	1 000	3.00	3 000.00				1 800	3.00	5 400.00
8	20		发出				1 000	3.00	3 000.00	800	3.00	2 400.00
8	30		本月合计	2 500	3.00	7 500.00	2 200	3.00	6 600.00	800	3.00	2 400.00

【案例9-2】上例中，假设上海中侨食品有限公司对A材料采用实地盘存制，进行收入、发出、结存核算，则A材料明细账（实地盘存制）的记录如表9-6所示。

表9-6 原料材料明细账

品名及规格：A材料

2023年		凭证号数	摘要	收入			发出			结存		
月	日			数量	单价	金额	数量	单价	金额	数量	单价	金额
8	01		期初余额							500	3.00	1 500.00
8	06	略	入库	1 500	3.00	4 500.00						
8	10	略	入库	1 000	3.00	3 000.00		倒轧出			实地盘点	
8	30	略	发出				2 300	3.00	6 900.00	700	3.00	2 100.00
8	30		本月合计	2 500	3.00	7 500.00	2 300	3.00	6 900.00	700	3.00	2 100.00

9.3.2 存货的清查方法

由于各种存货的形态、体积、重量、堆放方式等不尽相同，应采用不同的清查方法进行清查。比较常见的有以下三种方法。

（1）实地盘点法

实地盘点法是指通过逐一清点、度量或过磅来确定存货的实存数量。企业的多数存货资产的清查都可以采用这种方法。

（2）技术推算法

技术推算法是指通过技术方法对大量成堆，难以逐一清点的财产物资的实存数量进行推算的一种方法。例如，露天堆放的煤炭、铁矿石等的实际数量，可以采用这种方法进行清查。

（3）抽查盘点法

抽查盘点法是指抽取部分存货进行清点、检查，从而推断其总数量的方法。对于价值小，数量多，重量比较均匀的，已经包装好的材料和商品等，如海产品，可以采用抽查盘点的办法。

除了对存货数量清查，还应对存货的质量进行核查。在核查存货质量时，根据其特点可以采用物理的或化学的方法进行检测。在清查过程中，还应了解存货的使用和储备情况，以及在收发、保管等方面可能存在的问题。

为了明确经济责任，在进行清查时，存货保管人员必须在场。应将盘点结果登记在盘存单上，并由盘点人员和存货保管人员签章。“盘存单”一般格式如表9-7所示。

表9-7 盘存单

单位名称： 盘点时间： 编号：

财产名称： 存放地点： 金额单位：

编号	名称	计量单位	实存数量	单价	金额	备注

盘点人（签章）： 实物保管人（签章）：

“盘存单”上的实存数量栏应根据清查结果如实填写。“单价”栏按明细账记录的单价填写，如果是账外财产物资或单价无据可查，可以按同类或类似资产的市场价格或估计价格填写；如果该项财产物资是残旧物品或已变质毁损，则应按质论价。“金额”栏根据实有数量和单价计算填列。“备注”栏应注明财产物资储备不足或超储积压等情况。

盘点完毕，将盘存单中所记录的实存数与账面结存数核对，如发现实物盘点结果与账面结存结果不一致时，应根据盘存单和有关账簿记录填制“实存账存对比表”，以确定实物财产的盘盈数或盘亏数。“实存账存对比表”如表9-8所示。

表9-8 实存账存对比表

单位（部门）名称：　　　　年　月　日　　　　金额单位：

编号	名称	计量单位	单价	实存		账存		对比结果				备注
								盘盈		盘亏		
				数量	金额	数量	金额	数量	金额	数量	金额	

制表人：　　　　财务负责人：　　　　公司负责人：

9.3.3 固定资产的清查方法

固定资产清查采用实地盘点法，即将固定资产的卡片上信息与固定资产实物进行核对。

固定资产清查前，固定资产管理人员、会计人员需要将各自负责的固定资产卡片与账簿记录做准确。清查时，清查人员逐一登记待查固定资产的数量，以及固定资产账存数与实存数的差额。盘点后，对账实不符的固定资产进行核查，找出原因，分清责任，并将盘点结果登记在“固定资产盘盈盘亏报告表”中，同时填写“固定资产盘盈盘亏（毁损）理由书”，按照规定程序报批处理。“固定资产盘盈盘亏报告表”如表9-9所示。“固定资产盘盈盘亏（毁损）理由书”如表9-10所示。

表9-9 固定资产盘盈盘亏报告表

单位名称：　　　　年　月　日　　　　第　号

卡片号	固定资产编号	固定资产名称	计量单位	盘盈				盘亏				理由书编号	附注
				数量	市场价	成新率	入账价值	数量	入账价值	已提折旧	账面价值		

财务负责人：　　设备主管：　　公司负责人：　　制作人：

固定资产卡片

卡片编号：____________ 录入日期：____________

类别编号：____________ 类别名称：____________

生产厂家：____________ 规格型号：____________

固定资产编号：__________ 固定资产名称：__________

使用部门：____________ 开始使用日期：__________

使用年限（月）：______ 计量单位：______ 数量：______

管理部门：______ 存放地点：______ 使用状况：______

原　　值：____________ 折旧方法：____________

图9-9　固定资产卡片

表9-10　固定资产盘盈盘亏（毁损）理由书

单位名称：　　　　　　　　　　年　　月　　日　　　　　　　　　　第　　号

固定资产编号	卡片号	固定资产名称	规格	计量单位	数量	固定资产入账价值（市场价值）	折旧额（成新率）	已提减值	账面价值（入账价值）
理由									
单位审批意见						签字（盖章）	年	月	日

财务负责人：　　　　设备主管：　　　　公司负责人：　　　　制作人：

9.3.4　往来款项的清查方法

往来款项的清查是指对各种债权债务等结算业务进行清查，主要包括对应收、应付、预收、预付款项等的清查。

往来款项的清查一般采用“询证核对法”，与对方单位和个人通过对账单核对账簿记录的方法进行。例如采用信函查询、电话查询方式，向对方进行账目核对。

清查之前，首先应将本单位往来账目核对清楚，确认无误后，再向对方填发对账单。对账单应按明细账逐笔抄列，填制一式两联的“往来款项对账单”，其中一联送交对方单位核对账目，另一联作为回单。对方单位如核对相符，应在回单上盖章退回，表示已核对；如发现数字不符，应将不符情况在回单上注明或另抄对账单退回，作为进一步核对的依据。“往来款项对账单”的一般格式如表9-11所示。本单位在收到对方回单后，应填制“往来款项清查表”，其格式如表9-12所示。

表9-11 往来款项对账单

<table>
<tr><td>×××单位：
　　贵单位2025年×月×日在我公司购入甲商品200件，货款12 000元尚未支付，请核对后将回联单寄回。

×××清查单位（盖章）
2023年×月×日
沿此虚线裁开，将以下回联单寄回</td></tr>
<tr><td>往来款项对账单（回联）
×××清查单位：
　　贵单位寄来的往来款项对账单已收到，进行核对相互无误。
×××单位（盖章）
2025年×月×日</td></tr>
</table>

表9-12 往来款项清查表

总分类账户名称：　　　　　　　　　　　　年　月　日

明细分类账户		清查结果		核对不符原因分析			备注
名称	账面余额	核对相符金额	核对不符金额	未达账项金额	有争议款项金额	其他	

清查人员签章：　　　　　　　　经管人员签章：

知识拓展

坏账及坏账损失

坏账又称呆账，是指经认真核实，确认无法收回或收回可能性极小的应收账款。企业因发生坏账而产生的损失称为坏账损失。按照有关会计准则，具有以下特征之一的应收账项，应确认为坏账损失：

（1）因债务人单位撤销，依照企业法进行清算后，确实无法追回的应收账款。

（2）因债务人死亡，已经无遗产可供清偿，又无义务承担人，确认无法收回的应收账款。

（3）因债务人逾期未履行偿债义务已超过3年，经多次催讨，确实不能收回的应收账款。

坏账损失的核算有两种方法：直接转销法和备抵法。

（1）直接转销法。直接转销法是指在实际发生坏账损失时，直接从应收账款中转销，列作当期管理费用的方法。

直接转销法的账务处理如下。

①确认坏账时：

借：管理费用——坏账损失

贷：应收账款——某某公司

②已冲销的应收账款又收回：

借：应收账款——某某公司

贷：管理费用——坏账损失

同时：

借：银行存款

贷：应收账款——某某公司

（2）备抵法。备抵法是指企业按期估计可能产生的坏账损失，并列入当期费用，形成企业的坏账准备，待实际发生坏账损失时，再冲销坏账准备和应收账款的处理方法。计提坏账准备的方法有应收账款余额百分比法、账龄分析法和销货百分比法三种方法。

任务实施

填写盘存单和实存账存对比表

要求：根据以下业务，填写存货清查的盘存单和实存账存对比表。

【业务】2024年7月20日，上海中侨食品有限公司遭受特大暴雨袭击，仓库被洪水冲毁，造成部分财产物资损失。在对原材料仓库进行清查时，财务助理李明和仓库管理员张刚在清点中发现，上个月采购的一批作为原料的大丰牌食用大豆油实存74桶，账存100桶，缺少26桶；该批食用油编号GB2716，入库价格15 600元。李明填写了盘存单，并与张刚一起在上面签名。回到财务部后，李明填写了实存账存对比表，经财务主管赵飞签名后，准备送公司经理王伟签字。

因公司遭受自然灾害，这项业务属于局部、不定期、内部财产清查。清查时财务人员和仓库管理员应同时在场进行实地盘点，做好清点记录。按盘存单格式要求填写内容，确认无误后两人签字。

根据盘存单和会计账簿记录填制实存账存对比表，该表是编制记账凭证的依据。

由于是自然灾害造成的企业原材料损失，所以不涉及增值税进项税额的转出。

表9-13　盘存单

单位名称：　　盘点时间：　　编号：

财产名称：　　存放地点：　　金额单位：

编号	名称	计量单位	实存数量	单价	金额	备注

盘点人（签章）：　　实物保管人（签章）：

表9-14 实存账存对比表

单位（部门）名称： 年 月 日 金额单位：

编号	名称	计量单位	单价	实存		账存		对比结果				备注
								盘盈		盘亏		
				数量	金额	数量	金额	数量	金额	数量	金额	

制表人： 财务负责人： 公司负责人：

问题研讨

永续盘存制度和实地盘存制度的区别是什么？各自有何优缺点？

任务4 财产清查结果的处理程序和方法

任务描述

熟悉财产清查结果的处理程序，掌握财产清查结果的账务处理方法。

知识准备

9.4.1 财产清查结果处理要求

财产清查结果的处理是指对清查过程中已发现的账面结存数和实际结存数不相符合的情况进行有关的会计处理。处理工作主要有四个方面。

（1）查明账实差异，分析盈亏原因

对于财产清查所确定的各项财产物资的账实之间的差异以及质量上的问题等，都要进行深入调查、认真分析。查明差异产生的原因及其性质，明确责任，提出处理意见，按规定程序报请上级领导审批处理。

（2）处理积压物资，清理债权债务

在财产清查过程中发现的各种超储积压物资，在报请有关部门批准后，应及时加以处理，以提高单位财产物资的利用效率。对财产物资储备不足和不配套的问题，也要提请单位领导和有关部门加以解决。对于长期不清的债权债务以及发生争议的有关结算款项，应确定专门清理人员，限期清理。

（3）总结经验教训，加强财产管理

财产清查结束后，针对所发现的问题和漏洞，企业应当认真总结经验教训，巩固成绩，克服缺点，堵塞漏洞。同时，要建立健全财产管理制度，进一步加强财产管理，保护财产物资的安全。

（4）及时调整账目，做到账实相符

为保证会计资料的真实性，做到账实相符，必须根据财产清查的结果和账实之间的差异，及时调整账目，进行账务处理。

9.4.2 财产清查结果的处理步骤及涉及账户

（1）财产清查结果的处理步骤

主要步骤如下。

①核准金额，查明原因。在对财产清查结果进行具体的处理之前，应对有关原始凭证中所记录的盈亏数据之间的差异的性质及其原因进行分析，提出处理意见，报送有关领导和部门批准。

②调整账簿记录，做到账实相符。在核实财产清查中发现的财产物资的盘盈、盘亏、毁损情况时，应根据“盘点报告表”“清查结果报告表（实存账存对比表）”等已查实的数据资料，填制记账凭证，记入有关账簿，使账簿记录与实际盘存数相符。

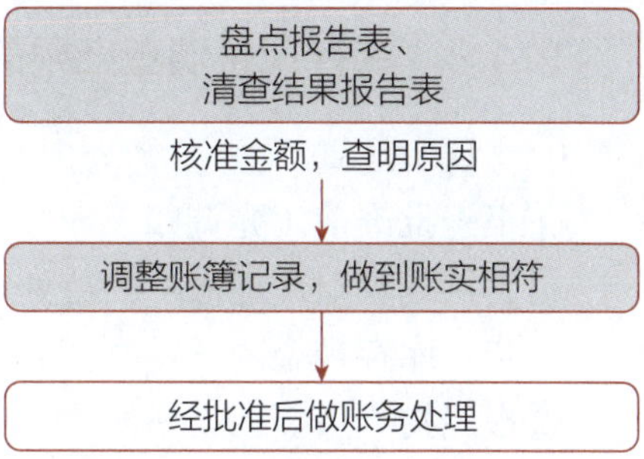

图9-10 财产清查结果处理程序

③经批准后做账务处理。在有关领导对所呈报的财产清查结果处理意见作出批示后，企业应按照批复意见，编制有关的记账凭证，登记有关账簿，及时进行批准后的账务处理。

财产清查产生的损溢，应在期末结账前处理完毕。如果在期末结账前尚未经批准，在对外提供财务报表时，先按上述规定进行处理，并在附注中作出说明；其后批准处理的金额与已处理的金额不一致时，调整财务报表相关项目的期初数。

（2）财产清查结果的账户设置

应设置“待处理财产损溢”账户。账户结构为借方登记财产物资的盘亏数和经批准盘盈的转销数，贷方登记清查中发现的财产物资的盘盈数和经批准盘亏的转销数。企业清查的各种财产的损溢应于期末前查明原因，并按管理权限规定的程序报批后，在期末结账前处理完毕，因此该账户期末通常无余额。如果有余额，则借方余额反映尚待批准转销的各种财产物资的净损失，贷方余额反映尚待批准转销的各种财产物资的净收益。账户结构如图9-11所示。

为了分别反映企业固定资产和流动资产的清查情况，在“待处理财产损溢”总账账户下，可以按照资产的类别和项目分别核算，可分别设置“待处理流动资产损溢”和“待处理固定资产损溢”两个明细账户进行核算，如图9-12所示。

借方	待处理财产损溢	贷方
①发生待处理财产的盘亏数和毁损数 ③转销经批准处理的财产盘盈数		②发生待处理财产的盘盈数 ④转销经批准处理的财产盘亏数和毁损数
借方余额：尚待批准转销的各种财产物资的净损失		贷方余额：尚待批准转销的各种财产物资的净收益

图9-11 “待处理财产损溢”账户结构

“待处理财产损溢”账户只用于反映货币资金和财产物资的清查结果，往来款项的清查结果不通过该账户核算。

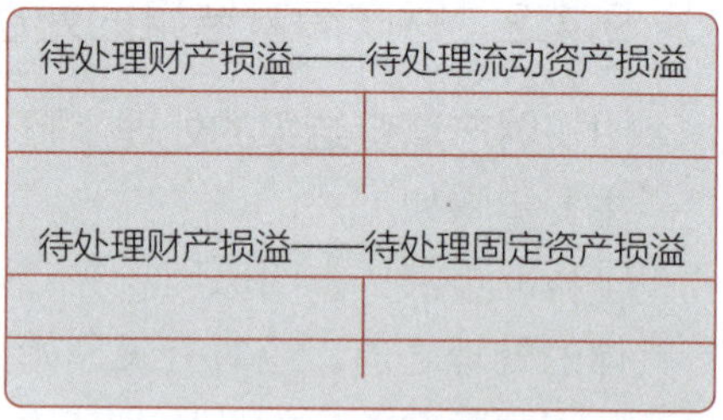

图9-12 明细分类账户结构

9.4.3 库存现金清查结果的账务处理

（1）现金短缺

①报经批准前（先调账）。

借：待处理财产损溢——待处理流动资产损溢

贷：库存现金

②报经批准后。

借：其他应收款［应由责任方赔偿的部分］

管理费用［无法查明原因的部分］

贷：待处理财产损溢——待处理流动资产损溢

其账务处理如图9-13和图9-14所示

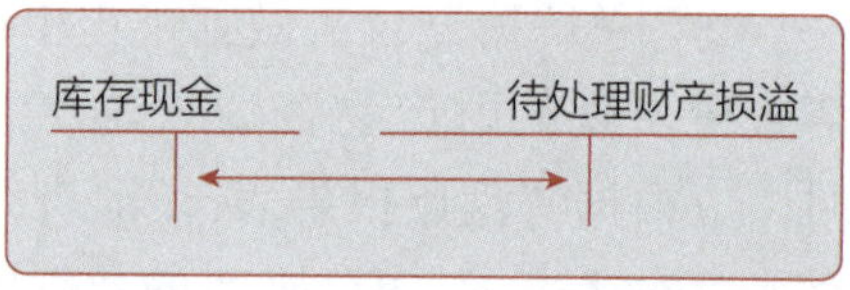

图9-13 现金短缺经批准前账务处理

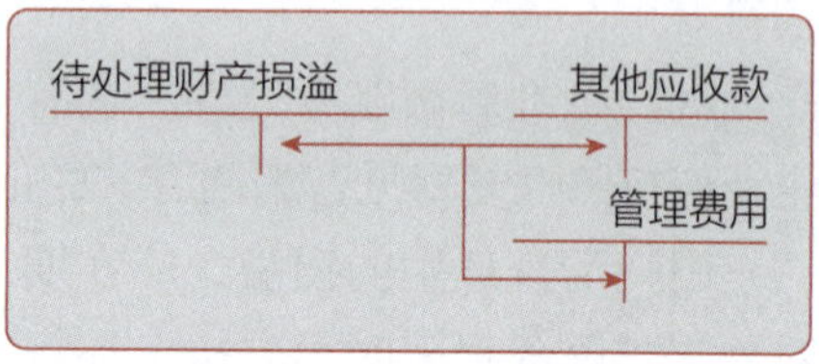

图9-14 现金短缺经批准后账务处理

（2）现金溢余

①报经批准前（先调账）。

借：库存现金

贷：待处理财产损溢——待处理流动资产损溢

②报经批准后。

借：待处理财产损溢——待处理流动资产损溢

贷：其他应付款［应支付给有关人员或单位的部分］

营业外收入［无法查明原因的部分］

其账务处理如图9-15和图9-16所示。

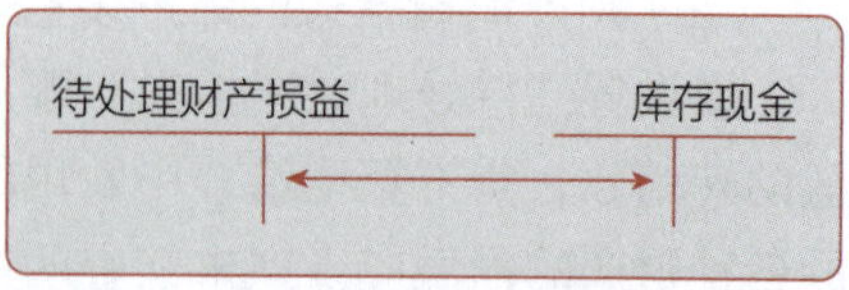

图9-15 现金溢余经批准前账务处理

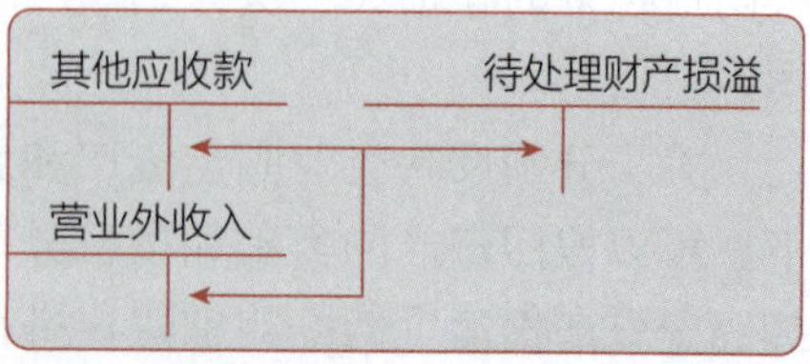

图9-16 现金溢余经批准后账务处理

9.4.4 存货清查结果的账务处理

（1）盘亏、毁损

①报经批准前（先调账）。

借：待处理财产损溢——待处理流动资产损溢

贷：原材料等

　　应交税费——应交增值税（进项税额转出）

［一般经营损失］

按有关规定，企业在材料发生了盘亏、损毁等而未用于产品生产时，如果是由于管理不善的原因造成的，则不得抵扣销项税额，该部分进项税额应从原已确认的进项税额中予以减除，即进项税额转出；如果是由于自然灾害等非人为原因造成的，进项税额则不必转出。

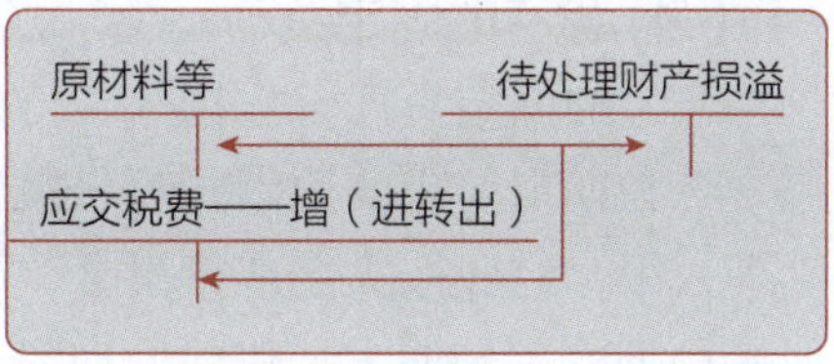

图9-17　盘亏等经批准前账务处理

②报经批准后。

借：原材料／银行存款等［残料入库或变价收入］

　　其他应收款［保险公司或责任人赔偿］

　　管理费用［一般经营损失］

　　营业外支出［非常损失］

　贷：待处理财产损溢——待处理流动资产损溢

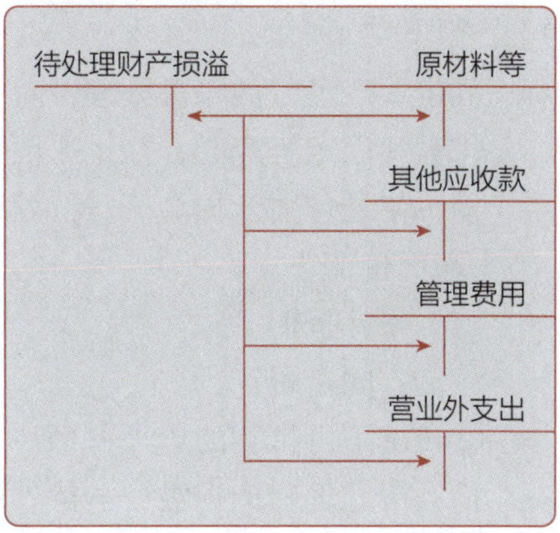

图9-18　盘亏等经批准后账务处理

残料入库或变价收入是指一些毁损的原材料可能还存在少量可使用的部分，这部分或者收入仓库中作为原材料，或者低价出售，收回一些现金，或增加银行存款。

其账务处理如图9-17和9-18所示。

（2）盘盈

①报经批准前（先调账）。

借：原材料等

　贷：待处理财产损溢——待处理流动资产损溢

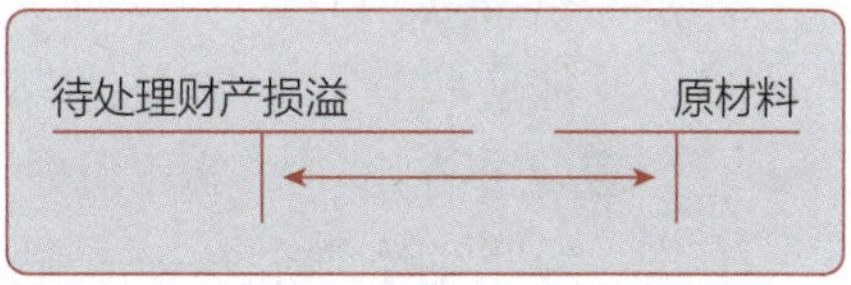

图9-19　盘盈经批准前账务处理

盘盈的存货通常是由企业日常收发计量或计算上的差错所造成的，可冲减管理费用。

②报经批准后。

借：待处理财产损溢——待处理流动资产损溢

　贷：管理费用

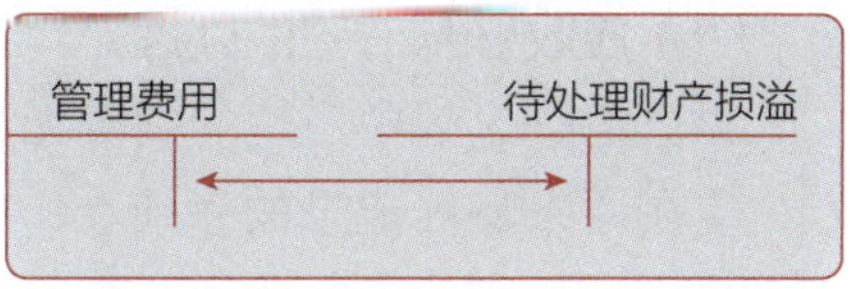

图9-20　盘盈经批准后账务处理

其账务处理如图9-19和9-20所示

9.4.5　固定资产清查结果的账务处理

（1）盘盈的固定资产

财产清查中盘盈的固定资产，根据《企业会计准则》的规定作为前期差错处理。在报经批准处理前，应先通过“以前年度损益调整”账户核算。盘盈的固定资产应按重置成本确定其入账价值，借记“固定资产”账户，贷记“以前年度损益调整”账户，其账务处理如图9-21所示。

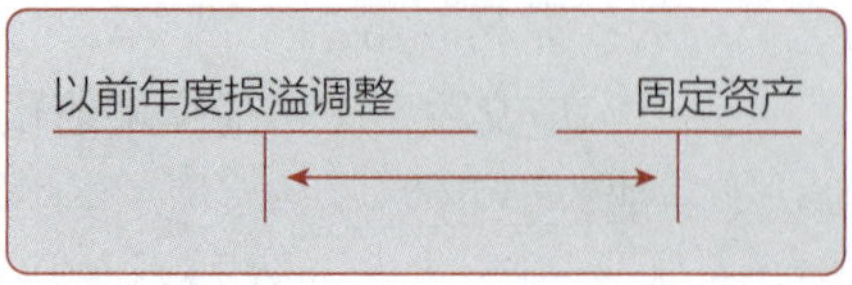

图9-21 盘盈固定资产经批准前账务处理

(2)盘亏的固定资产

盘亏的固定资产，先记入“待处理财产损溢”账户，在期末前查明原因，写出报告，根据企业的管理权限，经股东大会或董事会，或经理会议或类似机构批准后，期末结账前处理完毕。盘亏或毁损的固定资产，减去过失人或者保险公司等赔款和残料价值后，计入当期营业外支出，其账务处理如图9-22至图9-24所示。

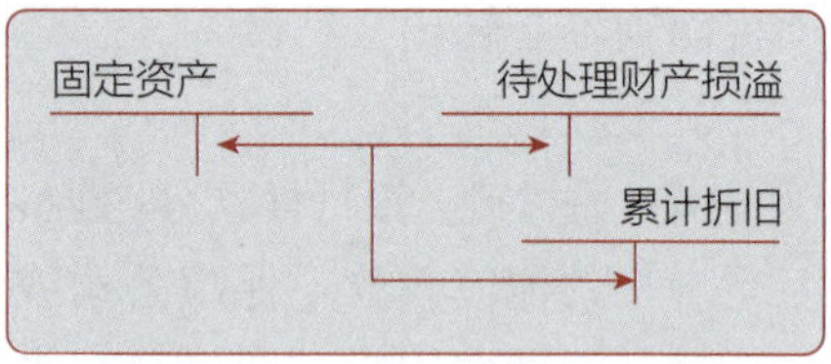

图9-22 盘亏固定资产时账务处理

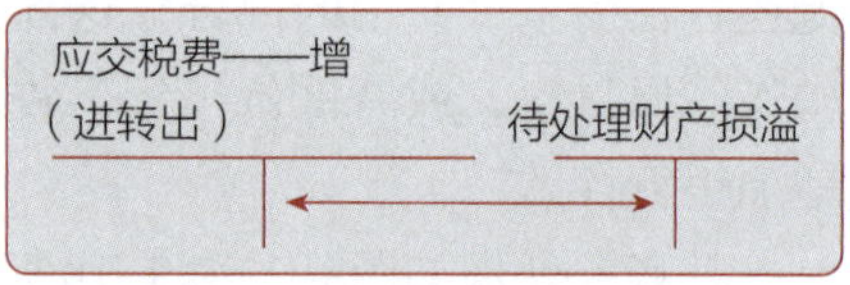

图9-23 转出不可抵扣的进项税账务处理

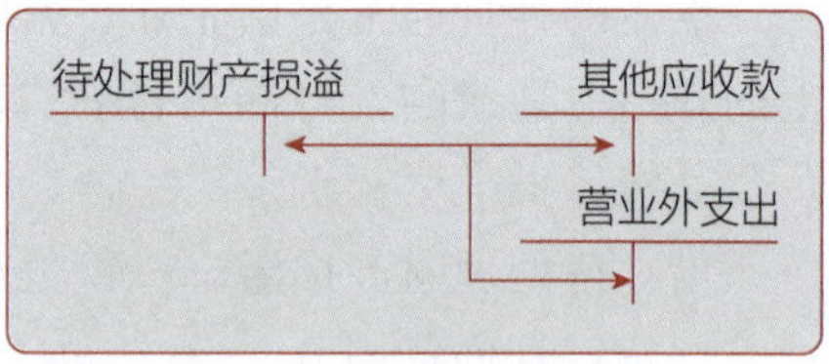

图9-24 批准转销时的账务处理

固定资产盘亏的账务处理：

①盘亏固定资产时，注销账面金额。

借：待处理财产损溢——待处理固定资产损溢［账面价值］

　　累计折旧

　贷：固定资产

②转出不可抵扣的进项税额。

借：待处理财产损溢——待处理固定资产损溢

　贷：应交税费——应交增值税（进项税额转出）［账面净值×税率］［自然灾害除外］

③报经批准转销时。

借：其他应收款［应收保险赔款或责任人赔款］

　　营业外支出——盘亏损失［净损失］

　贷：待处理财产损溢——待处理固定资产损溢

9.4.6 往来款项清查结果的账务处理

(1)应收账款清查的处理

财产清查过程中发现的确实无法收回的应收账款，应在原来账面记录的基础上，按规定程序报经批准后直接处理。无法收回的应收账款称为坏账，坏账造成的损失称为坏账损失，由于企业采用备抵法核算坏账损失，即按期提取坏账准备，因此核销坏账时，应冲减坏账准备并核销应收账款（图9-25）。

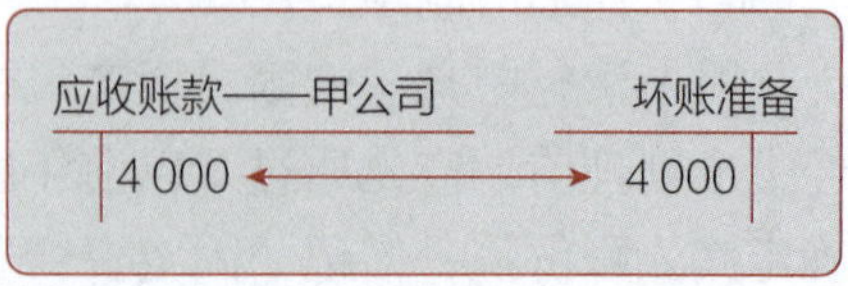

图9-25 应收账款批准核销的账务处理

【案例9-3】上海中侨食品有限公司在财产清查中，应收甲公司货款4 000元，已查明该单位因遭受台风，生产经营受到重大损失，所欠款项无法收回。经批准核销，编制会计分录如下：

借：坏账准备　　4 000

　贷：应收账款——甲公司　　4 000

（2）应付账款清查的处理

财产清查中应及时清理应付账款。由于债权单位撤销或不存在等原因造成的应付而无法支付的款项，经批准予以核销。无法支付的款项在批准前不做处理，按规定程序批准转销后，直接核销应付账款，并转作营业外收入处理（图9-26）。

【案例9-4】上海中侨食品有限公司在财产清查中发现，由于供货单位乙公司已被注销，货款2 000元确实无法支付。经批准予以转销，编制会计分录如下：

借：应付账款——乙公司　　　　2 000

　贷：营业外收入　　　　　　　　2 000

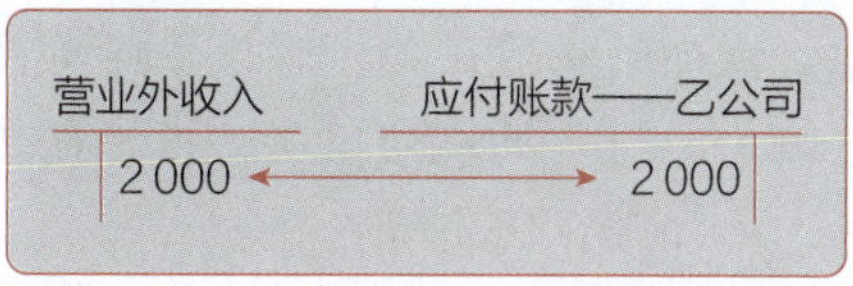

图9-26　应付账款批准转销时的账务处理

知识拓展

“以前年度损益调整”科目以及固定资产盘盈账务处理

“以前年度损益调整”科目核算企业本年度发生的调整以前年度损益的事项以及本年度发现的重要前期差错更正涉及调整以前年度损益的事项。企业在资产负债表日至财务报告批准报出日之间发生的需要调整报告年度损益的事项，也通过本科目核算（图9-27）。

借方　　　以前年度损益调整	贷方
1. 调整减少以前年度利润或增加以前年度亏损 2. 由于以前年度损益调整增加的所得税费用	1. 调整增加以前年度利润或减少以前年度亏损 2. 由于以前年度损益调整减少的所得税费用

图9-27　“以前年度损益调整”账户结构

以前年度损益调整的主要账务处理如下。

（1）企业调整增加以前年度利润或减少以前年度亏损，借记有关科目，贷记“以前年度损益调整”；调整减少以前年度利润或增加以前年度亏损做相反的会计分录。

（2）由于以前年度损益调整增加的所得税费用，借记“以前年度损益调整”，贷记“应交税费——应交所得税”等科目；由于以前年度损益调整减少的所得税费用做相反的会计分录。

（3）经上述调整后，应将本科目的余额转入“利润分配——未分配利润”科目。本科目如为贷方余额，借记“以前年度损益调整”，贷记“利润分配——未分配利润”科目；如为借方余额做相反的会计分录。

《企业会计准则指南汇编2024》将固定资产盘盈作为前期差错进行会计处理，因为企业出现固定资产盘盈必定是企业以前会计期间少计、漏计而产生的，应当作为会计差错进行更正处理，这样也能在一定程度上控制人为的调节利润的可能性。

企业盘盈固定资产，首先按照重置成本作为入账价值，借记“固定资产”，根据成新度计算出来的折旧额贷记“累计折旧”，将两者的差额贷记“以前年度损益调整”。其次再计算应纳的所得税费用，借记“以前年度损益调整”科目，贷记“应交税费——应交所得税”，这样，“以前年度损益调整”科目就会形成一个贷方余额。最后按照“以前年度损益调整”科目贷方余额的一定比例（一般为10%）来计提盈余公积贷记“盈余公积”，同时将差额贷记“利润分配——未分配利润”。

【案例9-5】Z企业于2024年6月8日对企业全部的固定资产进行盘查，盘盈一台7成新的机器设备，该设备同类产品市场价格为100 000元，企业所得税税率为25%。

（1）批准处理前，根据成新度计算出折旧额30 000元，编制会计分录：

借：固定资产　　100 000

　贷：累计折旧　　30 000

　　以前年度损益调整　　70 000

（2）根据企业所得税税率计算应纳的所得税费用=70 000×25%=17 500元，编制会计分录：

借：以前年度损益调整　　17 500

　贷：应交税费——应交所得税　　17 500

（3）“以前年度损益调整”科目就会形成一个贷方余额52 500元，结转“以前年度损益调整”贷方余额，编制会计分录：

借：以前年度损益调整　　52 500

　贷：利润分配——未分配利润　　47 250

　　盈余公积　　5 250

任务实施

根据企业财产清查结果填制有关记账凭证

要求：根据上海中侨食品有限公司财产清查结果编制记账凭证。

【业务1】上海中侨食品有限公司现金盘点时发现库存现金短缺600元，经批准需由出纳员赔偿200元，其余短缺无法查明原因。

①经批准前（先调账）。

借：待处理财产损溢——待处理流动资产损溢　　600

　贷：库存现金　　600

由于这项业务涉及库存现金，因此编制库存现金付款凭证。所附单据为现金盘点报告表。

②经批准后。

借：其他应收款　　200

　管理费用　　400

　贷：待处理财产损溢——待处理流动资产损溢　　600

这项业务不涉及货币资金，因此应编制转账凭证。所附单据为经上级领导批准的现金短缺处理意见。

【业务2】上海中侨食品有限公司现金盘点时发现库存现金溢余100元，经调查其中50元为应支付给甲公司的款项，其余溢余无法查明原因。

①经批准前（先调账）。

借：库存现金　　100

　贷：待处理财产损溢——待处理流动资产损溢　　100

由于这项业务涉及库存现金，因此编制库存现金收款凭证。所附单据为现金盘点报告表。

②经批准后。

借：待处理财产损溢——待处理流动资产损溢　　100

　贷：其他应付款　　50

　　　营业外收入　　50

这项业务不涉及货币资金，因此应编制转账凭证。所附单据为经上级领导批准的现金溢余处理意见。

【业务3】上海中侨食品有限公司为增值税一般纳税人，11月末，原材料经盘点发现毁损（或盘亏）一批，实际成本为2 000元，该批原材料购入时抵扣的增值税税额为260元。已确认保险公司将赔偿1 000元。不考虑其他因素，分以下情况进行账务处理。

（1）自然灾害导致的原材料毁损

① 批准前。

借：待处理财产损溢——待处理流动资产损溢　　2 000

　贷：原材料　　2 000

由于这项业务不涉及货币资金，因此编制转账凭证。所附单据为实存账存对比表。

②批准后。

借：其他应收款　　1 000

　　营业外支出　　1 000

　贷：待处理财产损溢——待处理流动资产损溢　　2 000

这项业务不涉及货币资金，因此应编制转账凭证。所附单据为经上级领导批准的原材料毁损处理意见。

（2）管理不善导致的原材料盘亏

①批准前。

借：待处理财产损溢——待处理流动资产损溢　　2 260

　贷：原材料　　2 000

　　　应交税费——应交增值税（进项税额转出）　　260

由于这项业务不涉及货币资金，因此应编制转账凭证。所附单据为实存账存对比表。

②批准后。

借：其他应收款　　1 000

　　管理费用　　1 260

贷：待处理财产损溢——待处理流动资产损溢　　2 260

这项业务不涉及货币资金，因此应编制转账凭证。所附单据为经上级领导批准的原材料毁损处理意见。

【业务4】上海中侨食品有限公司为增值税一般纳税人，2023年12月进行财产清查时，发现短缺一台作为固定资产核算的打印机，其原价为20 000元，已计提折旧8 000元，购入时取得的增值税专用发票上注明的增值税税额为2 600元，适用的增值税税率为13%。短缺的打印机，保险公司应赔偿5 000元。不考虑其他因素，上海中侨食品有限公司应编制如下会计分录。

（1）盘亏固定资产时

借：待处理财产损溢——待处理固定资产损溢　　13 560
　　累计折旧　　8 000
　贷：固定资产　　20 000
　　　应交税费——应交增值税（进项税额转出）　　1 560

由于这项业务不涉及货币资金，因此应编制转账凭证。所附单据为固定资产盘盈盘亏报告表。

（2）报经批准转销时

借：其他应收款——应收保险公司赔款　　5 000
　　营业外支出——盘亏损失　　8 560
　贷：待处理财产损溢——待处理固定资产损溢　　13560

这项业务不涉及货币资金，因此应编制转账凭证。所附单据为经上级领导批准的固定资产盘盈盘亏（毁损）理由书。

问题研讨

“待处理财产损溢”属于什么性质的账户？请简要说明。

思政课堂

会计法规和制度是经济法规、制度的重要组成部分，是企业组织和从事会计工作必须遵守的规范。无论是企业的领导还是会计人员在日常工作中都应遵守相关的会计法规和制度，确保会计工作贯彻执行国家有关的财政方针、政策，确保企业提供的会计资料和会计信息真实、及时，更好地满足跟利益关系人的需要，圆满完成会计工作任务。

案例

某企业的王副经理将企业正在使用的一台设备借给其朋友使用，未办理任何手续。清查人员在年度盘点发现盘亏了一台设备，原值为200 000元，已提折旧50 000元，净值为150 000元。经查，属王副经理所为。于是，派人向借方追索。但借方声称，该设备已被人偷走。当问及王副经理对此处理意见时，王副经理建议按正常报废处理。请问：

1. 盘亏的设备按正常报废处理是否符合会计制度要求？
2. 企业应怎样正确处理盘亏的固定资产？
3. 对王副经理的所为应怎样评价？

知识测试和能力训练

一、单项选择题

❶ 按照清查对象的范围，财产清查分为（　　）。

A．全面清查和局部清查　　B．定期清查和不定期清查
C．实物清查和现金清查　　D．银行存款清查和往来账项清查

❷ 一般而言，单位撤销、合并时要进行（　　）。

A．定期清查　　B．全面清查　　C．局部清查　　D．报送清查

❸ 现金清查的方法是（　　）。

A．技术推算法　　B．实地盘点法
C．函证核对法　　D．与银行对账单核对

❹ 对财产物资的收发都有严密的手续，且在账簿中有连续的记载，便于随时结出财产金额和数量的是（　　）。

A．实地盘存制　　B．权责发生制　　C．永续盘存制　　D．收付实现制

❺ 月末，企业可动用的银行存款数额是（　　）。

A．银行对账单上所列余额　　B．银行存款日记账余额
C．月末银行存款余额调节表调节后的余额　　D．银行对账单或银行存款日记账余额

❻ 对于盘亏的固定资产，按规定程序报批后，应按盘亏固定资产的账面价值借记（　　）账户。

A．“待处理财产损溢”　　B．“营业外支出”
C．“累计折旧”　　D．“固定资产清理”

❼ 出纳人员在每日终了时进行的清查工作属于（　　）。

A．全面清查和定期清查　　B．局部清查和不定期清查
C．全面清查和不定期清查　　D．局部清查和定期清查

❽ 对存货进行清查的目的是（　　）。

A．检查账证是否相符　　B．检查账实是否相符
C．检查账账是否相符　　D．检查账表是否相符

❾ 银行存款的清查是将（　　）进行核对。

A. 银行存款日记账与银行存款总分类账

B. 银行存款日记账和银行存款收、付款凭证

C. 银行存款日记账和银行对账单

D. 银行存款总分类账和银行存款收、付款凭证

❿ 在记账正确无误的情况下，银行存款日记账与银行对账单二者余额不一致的原因是（　　）。

A. 存在坏账损失　　B. 记账方法不一致

C. 记账人员不同　　D. 存在未达账项

二、多项选择题

❶ 下列关于"待处理财产损溢"账户的说法中，正确的有（　　）。

A. 借方登记待处理财产物资盘亏净额

B. 借方登记结转已批准处理财产物资盘盈数

C. 贷方登记待处理财产物资盘盈数及结转已批准处理财产物资盘盈净额

D. 期末余额在借方，表示待处理的盘盈或盘亏数

❷ 对下列资产的清查，可采用实地盘点法的有（　　）。

A. 库存现金　　B. 银行存款　　C. 存货　　D. 往来款项

❸ 在财产清查结果的账务处理中，经批准记入"营业外支出"账户的盘亏损失有（　　）。

A. 固定资产盘亏所发生的净损失　　B. 自然灾害造成的流动资产净损失

C. 盘亏的现金损失　　D. 责任事故造成的流动资产损失

❹ 下列资产中，需要从数量和质量两个方面进行清查的有（　　）。

A. 银行存款　　B. 原材料　　C. 产成品　　D. 应收账款

❺ 下列情形中，应该对财产进行不定期清查的是（　　）。

A. 发现财产被盗　　B. 与其他企业合并

C. 财务、保管人员变动　　D. 自然灾害造成部分损失

❻ 企业进行财产物资全面清查的情况有（　　）。

A. 年终决算之前　　B. 清产核资时

C. 单位主要负责人调离时　　D. 更换出纳人员时

❼ 财产清查结果包括（　　）。

A. 账大于实　　B. 账实相符　　C. 账账不符　　D. 账小于实

❽ 下列关于往来款项清查的表述中，正确的有（　　）。

A. 往来款项的清查主要是对应收应付款项、预收预付款项及其他应收应付款项的清查

B. 往来款项的清查一般采取函证核对法

C. 在保证往来款项账户记录完整正确的基础上向对方单位填发对账单

D. 收到对方往来单位回单后，应据此编制调整有关往来款项的账户记录

❾ 对于盘亏的财产物资，经批准后进行账务处理，可能涉及的借方账户有（　　）。

A. 管理费用　　B. 营业外收入　　C. 营业外支出　　D. 其他应收款

❿ 财产物资的盘存制度有（　　）。

A. 权责发生制　　B. 收付实现制　　C. 实地盘存制　　D. 永续盘存制

三、判断题

❶ 通过财产清查，可以挖掘财产物资的潜力，有效利用财产物资，加速资金周转。（　　）

❷ 存货盘盈批准处理后冲减管理费用，而存货盘亏批准处理后增加管理费用。（　　）

❸ 定期清查可以是全面清查，也可以是局部清查。（　　）

❹ 实地盘存制下，财产清查的目的是保证账实相符。（　　）

❺ 银行存款余额调节表中，银行对账单余额应减去企业已收银行未收款项。（　　）

❻ 无论采用哪种盘存制度，都应该对财产物资进行定期或不定期的清查盘点。（　　）

❼ 未达账项，是指企业或银行在登记账簿时漏记的款项。（　　）

❽ 出纳人员因工作调动办理移交时所进行的货币资金清查，从清查时间上看属于定期清查。（　　）

❾ 实物盘点后编制的“实存账存对比表”是调整账簿记录的原始凭证。（　　）

❿ 各种往来结算款项的清查，必须派人亲自到对方单位核对。（　　）

四、编制银行存款余额调节表

A公司2025年9月30日银行存款日记账的余额为368 000元。银行对账单的余额为362 000元，经逐笔核对，发现以下未达账项：

（1）29日，A公司销售商品，收到客户开出的8 000元的转账支票，已经增记银行存款，但该支票尚未送达银行。

（2）29日，A公司开出1 000元的转账支票支付采购款，但银行尚未划款（即客户尚未提示付款）。

（3）30日，开户银行收到A公司的客户汇过来的货款5 000元，但进账单尚未送达A公司。

（4）30日，开户银行代A公司支付水电费4 000元，但结算单据尚未送达A公司。

要求：根据以上资料编制下列银行存款余额调节表。

银行存款余额调节表

2025年9月30日

项目	金额	项目	金额
银行存款日记账余额		银行对账单余额	
加：银行已收，企业未收		加：企业已收，银行未收	
减：银行已付，企业未付		减：企业已付，银行未付	
调节后余额		调节后余额	

项目10 编制财务会计报告

学习目标

- 知识目标：了解编制财务报告的意义；熟悉财务报告的种类；掌握资产负债表、利润表的结构和编制方法。
- 技能目标：能够阅读财务报告，了解企业财务状况和经营成果；能够熟练编制企业的资产负债表、利润表和报送财务报告。
- 素质目标：培养注重细节、踏实做事的工匠精神和爱岗敬业、诚实守信、廉洁自律、客观公正、坚持准则、强化服务的会计职业道德。

引导案例

上海证券交易所2025年4月2日发出《关于对宁夏中科生物科技股份有限公司及实际控制人虞××和有关责任人予以纪律处分的决定》，该公司有关责任人在履职尽责方面，存在如下违规行为。

（一）2022年年度报告存在虚假记载

2022年，宁夏中科生物科技股份有限公司（以下简称“ST宁科”）通过其控股子公司宁夏中科生物新材料有限公司（以下简称“中科新材”），虚增2022年营业收入7 659.41万元，虚增利润总额7 722.20万元，分别占当期营业收入和利润总额的11.25%、46.59%，导致ST宁科2022年年度报告存在虚假记载。

（二）未按规定及时披露重大债务

截至2022年12月9日，中科新材、ST宁科控股子公司宁夏华辉环保科技股份有限公司（以下简称“华辉环保”）与德运新企业管理咨询（乐清）合伙企业（有限合伙）（以下简称“德运新”）合计借款余额10 800万元，占ST宁科2021年经审计净资产的11.82%。截至2023年9月14日，中科新材、华辉环保与德运新合计借款余额6 426万元，占ST宁科2022年经审计净资产的10.88%。上述重大借款属于《证券法》规定的重大事件，ST宁科迟至2024年9月26日披露。

（三）提供担保未履行决策程序和信息披露义务

2022年1月25日，公司与广东南粤银行股份有限公司海棠支行（以下简称“南粤银行”）签订《最高额质押合同》，以公司持有中科新材49%的股权做质押，为南粤银行与广东鸿俊投资有限子公司之间在2019年10月17日至2022年10月16日期间不超过48 690万元的贷款提供担保，并在2022年1月26日完成了股权出质登记手续。公司就担保事项未履行审议决策程序、未及时履行临时信息披露义务，在2022年年报中也未披露，迟至2024年12月7日才以临时公告的形式补充披露。

问题

1. 财务报告能反映企业什么信息？
2. 财务报告由哪些内容构成？
3. 怎样编制资产负债表、利润表和现金流量表？

任务1 初识财务会计报告

任务描述

财务会计报告的意义、构成、分类以及编制财务报表的基本要求。

知识准备

10.1.1 财务会计报告的概念

财务会计报告：也称为财务报告或财务报表，是企业或机构在一定会计期间内对财务状况、经营成果和现金流量的结构性表述。它基于会计账簿记录和其他有关资料编制而成，旨在向财务报告的使用者提供有关企业财务状况、经营成果和现金流量的信息，以便他们做出经济决策。

10.1.2 财务会计报告的意义

财务会计报告的意义主要体现在以下几个方面。

（1）为外部关系人提供决策有用信息

投资者通过财务报告评估企业的盈利能力、偿债能力、运营效率和未来发展潜力，从而作出投资决策；债权人需要了解企业的偿债能力，确保贷款的安全性。

（2）有助于企业内部的经营管理和业绩评价

企业管理层通过分析财务报告，可以了解企业的运营效率和存在的问题，进而调整经营策略；财务报告提供的各项指标如利润率、收入增长率、资产周转率等财务指标也是评价企业管理层业绩的依据。

（3）有助于国家经济管理部门了解企业的经营状况

检查监督财经政策、法规、纪律、制度的执行情况，进行宏观调控和政策制定。

（4）促进市场经济发展

财务报告的公开披露有助于维护公平、公正、公开的市场环境，促进资源的优化配置和市场的有效运行。通过财务报告的比较分析，投资者可以了解不同企业的经营状况和投资价值，从而引导资金流向效益更好的企业。

（5）履行法律责任

企业有义务向政府、投资者和其他利益相关者提供真实、准确、完整的财务报告，以履行其法律责任。

总之，财务会计报告对于企业的经营管理、市场经济发展以及信息使用者的决策都具有重要意义。

10.1.3 财务会计报告的构成

企业财务会计报告主要包括对外报送的财务报表、附注和其他需要披露的资料，其中财务报表是财务会计报告的核心。财务会计报告的构成如图10-1所示。

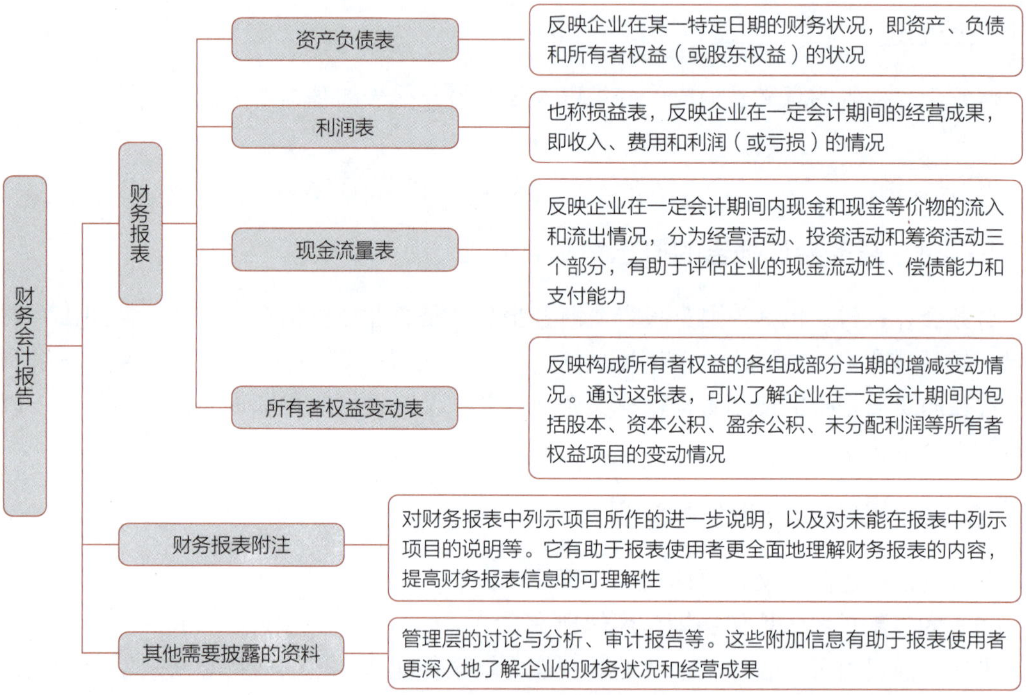

图10-1　财务报告的构成

10.1.4 财务报表的种类

财务报表是财务报告的主要部分，可以根据需要按照不同标准进行分类。财务报表常用的分类如图10-2所示。

需要指出的是，为便于财务报表的汇总和比较，报表的种类、格式和内容要求统一、稳定，报表指标要求集中、扼要，指标之间的关系要严谨。我国《企业会计准则第30号——财务报表列报》对企业对外报送的财务报表的种类、格式、内容乃至编制说明均做了统一的规定，企业不得随意调整。

10.1.5 财务报表列报的基本要求

（1）依据会计准则进行确认和计量

企业发生的交易和事项，应当按照《企业会计准则》的规定进行确认和计量，并据此编制财务报表，且应在附注中对这一情况作出声明。但是，在附注中披露并不能代替对交易和事项的确认和计量，不恰当的确认和计量也不能通过充分披露相关会计政策而纠正。

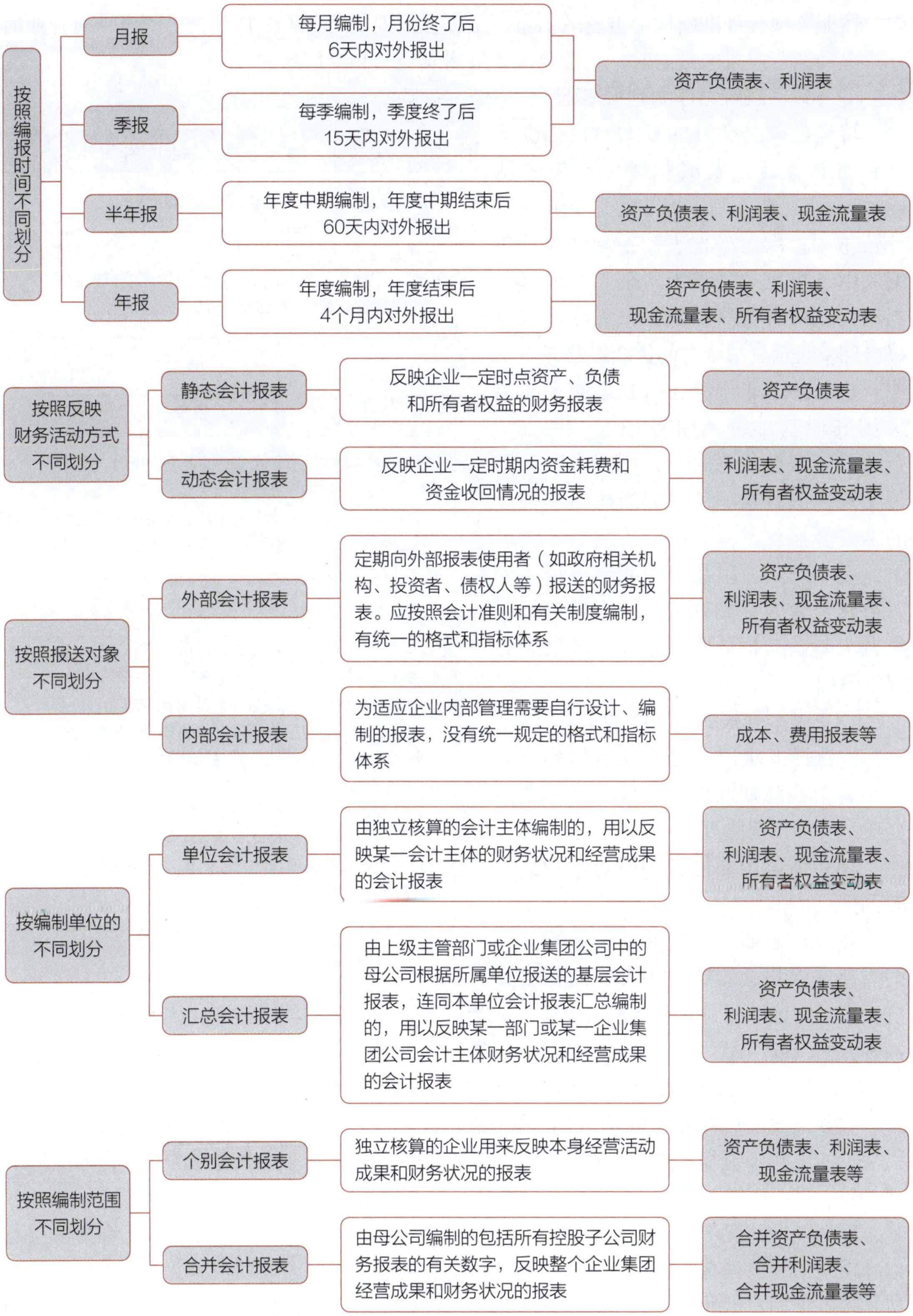

图10-2 财务报表的分类

如果按照各项会计准则规定披露的信息不足以让报表使用者了解特定交易或事项对企业财务状况和经营成果的影响时，企业还应当披露其他的必要信息。

(2) 以持续经营作为列报基础

持续经营是会计的基本前提，也是会计确认、计量及编制财务报表的基础。《企业会计准则》规范的是企业持续经营基础上的财务报表列报。因此，在编制财务报表的过程中，企业管理层应当利用其所有可获得的信息来评价其自报告期末起至少12个月的持续经营能力。

企业处于非持续经营状态时，应当采用其他基础编制财务报表。例如，企业处于破产状态时，其资产应当采用可变现净值计量、负债应当按照其预计的结算金额计量等。在非持续经营情况下，企业应当在附注中声明财务报表未以持续经营为基础列报，披露未以持续经营为基础列报的原因以及财务报表的编制基础。

> **企业存在以下情况之一的，为非持续经营状态：**
>
> ①企业已在当期进行清算或停止营业
> ②企业已经正式决定在下一个会计期间进行清算或停止营业
> ③企业已确定在当期或下一个会计期间没有其他可供选择的方案而将被迫进行清算或停止营业

(3) 遵循列报的一致性要求

一致性要求财务报表项目的列报应当在各个会计期间保持一致，不得随意变更。特例情况除外。

> **一致性原则的特例：**
>
> ①会计准则要求改变财务报表项目的列报
> ②企业经营业务的性质发生重大变化或对企业经营影响较大的交易或事项发生后，变更财务报表项目的列报能够提供更可靠、更相关的会计信息

(4) 依据重要性原则进行单独或汇总列报

在合理预期下，若财务报表某项目的省略或错报会影响使用者据此作出经济决策，则该项目具有重要性。重要性应当根据企业所处的具体环境，从项目的性质和金额两方面予以判断。对各项目重要性的判断标准一经确定，不得随意变更。

> **重要性的评判标准**
>
> ①判断项目性质的重要性，应当考虑该项目在性质上是否属于企业日常活动，是否显著影响企业的财务状况、经营成果和现金流量等因素
> ②判断项目金额大小的重要性，应当考虑该项目金额占资产总额、负债总额、所有者权益总额、营业收入总额、营业成本总额、净利润、综合收益总额等直接相关项目金额的比重，或所属报表单列项目金额的比重

(5) 财务报表项目金额间不得相互抵销

财务报表应当以总额列报，资产和负债、收入和费用、直接计入当期利润的利得和损失项目的金额不能相互抵销，即不得以净额列报。例如，企业欠A客户的“应付账款”不得与B客户欠本企业的“应收账款”相抵销，如果相互抵销就掩盖了交易实质。

下列三种情况不属于抵销，可以以净额列示：①一组类似交易形成的利得和损失应当以净额列示，但具有重要性的除外。例如，汇兑损益应当以净额列报。②资产或负债项目按扣除备抵项目后的净额列示，不属于抵销。例如，对资产计提减值准备，表明资产的价值确实已经发生减损，按扣除减值准备后的净额列示，才反映资产当时的真实价值。③非

日常活动产生的利得和损失，以同一交易形成的收益扣减相关费用后的净额列示更能反映交易实质的，不属于抵销。

（6）比较信息的列报

企业在列报当期财务报表时，至少应当提供所有列报项目上一个可比会计期间的比较数据，以及与理解当期财务报表相关的说明，目的是向报表使用者提供对比数据，提高信息在会计期间的可比性，供使用者进行判断和决策。在财务报表项目的列报确需发生变更的情况下，应当至少对可比期间的数据按照当期的列报要求进行调整，并在附注中披露调整的原因、性质及金额。在某些情况下，对可比期间比较数据进行调整是不切实可行的，则应在附注中披露不能调整的原因。

（7）财务报表表首的列报要求

财务报表一般分为表首、正表两部分。企业应当在表首部分概括地说明编报企业的名称、会计期间、人民币金额单位等，合并报表的应予说明，如图10–3所示。

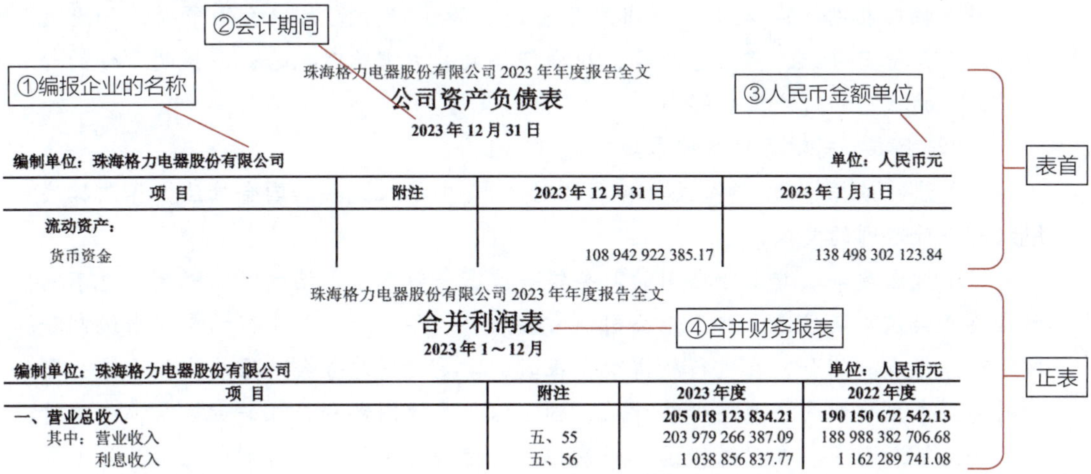

图10–3 财务报表表首的列报

（8）对报告期间的要求

企业至少应当按年编制财务报表。根据《会计法》的规定，会计年度自公历1月1日起至12月31日止。在存在年度财务报表涵盖的期间短于1年的情况下，如企业在年度中间成立时，企业应当披露年度财务报表的实际涵盖期间及其短于1年的原因并说明由此引起的财务报表项目与比较数据不具可比性事实。

知识拓展

上市公司与非上市公司财务报告的披露政策

上市公司和非上市公司在财务报告披露方面存在显著的不同，主要体现在披露的强制性、时间要求、内容范围以及披露对象等方面。

1. 上市公司财务报告披露规定

（1）法律依据。上市公司财务报告披露的法律依据主要包括《中华人民共和国公司法》《中华人民共和国证券法》以及中国证券监督管理委员会（以下简称“证监会”）发布的相关规章和规范性文件。

（2）披露要求。包括披露时间、质量要求、披露内容和披露渠道等。

上市公司必须按照规定的时间周期（如季度、半年度、年度）编制并披露财务报告。这些报告通常包括资产负债表、利润表、现金流量表等，并应经过具有证券业务资格的会计师事务所审计。上市公司公布的财务报表必须真实、准确、完整，不得有虚假记载、误导性陈述或重大遗漏。年度报告应在每个会计年度结束之日起4个月内编制完成并披露。中期报告应在半年度结束后两个月内完成编制与披露。对于第一季度和第三季度的报告，上市公司应在会计年度前三个月和九个月结束后的三十日内编制完成并披露。定期报告的披露要求为在指定报刊披露其摘要，同时在中国证监会指定的网站上披露其正文。

（3）临时报告。如果上市公司发生可能对股价产生重大影响的事项，如重大投资、重大资产重组、重大亏损等，应立即编制并披露临时报告，以说明事件的起因、目前的状态和可能产生的影响。

2. 非上市公司财务报告披露规定

（1）法律依据。《中华人民共和国公司法》《中华人民共和国会计法》等法律法规以及会计准则的要求。

（2）披露要求。非上市公司的财务报告披露一般不受严格的时间限制，也不需要在公开渠道广泛披露。非上市公司通常按照会计年度和税务申报的要求来编制和披露财务报表。例如，在进行所得税申报时，需要附送财务会计报告。非上市公司的财务报表主要面向企业内部管理层、股东以及其他内部利益相关者披露，以支持企业的决策和管理。在对外投资、提供担保或受到行政处罚等特定情况下，非上市公司可能需要根据相关法律法规和公司章程的规定进行信息披露。

任务实施

对财务报告的认知

查阅互联网，下载任一上市公司的年度财务报告，仔细研读财务报告中都有哪些财务报表及附注，列出名单及所在页码。

问题研讨

根据《中华人民共和国公司法》《中华人民共和国证券法》等相关法律法规，上市公司必须定期披露财务报告，包括年度报告、中期报告等，以便公众和投资者了解公司的运营和财务状况。

讨论：那么对于非上市公司而言，是否需要编制财务报告？如果需要的话，都要披露哪些财务信息呢？

任务2 资产负债表

任务描述

了解资产负债表的结构及作用，编制资产负债表。

知识准备

10.2.1 资产负债表的概念和作用

资产负债表是财务报表的一种，也被称为财务状况表，它表达了企业在一定日期的财务状况（即资产、负债和所有者权益的状况）。资产负债表是企业财务报告的重要组成部分，它提供了企业资产、负债和所有者权益的详细信息，有助于投资者、债权人、管理者等利益相关者了解企业的财务状况和经营成果，具有重要作用。资产负债表的作用如图10-4所示。

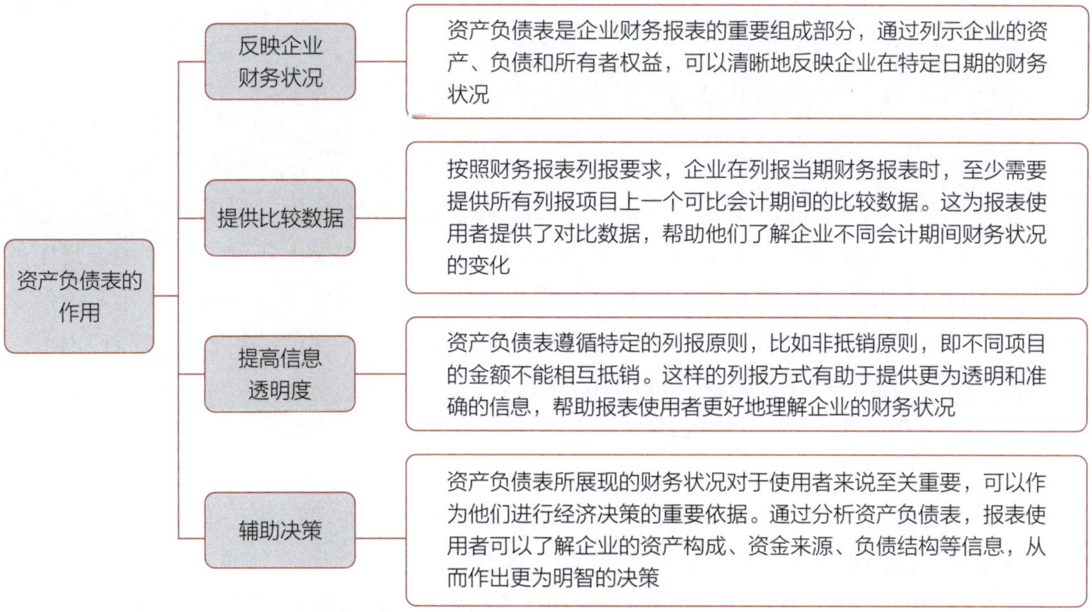

图10-4 资产负债表的作用

10.2.2 资产负债表的列示

(1)资产负债表的列示格式

资产负债表的格式可以分为账户式和报告式两种。报告式为上下结构，如图10–5所示，上方为资产类项目、下方为负债和所有者权益类项目。账户式为左右两方，左方为资产类项目，右方为负债和所有者权益类项目。

我国资产负债表采用账户式结构，资产负债表由表首、表体和表尾附注三个部分组成。左方资产各项目，反映全部资产的分布及存在形态；右方负债和所有者权益各项目，反映全部负债和所有者权益的内容及构成情况。资产负债表左右平衡，即“资产=负债+所有者权益”。在此基础上，资产负债表就各项目再分为“期末余额”和“上年年末余额”两栏分别填列，通过提供比较期间的信息，使报表使用者掌握企业财务状况的变动情况及发展趋势。

资产负债表（报告式）

资 产
流动资产
------ XXX
流动资产合计 XXXX
非流动资产
------ XXX
非流动资产合计 XXXX
资产总计 XXXXXX
负债和所有者权益
流动负债
------ XXX
流动负债合计 XXXX
非流动负债:
------ XXX
非流动负债合计 XXXX
所有者权益
---- XXX
所有者权益合计 XXXX
负债和所有者权益总计 XXXXXX

图10–5 报告式资产负债表图

(2)资产负债表列示的总体要求

资产负债表列示的总体要求如图10–6所示。

10.2.3 资产负债表的编制

(1)资产负债表的填列方法

①“上年年末余额”的填列方法。资产负债表“上年年末余额”栏内各项金额，应根据上年年末资产负债表的“期末余额”栏内所列金额填列。如果上年度资产负债表规定的各个项目的名称和内容与本年度不一致，根据比较信息的列报要求，应对上年年末资产负债表各项目的名称和金额按照本年度的规定进行调整，填入本年度“年初余额”栏内。

②“期末余额”的填列方法。如图10–7所示。

(2)资产负债表项目的填列说明

①资产项目的填列说明。

a.“货币资金”项目，反映企业库存现金、银行存款、外埠存款、银行汇票存款、银行本票存款、信用卡存款、信用证保证金存款等的合计数。

货币资金期末余额=库存现金期末余额+银行存款期末余额+其他货币资金期末余额

①分类别列报：资产负债表列报应当如实反映企业在资产负债表日所拥有的资产、所承担的负债以及所有者所拥有的权益；资产负债表应当按照资产、负债和所有者权益三大类别分类列报，确保信息的清晰和易于理解

②资产和负债按流动性列报：资产和负债应当按照流动性分别分为流动资产和非流动资产、流动负债和非流动负债列示；流动性通常按资产的变现或耗用时间长短或者负债的偿还时间长短来确定；企业应当先列报流动性强的资产或负债，再列报流动性弱的资产或负债，以提供关于企业短期偿债能力和资产流动性的重要信息

③列报相关的合计、总计项目：资产负债表中的资产类至少应当列示流动资产和非流动资产的合计项目；负债类至少应当列示流动负债、非流动负债以及负债的合计项目；所有者权益类应当列示所有者权益的合计项目；这有助于读者更快地把握企业整体资产、负债和所有者权益的规模及结构

表10-1 **资产负债表** 会企01表

编制单位： 年 月 日 单位：元

资 产	期末余额	上年年末余额	负债和所有者权益(或股东权益)	期末余额	上年年末余额
流动资产：			**流动负债：**		
货币资金			短期借款		
交易性金融资产			交易性金融负债		
应收票据			应付票据		
应收账款			应付账款		
应收款项融资			预收账款		
预付账款			合同负债		
其他应收款			应付职工薪酬		
存货			应交税费		
合同资产			其他应付款		
持有待售资产			1年内到期的非流动负债		
1年内到期的非流动资产			其他流动负债		
其他流动资产：			**流动负债合计**		
流动资产合计			**非流动负债：**		
非流动资产：			长期借款		
债权投资			应付债券		
其他债权投资			长期应付款		
长期应收款			预计负债		
长期股权投资			递延收益		
其他非流动金融资产			递延所得税负债		
投资性房地产			其他非流动负债		
固定资产			非流动负债合计		
在建工程			**负债合计**		
生产性生物资产			**所有者权益（或股东权益）：**		
使用权资产			实收资本（或股本）		
无形资产			其他权益工具		
开发支出			资本公积		
商誉			减：库存股		
长期待摊费用			其他综合收益		
递延所得税资产			盈余公积		
其他非流动资产			未分配利润		
非流动资产合计			**所有者权益（或股东权益）合计**		
资产总计			**负债和所有者权益(或股东权益)总计**		

④数字真实、内容完整、计算准确：资产负债表中各项指标数字必须真实可靠，正确无误，如实地反映企业的财务状况；资产负债表有统一的格式，表中的项目和内容必须按规定填列完整，不要遗漏；资产负债表各项目的计算应当准确，确保数据的精确性

⑤报送及时、手续齐备、说明清楚：资产负债表必须按规定的期间和程序及时报送有关部门，确保信息的时效性；资产负债表报出时必须完善一切手续，包括审核、签名和盖章、装订等工作；资产负债表的项目如因企业的核算方法、特殊原因以及非常情况而发生重大变动时，应附有简要文字说明，以便报表阅读者更好地了解情况；遵循以上总体要求，资产负债表能够准确、清晰地反映企业的财务状况，为内外部使用者提供有价值的财务信息

图10-6 资产负债表的编制要求

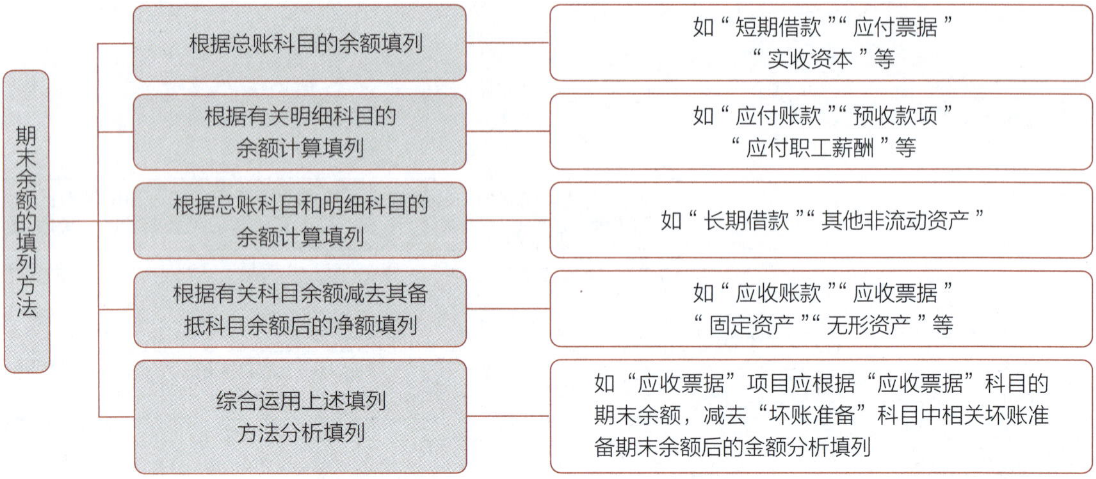

图10-7　资产负债表期末余额的填列方法

【案例10-1】2023年12月31日，甲公司“库存现金”科目余额为0.1万元，“银行存款”科目余额为100.9万元，“其他货币资金”科目余额为99万元，则2023年12月31日，甲公司资产负债表中“货币资金”项目“期末余额”栏的列报金额=0.1+100.9+99=200（万元）。

b.“交易性金融资产”项目，反映资产负债表日企业分类为以公允价值计量且其变动计入当期损益的金融资产，以及企业持有的指定为以公允价值计量且其变动计入当期损益的金融资产的期末账面价值。该项目应根据“交易性金融资产”科目的相关明细科目的期末余额分析填列。自资产负债表日起超过一年到期且预期持有超过一年的以公允价值计量且其变动计入当期损益的非流动金融资产的期末账面价值，在“其他非流动金融资产”项目反映。

【案例10-2】2023年12月31日，甲公司“交易性金融资产——成本”明细账的余额为320万元，“交易性金融资产——公允价值变动”明细账的余额为贷方10万元，则2023年12月31日，甲公司资产负债表中“交易性金融资产”项目“期末余额”栏的列报金额=320-10=310（万元）。

c.“应收票据”项目，反映资产负债表日以摊余成本计量的，企业因销售商品、提供服务等收到的商业汇票，包括银行承兑汇票和商业承兑汇票。

应收票据期末列报金额=应收票据期末余额-坏账准备科目中相关坏账准备期末余额

【案例10-3】2023年12月31日，甲公司“应收票据”科目的余额为300万元；“坏账准备”科目贷方余额中有关应收票据计提的坏账准备余额为11万元，则2023年12月31日，甲公司资产负债表中“应收票据”项目“期末余额”栏的列报金额=300-11=289（万元）。

d. “应收账款”项目，反映资产负债表日以摊余成本计量的，企业因销售商品、提供服务等经营活动应收取的款项。

应收账款期末余额的列报金额=应收账款期末余额−坏账准备科目中相关坏账准备期末余额

【案例10-4】2023年12月31日，甲公司“应收账款”科目的借方余额为1 000万元；“坏账准备”科目贷方余额中有关应收账款计提的坏账准备余额为34万元，则2023年12月31日，甲公司资产负债表中“应收账款”项目“期末余额”栏的列报金额=1000−34=966（万元）。

e. “预付账款”项目，反映企业按照购货合同的规定预付给供应单位的款项等。

预付账款期末列报金额=预付账款明细科目期末借方余额+应付账款明细科目期末借方余额−坏账准备科目中有关预付账款计提的坏账准备期末余额

如“预付账款”科目所属明细科目期末为贷方余额的，应在资产负债表“应付账款”项目内填列。

【案例10-5】2023年12月31日，甲公司“预付账款”科目的余额为200万元；“坏账准备”科目贷方余额中有关预付账款计提的坏账准备余额为0，则2023年12月31日，甲公司资产负债表中“预付账款”项目“期末余额”栏的列报金额为200万元。

f. “其他应收款”项目，反映应收票据、应收账款之外的应收或者暂付给其他单位和个人的款项，包括应收的各种赔款、罚款、出租包装物租金以及应向职工收取的各种暂付款项等。

其他应收款期末列报金额=应收利息期末余额+应付股利期末余额+其他应收款期末余额−坏账准备科目中相关坏账准备期末余额

【案例10-6】2023年12月31日，甲公司“其他应收款”科目的期末余额为15万元；“应收利息”科目的期末余额为25万元，则2023年12月31日，甲公司资产负债表中“其他应收款”项目“期末余额”栏的列报金额为40万元。

其中的“应收利息”仅反映相关金融工具已到期可收取但在资产负债表日尚未收到的利息。基于实际利率法计提的金融工具的利息应包含在相应金融工具的账面余额中。

g. “存货”项目，反映企业期末在库、在途和加工中的各种存货的可变现净值或成本（成本与可变现净值孰低）。

存货期末余额=物资采购期末余额+原材料期末余额+库存商品期末余额+周转材料期末余额+委托加工物资期末余额+生产成本期末余额+委托代销商品期末余额+发出商品期末余额−存货跌价准备期末余额

材料采用计划成本核算以及库存商品采用计划成本核算或售价核算的企业，还应按加或减“材料成本差异”或“商品进销差价”后的金额填列。

h.“1年内到期的非流动资产”项目，通常反映预计自资产负债表日起1年内变现的非流动资产。本项目应根据有关科目的期末余额分析填列。

i.“长期应收款”项目，反映企业租赁产生的应收款项和采用递延方式分期收款、实质上具有融资性质的销售商品和提供劳务等经营活动产生的应收款项。

长期应收款期末列报金额=长期应收款期末余额-未实现融资收益相关明细科目期末余额-坏账准备相关明细科目期末余额

j.“固定资产”项目，反映资产负债表日企业固定资产的期末账面价值和企业尚未清理完毕的固定资产清理净损益。

固定资产期末列报金额=固定资产期末余额+固定资产清理期末余额-累计折旧期末余额-固定资产期末减值准备期末余额

【案例10-7】2023年12月31日，甲公司“固定资产”科目借方余额为2 400万元；“累计折旧”科目贷方余额为370万元；“固定资产减值准备”科目贷方余额为148万元，则2023年12月31日，甲公司资产负债表中“固定资产”项目“期末余额”栏的列报金额=2 400-370-148=1 882（万元）。

k.“在建工程”项目，反映资产负债表日企业尚未达到可使用状态的在建工程的期末账面价值和企业为在建工程准备的各种物资的期末账面价值。

在建工程期末列报金额=在建工程期末余额+工程物资期末余额-在建工程减值准备期末余额-工程物资减值准备期末余额

【案例10-8】2023年12月31日，甲公司“在建工程”科目借方余额为118万元，未计提减值准备，则2023年12月31日，甲公司资产负债表中“在建工程”项目“期末余额”栏的列报金额为118万元。

l.“无形资产”项目，反映企业持有的无形资产，包括专利权、非专利技术、商标权、著作权、土地使用权等。

无形资产期末列报金额=无形资产期末余额-累计摊销期末余额-无形资产减值准备期末余额

【案例10-9】2023年12月31日，甲公司“无形资产”科目借方余额为800万元；“累计摊销”科目贷方余额为200万元；“无形资产减值准备”科目贷方余额为54万元，则2023年12月31日，甲公司资产负债表中“无形资产”项目“期末余额”栏的列报金额=800-200-54=546（万元）。

②负债项目的填列说明。

a.“短期借款”项目，反映企业向银行或其他金融机构等借入的，期限在一年以内（含一年）的各种借款。该项目应根据“短期借款”科目的期末余额填列。

【案例10-10】2023年12月31日，甲公司“短期借款”科目的余额如下：银行质押借款310万元，信用借款40万元，则2023年12月31日，甲公司资产负债表中“短期借款”项目“期末余额”栏的列报金额=310+40=350（万元）。

b.“交易性金融负债”项目，反映资产负债表日企业承担的交易性金融负债，以及企业持有的指定为公允价值计量且其变动计入当期损益的金融负债的期末账面价值。该项目应根据“交易性金融负债”科目的相关明细科目的期末余额填列。

c.“应付票据”项目，反映资产负债表日以摊余成本计量的，企业因购买材料、商品和接受服务等开出、承兑的商业汇票，包括银行承兑汇票和商业承兑汇票。“应付票据”项目应根据“应付票据”科目的期末余额填列。

【案例10-11】2023年12月31日，甲公司“应付票据”科目的贷方余额为：125万元的银行承兑汇票，110万元的商业承兑汇票，则2023年12月31日，甲公司资产负债表中“应付票据”项目“期末余额”栏的列报金额=125+110=235（万元）。

d.“应付账款”项目，反映资产负债表日以摊余成本计量的，企业因购买材料、商品和接受服务等经营活动应支付的款项。

应付账款期末列报金额=应付账款相关明细科目的期末贷方余额+预付账款相关明细科目的期末贷方余额

【案例10-12】2023年12月31日，甲公司“应付账款”科目贷方余额为941.85万元，则2023年12月31日，甲公司资产负债表中“应付账款”项目“期末余额”栏的列报金额为941.85万元。

e.“预收账款”项目，反映企业按照购货合同的规定预收购货单位的款项。

预收账款期末列报金额=预收账款明细科目中的期末贷方余额+应收账款明细科目的期末贷方余额

如“预收账款”科目所属明细科目期末为借方余额的，应在资产负债表“应收账款”项目内填列。

【案例10-13】2023年12月31日，甲公司“预收账款”科目贷方余额为230万元，则2023年12月31日，甲公司资产负债表中“预收账款”项目“期末余额”栏的列报金额为230万元。

f. “应付职工薪酬”项目，反映企业为获得职工提供的服务或解除劳动关系而给予的各种形式的报酬或补偿。该项目应根据“应付职工薪酬”科目所属各明细科目的期末贷方余额分析填列。

【案例10-14】2023年12月31日，甲公司“应付职工薪酬”科目明细项目为：工资70万元，社会保险费（含医疗保险、工伤保险）4.1万元，设定提存计划（含基本养老保险费）2.5万元，住房公积金2万元，工会经费1.4万元，则2023年12月31日，甲公司资产负债表中“应付职工薪酬”项目“期末余额”栏的列报金额=70+4.1+2.5+2+1.4=80（万元）。

g. “应交税费”项目，反映企业按照税法的规定计算应缴纳的各项税费，包括增值税、所得税、资源税、城市维护建设税、房产税、城镇土地使用税、车船税、教育费附加以及企业代扣代缴的个人所得税。企业所缴纳的税金不需预计应交数的（如印花税、耕地占用税等）不在本项目中列示。该项目应根据“应交税费”科目的期末贷方余额填列。如“应交税费”科目期末为借方余额，应以“—”号填列。

【案例10-15】2023年12月31日，甲公司“应交税费”科目贷方期末余额为450万元，则2023年12月31日，甲公司资产负债表中“应交税费”项目“期末余额”栏的列报金额为450万元。

h. “其他应付款”项目，反映企业除应付票据、应付账款、预收账款、应付职工薪酬、应付利息、应付股利、应交税费、长期应付款等以外的其他各项应付、暂收的款项。

其他应付款期末列报金额=应付利息期末余额+应付股利期末余额+其他应付款期末余额

i. “1年内到期的非流动负债”项目，反映企业非流动负债中将于资产负债表日后1年内到期部分的金额（如将于1年内偿还的长期借款）。“1年内到期的非流动负债”应根据具体项目的期末余额进行分析和填列。

j. “长期借款”项目，反映企业向银行或其他金融机构借入的期限在1年以上（不含1年）的各项借款。该项目应根据“长期借款”科目的期末余额，扣除“长期借款”科目所属的明细科目中将在资产负债表日起1年内到期且企业不能自主地将清偿义务展期的长期借款后的金额计算填列。

【案例10-16】2023年12月31日，甲公司“长期借款”科目余额为440万元（12月末借入），则甲公司2023年12月31日资产负债表中“长期借款”项目“期末余额”栏的列报金额为440万元。

k. “应付债券”项目，反映企业为筹集长期资金而发行的债券本金和利息。该项目应根据“应付债券”科目的期末余额填列。

l.“长期应付款”项目，反映资产负债表日企业除长期借款和应付债券以外的其他各种长期应付款项的期末账面价值。

长期应付款期末列报金额=长期应付款期末余额+专项应付款期末余额–未确认融资费用期末余额

③ 所有者权益（或股东权益）的填列说明。

a.“实收资本（或股本）”项目，反映企业各投资者实际投入的资本（或股本）总额。“实收资本（或股本）”项目应根据“实收资本（或股本）”科目的期末余额填列。

b.“资本公积”项目，反映企业资本公积的期末余额，应根据“资本公积”科目的期末余额填列。

c.“其他综合收益”项目，反映企业其他综合收益的期末余额，应根据“其他综合收益”科目的期末余额填列。

d.“盈余公积”项目，反映企业盈余公积的期末余额，应根据“盈余公积”科目的期末余额填列。

e.“未分配利润”项目，反映企业尚未分配的利润，应根据“本年利润”科目和“利润分配”科目的余额计算填列。未弥补的亏损在本项目内以“—”号填列。

知识拓展

资产负债表的起源与演变

任务实施

填制资产负债表项目

要求：根据下列资料填制资产负债表项目。

资料：上海中侨食品有限公司2022年12月31日相关总分类账及明细分类账余额如表10–1所示。要求：根据表10–1所列示的数据，填列上海中侨食品有限公司2022年12月31日的资产负债表（简表），如表10–2所示。

表10-1 上海中侨食品有限公司相关总账及明细账余额 单位：元

总账账户	明细账户	借方余额	贷方余额	总账账户	明细账户	借方余额	贷方余额
库存现金		150 000		短期借款			50 000
银行存款		280 000		应付账款			
交易性金融资产					X企业	50 000	
应收账款					Y企业		70 000
	A企业	40 000		预收账款			
	B企业	80 000			U企业	90 000	
	C企业		20 000		V企业		15 000
预付账款				其他应付款			10 000
	D企业	150 000		应付职工薪酬			63 000
	E企业		120 000	应交税费			57 000
其他应收款		10 000		应付股利			20 000
原材料		70 000		长期借款			
生产成本		60 000			M银行		100 000
库存商品		50 000			N银行		100 000
长期股权投资				实收资本			700 000
固定资产		500 000		资本公积			120 000
累计折旧				盈余公积			158 585
固定资产减值准备				利润分配	未分配利润		106 415

备注：其中从N银行借款的10万元中，有5万元将于9个月内到期。

表10-2 资产负债表（简表） 会企01表

编制单位：上海中侨食品有限公司 2022年12月31日 单位：元

资产	期末余额	上年年末余额（略）	负债和所有者权益（或股东权益）	期末余额	上年年末余额（略）
流动资产：			流动负债：		
货币资金			短期借款		
交易性金融资产			应付票据		
应收票据			应付账款		
应收账款			预收账款		
应收款项融资			应付职工薪酬		
预付账款			应交税费		
其他应收款			其他应付款		
存货			1年内到期的非流动负债		
1年内到期的非流动资产			其他流动负债		
其他流动资产			流动负债合计		

续表

资产	期末余额	上年年末余额（略）	负债和所有者权益（或股东权益）	期末余额	上年年末余额（略）
流动资产合计			非流动负债：		
非流动资产：			长期借款		
债权投资			应付债券		
其他债权投资			长期应付款		
长期应收款			其他非流动负债		
长期股权投资			非流动负债合计		
其他权益工具投资			负债合计		
其他非流动金融资产			所有者权益（或股东权益）：		
投资性房地产			实收资本（或股本）		
固定资产			其他权益工具		
在建工程			资本公积		
其他非流动资产			减：库存股		
非流动资产合计			盈余公积		
			未分配利润		
			所有者权益（或股东权益）合计		
资产总计			负债和所有者权益（或股东权益）合计		

问题研讨

资产负债表项目需要根据哪些会计资料填报？哪些项目可以直接根据总账账户余额填列？哪些项目需要根据总账账户余额和明细分类账户余额分析填列？

任务3 利润表

任务描述

熟悉利润表的结构及作用，填制利润表。

知识准备

10.3.1 利润表概述

利润表：作为财务报表的重要组成部分，主要反映了企业在一定会计期间内的经营成果。通过列示企业在该期间内的各项收入、费用以及利润（或亏损）的数额，利润表为财务报表的使用者提供了评估企业盈利能力、经营效率和未来发展潜力的关键信息。

利润表的主要目的是展示企业在特定会计期间内的经济活动成果，它是根据“收入-费用=利润”这一会计等式编制的，从而反映企业的盈利水平。这有助于投资者、债权人、政府机构以及其他利益相关者了解企业的运营状况，并据此作出经济决策。

利润表的作用，主要体现在以下几个方面。

①评估企业的盈利能力。通过利润表，可以了解企业在特定会计期间内的盈利水平，如毛利率、净利率等关键指标，为投资者和债权人提供重要的投资决策依据。

②分析企业的经营效率。如收入、利润等指标的增减变化，可以判断企业的经营状况是否稳定，以及是否具备持续增长的能力。还可以通过利润表中的数据可以帮助企业分析成本结构、费用控制等方面的问题，为改进经营管理提供有力支持。

③预测企业未来发展。通过对利润表的历史数据进行分析，可以预测企业未来的发展趋势和盈利能力，为制定长期战略规划提供参考。

④满足外部监管要求。按照相关法律法规和会计准则的要求，企业需要定期编制和公布利润表等财务报表，以满足外部监管和审计的需要。

10.3.2 利润表的列示

（1）利润表的列示格式

利润表的列示格式一般分为单步式和多步式两种。

单步式利润表：直接列示收入和费用的各项，收入合计减去费用合计即为净利润，计算简洁明了，但无法分析利润的主要来源，无法满足所有用户的需求。单步式利润表的格式如图10-8所示。

利润表（单步式）

年 月

一、收入			
主营业务收入	XXX		
其他业务收入	XXX		
营业外收入	XXX		
------	XXX		
收入合计		XXXX	
二、费用			
主营业务成本	XXX		
其他业务成本	XXX		
税金及附加	XXX		
销售费用	XXX		
管理费用	XXX		
财务费用	XXX		

所得税费用	XXX		
费用合计		XXXX	
三、净利润			XXX

图10-8 单步式利润表

多步式利润表：对当期的收入、费用、支出项目按性质加以归类，按利润形成的主要环节列示一些中间性利润指标，分步计算当期净损益，便于使用者理解企业经营成果的不同来源。我国财务报表列示准则规定，企业应采用多步式利润表，其格式如表10-3所示。

表10-3 利润表

企会02表

编制单位： 年 月 单位：元

项目	本期金额	上期金额
一、营业收入		
减：营业成本		
税金及附加		
销售费用		
管理费用		
研发费用		
财务费用		
其中：利息费用		
利息收入		
加：其他收益		
投资收益（损失以“—”号填列）		
资产减值损失		
二、营业利润（亏损以“—”号填列）		
加：营业外收入		
减：营业外支出		
三、利润总额（亏损总额以“—”号填列）		
减：所得税费用		
四、净利润（净亏损以“—”号填列）		
（一）持续经营净利润（净亏损以“—”号填列）		
（二）终止经营净利润（净亏损以“—”号填列）		
五、其他综合收益的税后净额		
六、综合收益总额		
七、每股收益		
（一）基本每股收益		
（二）稀释每股收益		

（2）利润表的列示内容

利润表的列示内容和金额的计算如表10-3所示。根据财务报表列示准则的规定，企业对于费用的列示应当采用功能法，即按照费用在企业中发挥的功能进行分类列示，通常分为营业成本、销售费用、管理费用和财务费用等，并在利润表上分开列示。功能法通常能够向财务报告使用者提供结构性的费用信息，更加清晰地揭示企业经营业绩的主要来源和构成，所提供的信息与财务报告使用者进行经济决策更为相关。与此同时，为了有助于财务报告使用者预测企业的未来现金流量，费用的列报还应当在附注中披露按照性质分类的补充资料，如将费用分为耗用的原材料、职工薪酬费用、折旧费用、摊销费用等。

10.3.3 利润表的编制

（1）利润表的填列方法

利润表中的金额包括“上期金额”和“本期金额”两栏，以提供比较指标，由于利润表的编制可以是按月份，也可以是按季度和年度进行编制，因此不同时间“利润表”中的“上期金额”填报方式略有不同；不同项目“本期金额”的填制依据也有所不同。利润表中项目的填制方法可概括为图10-9。

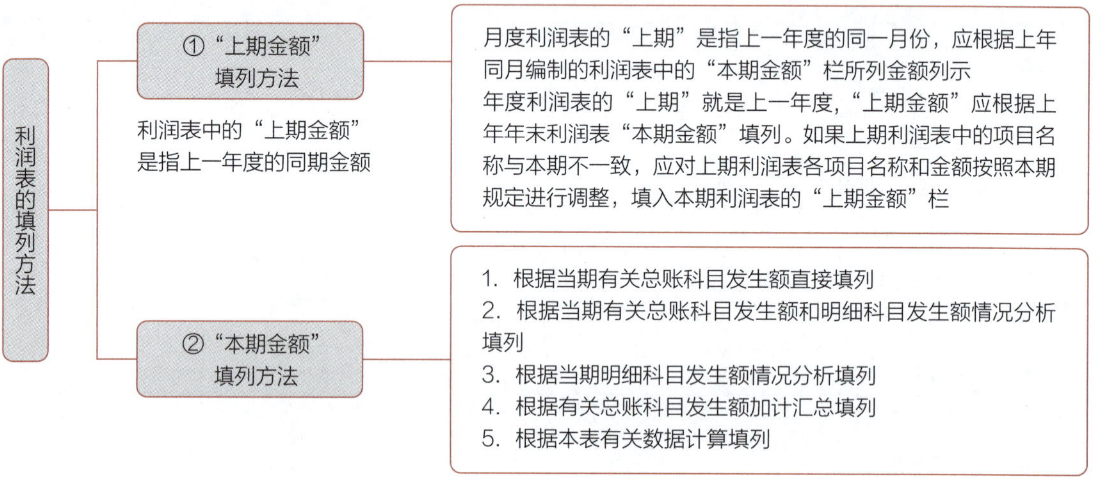

图10-9 利润表的填列方法

（2）利润表的填列说明

①“营业收入”项目，反映企业经营主要业务和其他业务所确认的收入总额。该项目应根据“主营业务收入”和“其他业务收入”科目的发生额分析填列。

【案例10-17】甲公司是从事生产和销售家用电器产品的一家制造业企业，为一般纳税人。2024年度，甲公司“主营业务收入”科目发生额合计6 120万元，则甲公司2024年度利润表中“营业收入”项目“本期金额”栏的列报金额为6 120万元。

②“营业成本”项目，反映企业经营主要业务和其他业务所发生的成本总额。该项目应根据“主营业务成本”和“其他业务成本”科目的发生额分析填列。

【案例10-18】甲公司2024年度“主营业务成本”科目发生额合计3 680万元，则甲公司2024年度利润表中“营业成本”项目“本期金额”栏的列报金额为3 680万元。

③“税金及附加”项目，反映企业经营业务应负担的消费税、城市维护建设税、资源税、土地增值税、教育费附加、房产税、印花税、车船税、城镇土地使用税等。该项目应根据“税金及附加”科目的发生额分析填列。

【案例10-19】甲公司2024年度“税金及附加”科目的发生额如下：城市维护建设税合计5万元，教育费附加合计3万元，房产税合计40万元，城镇土地使用税合计2万元，则甲公司2024年度利润表中“税金及附加”项目“本期金额”栏的列报金额=5+3+40+2=50（万元）。

④“销售费用”项目，反映企业在销售商品过程中发生的包装费、广告费等费用和为销售本企业商品而专设的销售机构的职工薪酬、业务费等经营费用。该项目应根据“销售费用”科目的发生额分析填列。

【案例10-20】甲公司2024年度“销售费用”科目的发生额合计数为120万元，则甲公司2024年度利润表中“销售费用”项目“本期金额”栏的列报金额为120万元。

⑤“管理费用”项目，反映企业为组织和管理生产经营发生的管理费用。该项目应根据“管理费用”科目的发生额，扣除明细科目“研发费用”及“无形资产摊销”中自行开发的无形资产的摊销额分析填列。

【案例10-21】甲公司2024年度“管理费用”科目发生额合计数为780万元，其中“研发费用”明细科目发生额为300万元，则甲公司2024年度利润表中“管理费用”项目“本期金额”栏的列报金额为480万元。

⑥“财务费用”项目下的“利息费用”项目，反映企业为筹集生产经营所需资金等而发生的应予费用化的利息支出。该项目应根据“财务费用”科目的相关明细科目的发生额分析填列。作为“财务费用”项目的其中项，以正数填列。“财务费用”项目下的“利息收入”项目，反映企业按照相关会计准则确认的应冲减财务费用的利息收入。该项目应根据“财务费用”科目的相关明细科目的发生额分析填列。作为“财务费用”项目的其中项，以正数填列。

【案例10-22】甲公司2024年度“财务费用”科目的发生额如下所示：银行借款利息费用合计17.5万元，银行存款利息收入合计25万元，银行手续费等支出合计82.5万元，则甲公司2024年度利润表中“财务费用”项目“本期金额”栏的列报金额=17.5+82.5−25=75（万元）。

⑦“投资收益”项目，反映企业以各种方式对外投资所取得的收益。该项目应根据“投资收益”科目的发生额分析填列。如为投资损失，以“—”号填列。

【案例10-23】甲公司2024年度“投资收益”科目的发生额合计为120万元，则甲公司2024年度利润表中“投资收益”项目“本期金额”栏的列报金额为120万元。

⑧“资产减值损失”项目，反映企业有关资产发生的减值损失。本项目应根据“资产减值损失”科目的发生额分析填列。

【案例10-24】甲公司2024年度“资产减值损失”科目的发生额为固定资产减值损失合计30万元，则甲公司2022年度利润表中“资产减值损失”项目“本期金额”栏的列报金额为30万元。

⑨“营业利润”项目，反映企业实现的营业利润。如为亏损，本项目以“—”号填列。

⑩“营业外收入”项目，反映企业发生的除营业利润以外的收益，主要包括与企业日常活动无关的政府补助、盘盈利得、捐赠利得（企业接收股东或股东的子公司直接或间接的捐赠，经济实质属于股东对企业的资本性投入的除外）等。该项目应根据“营业外收入”科目的发生额分析填列。

【案例10-25】甲公司2024年度“营业外收入”科目的发生额为固定资产报废清理净收益53万元，则甲公司2024年度利润表中“营业外收入”项目“本期金额”栏的列报金额为53万元。

⑪“营业外支出”项目，反映企业发生的除营业利润以外的支出，主要包括公益性捐赠支出、非常损失、盘亏损失、非流动资产毁损报废损失等。该项目应根据“营业外支出”科目的发生额分析填列。非流动资产毁损报废损失通常包括因自然灾害发生毁损、已丧失使用功能等原因而报废清理产生的损失。企业在不同交易中形成的非流动资产毁损报废利得和损失不得相互抵销，应分别在“营业外收入”项目和“营业外支出”项目进行填列。

⑫“利润总额”项目，反映企业实现的利润。如为亏损，本项目以“—”号填列。

⑬“所得税费用”项目，反映企业应从当期利润总额中扣除的所得税费用。该项目应根据“所得税费用”科目的发生额分析填列。

【案例10-26】甲公司2024年度“所得税费用”科目的发生额合计350万元，则甲公司2024年度利润表中“所得税费用”项目“本期金额”栏的列报金额为350万元。

⑭“净利润”项目下的“（一）持续经营净利润”和“（二）终止经营净利润”项目，分别反映净利润中与持续经营相关的净利润和与终止经营相关的净利润，如为净亏损，以“—”号填列。该两个项目应按照《企业会计准则第42号—持有待售的非流动资产、处置组和终止经营》的相关规定分别列报。

知识拓展

合并利润表

合并利润表，也称为合并损益表，是反映母公司和子公司等合并范围内企业集团在一定会计期间内整体经营成果的财务报表。它以母公司和纳入合并范围的子公司的个别利润表为基础，抵销集团内部交易的影响后，汇总编制而成。

任务实施

填制利润表

要求：根据给出资料填制利润表。

资料：上海中侨食品有限公司2024年度有关收入、费用类账户的发生额如表10-6所示。要求：根据表10-4所列示的数据，填列上海中侨食品有限公司2024年度的利润表。

表10-4 上海中侨食品有限公司2024年损益类账户发生额表 单位：元

账户名称	借方发生额（净额）	贷方发生额（净额）
主营业务收入		482 500
主营业务成本	386 000	
其他业务收入		125 000
其他业务成本	75 000	
税金及附加	14 500	
销售费用	26 000	
管理费用	38 000	

续表

账户名称	借方发生额（净额）	贷方发生额（净额）
财务费用	3 260	
营业外收入		15 800
营业外支出	17 600	
所得税费用	15 735	

注："管理费用"账户中，"研发费用"明细账户的借方发生额为10 000元。

表10-5　利润表

企会02表

编制单位：上海中侨食品有限公司　　2024年　　单位：元

项目	本期金额	上期金额（略）
一、营业收入		
减：营业成本		
税金及附加		
销售费用		
管理费用		
研发费用		
财务费用		
加：其他收益		
投资收益（损失以"—"号填列）		
公允价值变动收益（损失以"—"号填列）		
信用减值损失		
资产减值损失		
资产处置收益（损失以"—"号填列）		
二、营业利润（亏损失以"—"号填列）		
加：营业外收入		
减：营业外支出		
三、利润总额（亏损总额以"—"号填列）		
减：所得税费用		
四、净利润（净亏损以"—"号填列）		

问题研讨

有些企业为了达到某种目的，任意虚增虚减营业成本等类似问题，这就可能导致利润表中的营业成本数据失真。那么我们怎么能发现虚增虚减的问题呢？

任务4 现金流量表

任务描述

现金流量表概述、现金流量表的列示以及编制。

知识准备

10.4.1 现金流量表概述

现金流量表是财务报表中的三大基本报表之一，它主要反映了企业在一定会计期间现金和现金等价物的流入和流出情况。这里的“现金”通常包括企业库存现金以及可以随时用于支付的存款，而“现金等价物”则是指企业持有的期限短、流动性强、易于转换为已知金额现金、价值变动风险很小的投资。

现金流量表按照收付实现制原则编制，将权责发生制下的盈利信息调整为收付实现制下的现金流量信息，便于信息使用者了解企业净利润的质量。

现金流量表在企业管理中的作用：

（1）有助于评估企业的支付能力、偿债能力和周转能力；

（2）有助于预测企业未来的现金流量，为企业制定短期和长期战略提供依据；

（3）有助于分析企业收益的质量以及影响现金净流量的因素，揭示企业盈利与现金流量之间的差异。

10.4.2 现金流量表的列示

（1）现金流量表列示内容

现金流量表的列示内容如图10-10所示。

①经营活动产生的现金流量。经营活动是企业日常经营过程中发生的、与商品销售和劳务提供直接相关的活动。经营活动产生的现金流量反映了企业通过日常运营活动所产生的现金流入和流出情况。

经营活动产生的现金流量净额等于经营活动现金流入总额减去现金流出总额，反映了企业通过经营活动产生的现金净增加或减少（表10-6）。

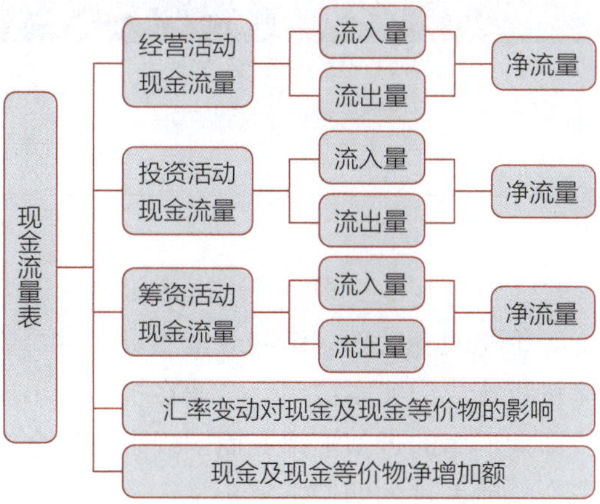

图10-10 现金流量表的列示内容

表10-6 经营活动现金流量的主要项目

经营活动的现金流入	经营活动的现金流出
销售商品或提供劳务收到的现金	购买货物、接受劳务、制造产品支付的现金
税费返还收到的现金	广告宣传、推销产品、缴纳税款等支付的现金

②投资活动产生的现金流量。投资活动是指企业长期资产的购建和不包括在现金等价物范围内的投资及其处置活动。投资活动产生的现金流量反映了企业在长期资产投资和处置方面的现金流入和流出情况。

投资活动产生的现金流量净额等于投资活动现金流入总额减去现金流出总额，反映了企业通过投资活动产生的现金净增加或减少（表10-7）。

表10-7 投资活动现金流量的主要项目

投资活动的现金流入	投资活动的现金流出
收回投资收到的现金	购建固定资产、无形资产和其他长期资产支付的现金
取得投资收益（分得股利、利润或债券利息收入）收到的现金	
处置固定资产、无形资产和其他长期资产收到的现金	权益性或债权性投资等支付的现金

③筹资活动产生的现金流量。筹资活动是指导致企业资本及债务规模和构成发生变化的活动。筹资活动产生的现金流量反映了企业在资本筹集和债务偿还方面的现金流入和流出情况。

筹资活动产生的现金流量净额等于筹资活动现金流入总额减去现金流出总额，反映了企业通过筹资活动产生的现金净增加或减少（表10-8）。

表10-8 筹资活动现金流量的主要项目

筹资活动的现金流入	筹资活动的现金流出
吸收权益性投资收到的现金	偿还债务或减少注册资本支付的现金
发行债券或借款收到的现金	分配股利、利润或偿付利息支付的现金
	融资租赁支付的现金

④汇率变动对现金及现金等价物的影响。这部分反映了由于汇率变动导致的现金及现金等价物的变动额。编制现金流量表时，应当将企业外币现金流量以及境外子公司的现金流量折算成记账本位币。企业在折算外币现金流量时，通常会采用现金流量发生日的汇率或即期汇率的近似汇率，而“现金及现金等价物净增加额”中的外币现金净增加额则是按资产负债表日的即期汇率折算。

⑤现金及现金等价物净增加额。现金及现金等价物净增加额是经营活动、投资活动、筹资活动产生的现金流量净额之和，再加上汇率变动对现金及现金等价物的影响。它反映

了企业一定时期内现金及现金等价物的净增加或减少情况。

（2）现金流量表的列示格式

现金流量表分为两部分：第一部分为表首，第二部分为正表。表首概括地说明报表名称、编制单位、报表所属年度、报表编号、货币名称、计量单位等。

现金流量表的列示格式如表10-9所示。

表10-9 现金流量表 企会03表

编制单位： 年 月 单位：元

项目	本期金额	上期金额
一、经营活动产生的现金流量：		
销售商品、提供劳务收到的现金		
收到的税费返还		
收到其他与经营活动有关的现金		
经营活动现金流入小计		
购买商品、接受劳务支付的现金		
支付给职工以及为职工支付的现金		
支付各项税费		
支付其他与经营活动有关的现金		
经营活动现金流出小计		
经营活动产生的现金流量净额		
二、投资活动产生的现金流量：		
收回投资收到的现金		
取得投资收益收到的现金		
处置固定资产、无形资产和其他长期资产收回的现金净额		
处置子公司及其他营业单位收到的现金净额		
收到其他与投资活动有关的现金		
投资活动现金流入小计		
购建固定资产、无形资产和其他长期资产支付的现金		
投资支付的现金		
取得子公司及其他营业单位支付的现金净额		
支付其他与投资活动有关的现金		
投资活动现金流出小计		
投资活动产生的现金流量净额		
三、筹资活动产生的现金流量：		
吸收投资收到的现金		
取得借款收到的现金		

续表

项目	本期金额	上期金额
收到其他与筹资活动有关的现金		
筹资活动现金流入小计		
偿还债务支付的现金		
分配股利、利润或偿付利息支付的现金		
支付其他与筹资活动有关的现金		
筹资活动现金流出小计		
筹资活动产生的现金流量净额		
四、汇率变动对现金及现金等价物的影响		
五、现金及现金等价物净增加额		
加：期初现金及现金等价物余额		
六、期末现金及现金等价物余额		

10.4.3 现金流量表的编制

（1）现金流量表的编制要求

现金流量表应当分别列报经营活动、投资活动和筹资活动现金流量。现金流量应当分别按照现金流入和现金流出总额列报，但个别项目可以按照现金流量的净额列报。

可以按照净额列报的现金流量项目：

①代客户收取或支付的现金；

②周转快、金额大、期限短项目的现金流入和现金流出；

③金融企业的有关项目；

④自然灾害损失、保险索赔等特殊项目；

⑤汇率变动对现金的影响额应当作为调整项目，在现金流量表中单独列报“汇率变动对现金及现金等价物的影响”。

（2）现金流量表的编制方法

现金流量表的编制可以采用直接法或间接法编制。

①直接法。运用直接法编制现金流量表可采用工作底稿法或T形账户法，也可以根据有关会计科目记录分析填列。按直接法编制的现金流量表为现金流量表的正表，其编制方法如表10-10所示。

表10-10 直接法编制现金流量表

项目	工作底稿法	T形账户法
内容	以工作底稿为手段，以资产负债表和利润表数据为基础，分别对每一项目进行分析并编制调整分录，进而编制现金流量表的方法	以T形账户为手段，以资产负债表和利润表数据为基础，分别对每一项目进行分析并编制调整分录，进而编制现金流量表的方法

续表

项目	工作底稿法	T形账户法
步骤	1. 将资产负债表的期初数和期末数过入工作底稿的期初数栏和期末数栏，将同期的利润表资料过入工作底稿 2. 对当期业务进行分析并编制调整分录 3. 将调整分录逐笔过入工作底稿 4. 核对工作底稿中各项目的借方、贷方合计数是否相等 5. 根据工作底稿中的现金流量表项目编制正式的现金流量表	1. 为所有非现金项目（包括资产负债表项目和利润表项目）分别开设T形账户，并将各自的期末期初变动数过入各该账户 2. 开设一个一级“现金及现金等价物”T形账户，分设经营活动、投资活动、筹资活动三个二级T形账户，借方记现金流入，贷方记现金流出，借方余额为现金流入净额，贷方余额为现金流出净额 3. 以利润表项目为基础，结合资产负债表分析每一个非现金项目的增减变动，并据此编制调整分录 4. 将调整分录过入各T形账户，并进行核对 5. 根据一级“现金及现金等价物”T形账户编制正式的现金流量表作底稿中的现金流量表项目，以此编制正式的现金流量表

②间接法。采用间接法编制现金流量表的基本步骤如表10-11所示。

表10-11 间接法编制现金流量表

步骤	具体内容
1. 将报告期利润表中净利润调节为经营活动产生的现金流量	以净利润为起算点，调整四类项目：没有实际支付现金的费用（应加回）、没有实际收到现金的收益（应减去）、不属于经营活动的损益（应剔除）、经营性应收应付项目的增减变动
2. 分析调整不涉及现金收支的重大投资和筹资活动项目	本项目反映企业一定会计期间内影响资产或负债但不形成该期现金收支的各项投资或筹资活动的信息资料，此类需要列报的项目有债务转为资本；一年内到期的可转换公司债券；融资租入固定资产
3. 分析调整现金及现金等价物净变动情况	本项目反映现金及现金等价物增减变动及其净增加额
4. 编制正式的现金流量表补充资料	可采用前述工作底稿法或T形账户法，也可以根据有关会计科目记录分析填列

知识拓展

揭示“纸上富贵”

任务实施

了解现金流量表的编制方法

现金流量表的编制方法有多种，请查阅资料，简要地进行说明。

问题研讨

不同的企业由于行业特点不同，对投资活动的认定也不同。例如，交易性金融资产所产生的现金流量，对于一般的工商企业而言，属于投资活动现金流量，但是对于证券公司而言，属于经营活动现金流量。如果出现现金流量分类不准确的问题，对财务信息会有什么影响呢？

任务5　其他报表

任务描述

所有者权益变动表、报表附注。

知识准备

10.5.1　所有者权益变动表

所有者权益变动表是财务报表体系的重要组成部分，它反映了企业在一定会计期间内所有者权益的增减变动情况。通过所有者权益变动表，可以清晰地了解企业所有者权益的构成、变动原因以及变动趋势，为投资者、债权人等报表使用者提供重要的决策信息。

所有者权益变动表的编制应基于企业会计准则和相关会计制度的规定，确保报表的准确性和可靠性。同时，报表应真实、完整地反映企业在一定会计期间内所有者权益的变动情况，不得虚构或隐瞒重要信息。

在所有者权益变动表中，综合收益和与所有者（或股东）的资本交易导致的所有者权益的变动，应当分别列示。企业至少应当单独列示反映下列信息的项目：①综合收益总额；②会计政策变更和前期差错更正的累积影响金额；③所有者投入资本和向所有者分配利润等；④提取的盈余公积；⑤所有者权益各组成部分的期初和期末余额及其调节情况。

所有者权益变动表以矩阵的形式列示：一方面，列示导致所有者权益变动的交易或事项，即所有者权益变动的来源，对一定时期所有者权益的变动情况进行全面反映；另一方面，按照所有者权益各组成部分（即实收资本、资本公积、盈余公积、未分配利润和库存股）列示交易或事项对所有者权益各部分的影响。

所有者权益变动表的具体格式如表10-12所示。

表10-12 所有者权益变动表（简表） 企会04表

编制单位: 年度 单位：万元

项目	股本	资本公积	其他综合收益	盈余公积	未分配利润	所有者权益合计
上年年末余额						
本年净利润						
提取盈余公积						
本年利润分配						
其他综合收益						
本年年末余额						

10.5.2 所有者权益变动表的编制

（1）编制前的准备

①确定会计政策。在编制所有者权益变动表前，应明确企业所采用的会计政策，包括账户结构的确定、会计处理的规定及其具体处理事项。这有助于确保编制过程中的一致性和准确性。

②查看会计记录。详细查看会计记录，明确所有者权益的变动情况，包括股本、资本公积、盈余公积、未分配利润等各个组成部分的变动情况。

（2）编制方法

所有者权益变动表的编制方法主要有垂直式和水平式两种。

①垂直式编制方法。按照所有者权益的各个组成部分（如股本、资本公积、盈余公积、未分配利润等）分别列出其期初余额、本期增减额和期末余额。这种方法便于分析各个部分的变动情况，清晰地展示所有者权益的构成和变化。

②水平式编制方法。按照所有者权益的变动情况分别列出其来源和去向，包括股东投资、利润分配、资本公积金转增股本等。这种方法便于分析所有者权益的变动原因，了解所有者权益变动的具体过程。

（3）编制步骤

①确定编制基础。明确编制所有者权益变动表的时间范围、会计政策等。

②收集数据。从会计账簿、财务报表等相关资料中收集所需数据。

③填列表格。根据收集的数据，按照选定的编制方法填列所有者权益变动表。

④审核校验。对填列的表格进行审核校验，确保数据的准确性和完整性。

⑤编制附注。如有需要，编制附注对表格中的特定项目进行解释说明。

通过以上步骤和要点，可以确保所有者权益变动表的编制工作顺利进行，并为企业内外部利益相关者提供准确、全面的所有者权益变动信息。

10.5.3 报表附注

报表附注是财务报表的重要组成部分，它为报表使用者提供了对财务报表数据的进一步解释、说明和补充信息，其目的在于通过对财务报表本身的补充说明，提供更完整、更详细、更深入的信息，帮助报表使用者做出更明智的经济决策。报表附注内容主要包括对财务报表中列示项目所作的进一步说明，以及对未能在这些报表中列示项目的说明等。

以下是报表附注通常包含的主要内容。

①企业的基本情况。企业注册地、组织形式和总部地址。企业的业务性质和主要经营活动，如企业所处的行业、所提供的主要产品或服务、客户的性质、销售策略和主要市场等，母公司以及集团最终母公司的名称。

②财务报表的编制基础。财务报表是否按照持续经营假设编制。如果财务报表不是按照持续经营假设编制，则应披露这一情况并说明原因。

③遵循企业会计准则的声明。企业应声明财务报表遵循了企业会计准则的规定，包括具体遵循了哪些会计准则和解释公告。

④重要会计政策和会计估计。会计政策：企业采用的会计政策，包括收入确认、存货计价、长期股权投资、固定资产折旧、无形资产摊销、资产减值等。会计估计：企业作出的重要会计估计，如坏账准备的计提比例、固定资产的预计使用寿命和残值率等。

⑤会计政策和会计估计变更以及前期差错更正的说明。会计政策变更：企业变更会计政策的原因、内容及其对财务状况和经营成果的影响。会计估计变更：企业变更会计估计的原因、内容及其对财务状况和经营成果的影响。前期差错更正：企业更正前期差错的原因、内容及其对财务状况和经营成果的影响。

⑥报表重要项目的说明。货币资金：披露货币资金的具体构成，如现金、银行存款等。应收账款：披露应收账款的账龄结构、坏账准备计提情况等。存货：披露存货的计价方法、跌价准备的计提情况等。投资：披露投资的种类、金额、期限以及减值情况等。固定资产和无形资产：披露固定资产和无形资产的计价方法、折旧或摊销政策、减值情况等。借款：披露借款的种类、金额、利率以及还款期限等。所有者权益：披露股本、资本公积、盈余公积、未分配利润等的变动情况。

⑦或有事项、承诺事项、资产负债表日后非调整事项、关联方关系及其交易等需要说明的事项。或有事项：披露企业可能承担的潜在义务或损失，如未决诉讼、担保责任等。承诺事项：披露企业已经承诺但尚未履行的事项，如资本支出计划、重组计划等。资产负债表日后非调整事项：披露在资产负债表日至财务报表批准报出日之间发生的需要说明的事项。关联方关系及其交易：披露关联方的名称、关系性质以及关联交易的类型、金额等。

⑧其他重要事项。企业合并、分立、重大投资等事项对企业财务状况和经营成果的影响。企业发生的其他重大财务事项，如重大资产损失、重大诉讼等。

以上内容仅为报表附注的一般性描述，具体披露内容可能因企业的行业特点、经营模式和会计准则的要求而有所不同。

思政课堂

财务报告是企业向外界传递信息的重要窗口，必须保持高度的诚信和道德标准。“不做假账”是会计从业人员基本的职业道德和行为准则。这也就是说，会计行业它本身的性质决定了所有会计人员必须以诚信为本，操守为重，遵循准则，不做假账，保证会计信息的真实、可靠。财务报告编制必须遵守国家法律法规和会计准则，如有做假账等不诚信行为不仅会受到严厉的惩罚，还会给企业和社会带来危害。

案例

乐视网信息技术（北京）股份有限公司（简称“乐视网”）曾是中国知名的互联网公司，主要从事网络视频、影视制作与发行、智能终端等业务。然而，在2016年至2017年期间，乐视网因财务造假问题而备受关注，最终导致了公司股价暴跌、市值大幅缩水以及投资者损失惨重。

乐视网财务造假事件

知识测试和能力训练

一、单项选择题

❶ 下列会计报表中，反映企业在某一特定日期财务状况的是（　　）。

A. 资产负债表　　B. 利润表　　C. 现金流量表　　D. 利润分配表

❷ 财务报告的主要目的是什么（　　）。

A. 为外部投资者提供公司的财务信息　　B. 为公司内部管理提供决策支持

C. 仅为税务机构提供税收信息　　D. 记录公司每日的收支情况

❸ 利润表中的“净利润”是如何计算的（　　）。

A. 总收入-总费用　　B. 总收入-营业外支出

C. 利润总额-所得税费用　　D. 营业利润+营业外收入

❹ 2020年5月31日，某企业“应付账款”总账科目所属明细科目的期末贷方余额为1 255万元，其中，“应付账款——甲公司”明细科目贷方余额为1 260万元，“应付账款——乙公司”明细科目借方余额为5万元。“预付账款”总账科目借方余额为5万元，其中，“预付账款——丙公司”明细科目借方余额为20万元，“预付账款——丁公司”明细科目贷方余额为15万元。不考虑其他因素，该企业5月31日资产负债表中“预付款项”项目期末余额为（　　）万元。

A. 20　　B. 25　　C. 18.5　　D. 23.5

❺ 下列哪项不是财务报告的组成部分（　　）。

A. 资产负债表　　B. 利润表　　C. 产品成本计算表　　D. 现金流量表

❻ 下列哪项不是编制财务报告时需要遵循的基本原则（　　）。

A. 权责发生制　　B. 可靠性　　C. 收益最大化　　D. 一致性

❼ 下列哪项内容通常不会出现在报表附注中（　　）。

A. 会计政策和会计估计的变更　　B. 关联方关系及其交易的说明

C. 公司未来一年的经营计划　　D. 重要的前期差错更正

❽ 下列各项中，属于企业利润表中“营业外支出”项目列报内容的是（　　）。

A. 出售固定资产确认的净损失

B. 交易性金融资产的公允价值变动损失

C. 自然灾害造成的存货毁损净损失

D. 存货的减值净损失

❾ 2024年12月31日，某公司下列会计科目余额为：“固定资产”科目借方余额1 000万元，“累计折旧”科目贷方余额400万元，“固定资产减值准备”科目贷方余额80万元，“固定资产清理”科目借方余额20万元。2024年12月31日，该公司资产负债表中“固定资产”项目余额应列报的金额为（　　）万元。

A. 540　　B. 600　　C. 520　　D. 620

❿ 如果一家公司在某一会计期间内出现了净利润的负数，这意味着什么（　　）。

A. 公司该期间实现了盈利　　B. 公司该期间出现了亏损

C. 公司的所有者权益增加了　　D. 公司的现金流量为负

二、多项选择题

❶ 按照编报时间不同划分，财务报告可分为（　　）。

A. 月报　　B. 日报　　C. 季报　　D. 年报

❷ 下列各项中，资产负债表“期末余额”栏金额应根据相关总账科目和明细账科目余额分析计算填列的项目有（　　）。

A. 长期借款　　B. 资本公积

C. 其他非流动资产　　D. 货币资金

❸ 在编制现金流量表时，以下哪些活动产生的现金流量需要被考虑（　　）。

A. 经营活动　　B. 投资活动　　C. 筹资活动　　D. 税务活动

❹ 编制财务报告时，需要考虑哪些外部使用者的需求（　　）。

A. 投资者　　B. 债权人　　C. 政府部门　　D. 企业内部管理层

❺ 资产负债表“货币资金”项目应该根据（　　）账户的期末借方余额汇总填制。

A. 库存现金　　B. 银行存款　　C. 其他货币资金　　D. 应收账款

❻ 下列各项中影响利润总额的有（　　）。

A. 营业外收入　　B. 其他业务成本　　C. 管理费用　　D. 所得税费用

❼ 下列属于资产负债表中项目名称的是（　　）。

A. 固定资产　　B. 银行存款　　C. 无形资产　　D. 原材料

❽ 经营活动产生的现金流入包括（　　）。

A. 销售商品、提供劳务收到的现金　　B. 收到的税费返还

C. 收到的其他与经营活动有关的现金　　D. 收到的银行借款

❾ 下列项目中，制造业企业应列入资产负债表中“存货”项目的是（　　）。

A. 发出商品　　B. 工程物资　　C. 原材料　　D. 在产品

❿ 下列各项中，关于利润表项目本期金额填列方法表述正确的有（　　）。

A.“销售费用”项目应根据“销售费用”科目的本期发生额填列

B.“营业利润”项目应根据“本年利润”科目的本期发生额填列

C.“税金及附加”项目应根据“应交税费”科目的本期发生额分析填列

D.“营业收入”项目应根据“主营业务收入”和“其他业务收入”科目的本期发生额分析填列

三、判断题

❶ 我国企业利润表的结构是单步式利润表。（　）

❷ 根据资产负债表可以分析企业的现金流量。（　）

❸ 资产负债表中的“流动资产”各项目是按照资产的流动性由强到弱排列的。（　）

❹ 资产负债表的格式有多步式和单步式。（　）

❺ 利润表是反映企业在一定会计期间经营成果的报表。（　）

❻ 利润表中的项目是根据损益类账户的期末余额分析计算填列的。（　）

❼ 现金流量表主要反映了企业在一定会计期间现金和现金等价物的流入和流出情况。（　）

❽ 筹资活动产生的现金流量反映了企业在长期资产投资和处置方面的现金流入和流出情况。（　）

❾ 在编制财务报告时，企业可以选择性地披露对自己不利的信息，以保持财务报告的“客观性”。（　）

❿ 在编制财务报告时，如果发现前期差错，应当直接调整发现差错当期的相关项目。（　）

四、业务题

1. 雪花公司2024年12月31日有关账户资料如表10-13所示。

表10-13　账户余额表　（单位：元）

账户名称	借方余额	贷方余额	账户名称	借方余额	贷方余额
库存现金	70 000		短期借款		235 000
银行存款	155 000		应付账款		500 000

续表

账户名称	借方余额	贷方余额	账户名称	借方余额	贷方余额
其他货币资金	95 000		预收账款		200 000
应收票据	90 000		应付职工薪酬		135 000
应收账款	360 000		应交税费	45 000	
坏账准备		60 000	应付股利		90 000
在途物资	200 000		长期借款		1 000 000
原材料	165 000		股本		1 000 000
库存商品	185 000		资本公积		44 000
生产成本	470 000		盈余公积		256 000
固定资产	2 210 000		利润分配		125 000
累计折旧		400 000			
合计	4 000 000	460 000	计	45 000	3 585 000

补充说明：（1）在"应收账款"账户的明细账户"大众公司"中有贷方余额10 000元。

（2）在"应付账款"账户的明细账户"林森公司"中有借方余额20 000元。

（3）在"预收账款"账户的明细账户"五华公司"中有借方余额30 000元。

（4）长期借款中有一笔2023年12月31日年借入的、到期一次还本付息的1.5年期借款，该笔借款本金400 000元，年利率10%。

（5）"坏账准备"只有明细账户"应收账款"。

请根据上述资料编制该公司本期资产负债表。

资产负债表

编制单位：雪花公司　　　　2024年12月31日　　　　单位：元

资产	期末	年初	负债和所有者权益	期末	年初
流动资产：			流动负债：		
货币资金			短期借款		
应收票据			应付账款		
应收账款			预收款项		
预付款项			应付职工薪酬		
存货			应交税费		
流动资产合计			应付股利		
非流动资产：			1年内到期的非流动负债		
固定资产			流动负债合计		
非流动资产合计			非流动负债：		
			长期借款		

续表

资产	期末	年初	负债和所有者权益	期末	年初
			非流动负债合计		
			负债合计		
			所有者权益:		
			股本		
			资本公积		
			盈余公积		
			未分配利润		80 000
			所有者权益合计		
资产总计		略	负债及所有者权益总计		略

2. 雪花公司2024年度有关损益账户的累计发生额如表10-14所示。

表10-14 账户发生额表　　单位:元

账户名称	借方发生额	贷方发生额
主营业务收入		12 500 000
其他业务收入		230 000
投资收益		3 200 000
营业外收入		2 850 000
主营业务成本	8 500 000	
税金及附加	550 000	
其他业务成本	0	
销售费用	200 000	
管理费用	1 050 000	
财务费用	1 000 000	
资产减值损失	20 000	
营业外支出	2 000 000	
所得税费用	1 800 000	

根据以上账户记录，编制雪花公司2024年度利润表。

参考文献

[1] 财政部会计司编写组．企业会计准则应用指南汇编2024（上下册）[M]．北京：中国财政经济出版社，2024.

[2] 傅锡原，魏新．会计法规与职业道德[M]．3版．北京：机械工业出版社，2021.

[3] 赵丽生，常洁，高慧云．基础会计[M]．7版．大连：东北财经大学出版社，2025.

[4] 财政部会计财务评价中心．经济法基础[M]．北京：经济科学出版社，2025.